KB262270

제천(堤川) 애국지사 이용태의 삶과 사상

제천(堤川) 애국지사 이용태의 삶과 사상

애국지사 단암(檀菴) 이용태(李容兌) 선생 근영

단암(檀菴) 이용태(李容兌) 선생에게 수여된 건국훈장 애국장

단암(檀菴) 이용태(李容兌) 선생에게 수여된 훈장증

애국지사 단암 이용태·여산 이용준 선생 추모비
· 소재 : 충북 제천시 박달재 서원 휴게소 주차장 우변(右邊)

애국지사 여산(如山) 이용준(李容俊) 선생 근영

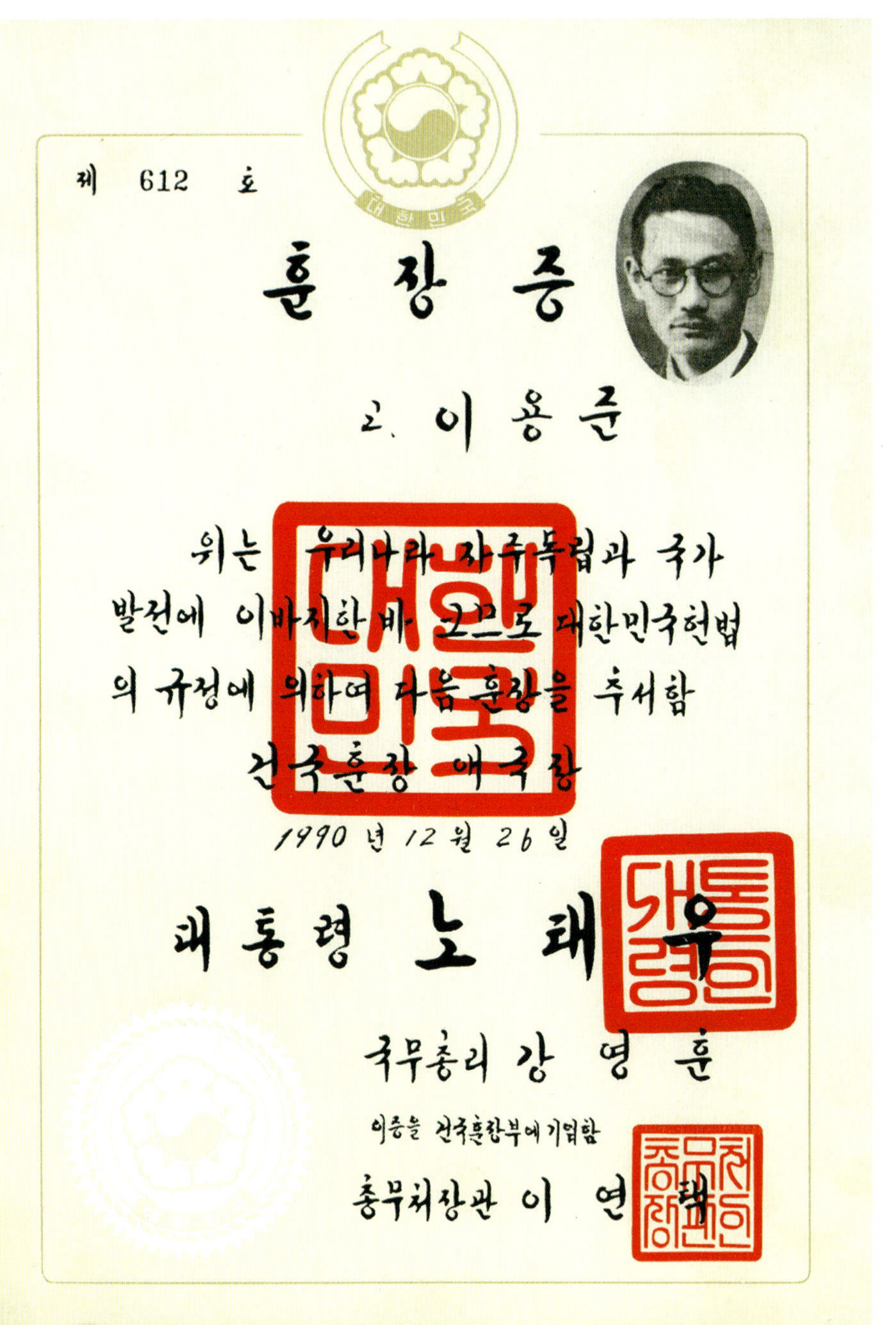

여산(如山) 이용준(李容俊) 선생에게 수여된 훈장증

애국지사 단암(檀菴) 이용태(李容兌) 선생 묘소 전경

·소재(所在) : 대전 국립묘지 애국지사 묘역

애국지사 여산(如山) 이용준(李容俊) 선생 묘소 전경

·소재(所在) : 대전 국립묘지 애국지사 묘역

廣闓玄祕大道
倍達弘益　(山白)
遍照光明守內

檀菴自題

단암(檀菴) 이용태(李容兌) 선생 친필(親筆)

獄中雜歌 (本歌는 滿洲 在監時 乙酉 正月 中旬 作詩)

一. 皎皎한 달빛이 鐵窓에 비취니 　　　한쪼각 다든문 왜열줄 모르나
　　갓친이 가삼이 저절노 녹넌다 　　　한숨은 지어서 서북風 되고요
　　淸淸한 닥소리 耳膜을 울리나 　　　눈물은 흘너서 목단강 붓노라

二. 中天에 뜬구름 거칠날 잇고요 　　　말속한 산얼골 옛貌樣 나오리
　　靑山에 잠긴놀 개일때 잇스리 　　　하로밤 단이슬 소솔솔 나리면
　　明朗한 해빛이 變할리 잇으며 　　　山川에 草木이 새싹이 트오리

三. 쓸쓸한 찬방에 혼자서 누어서 　　　놀라서 깻치니 허사가 되엿네
　　즌즌코 반칙타 늣잠을 이뤘네 　　　울적한 심회를 이길수 음서서
　　꿈속에 만난님 손길을 잡엇다 　　　손장단 처가며 이노래 부르네

애국지사 단암(檀菴) 이용태(李容兌) 선생이 작시(作詩)한
옥중잡가(獄中雜歌) 친필(親筆)

林__迷岫嶺長夜若我傷孤鶴子瑤琴
悟滴拜中夜特漫風__童閉知姹雪春__不__
__上__聲四相隨漫徒__對____鐘隔思__人__
__露__月閑柳__去後誰能續只有耕鳴主此間
__出一亭高此芝孤山寒風久__煉松老清趣__
__殘短笛__遠水回地畫好閑__三面流環__半
誰有__可__無復士林風
細雨__晴路__通短笛__拜__塘中__壇__
空樓待__暫__節
__日__流到__峰__江如畫碧山__欲閑日時__
諸子賢孫承孝友忠和家道可傳名

檀菴先生　親筆

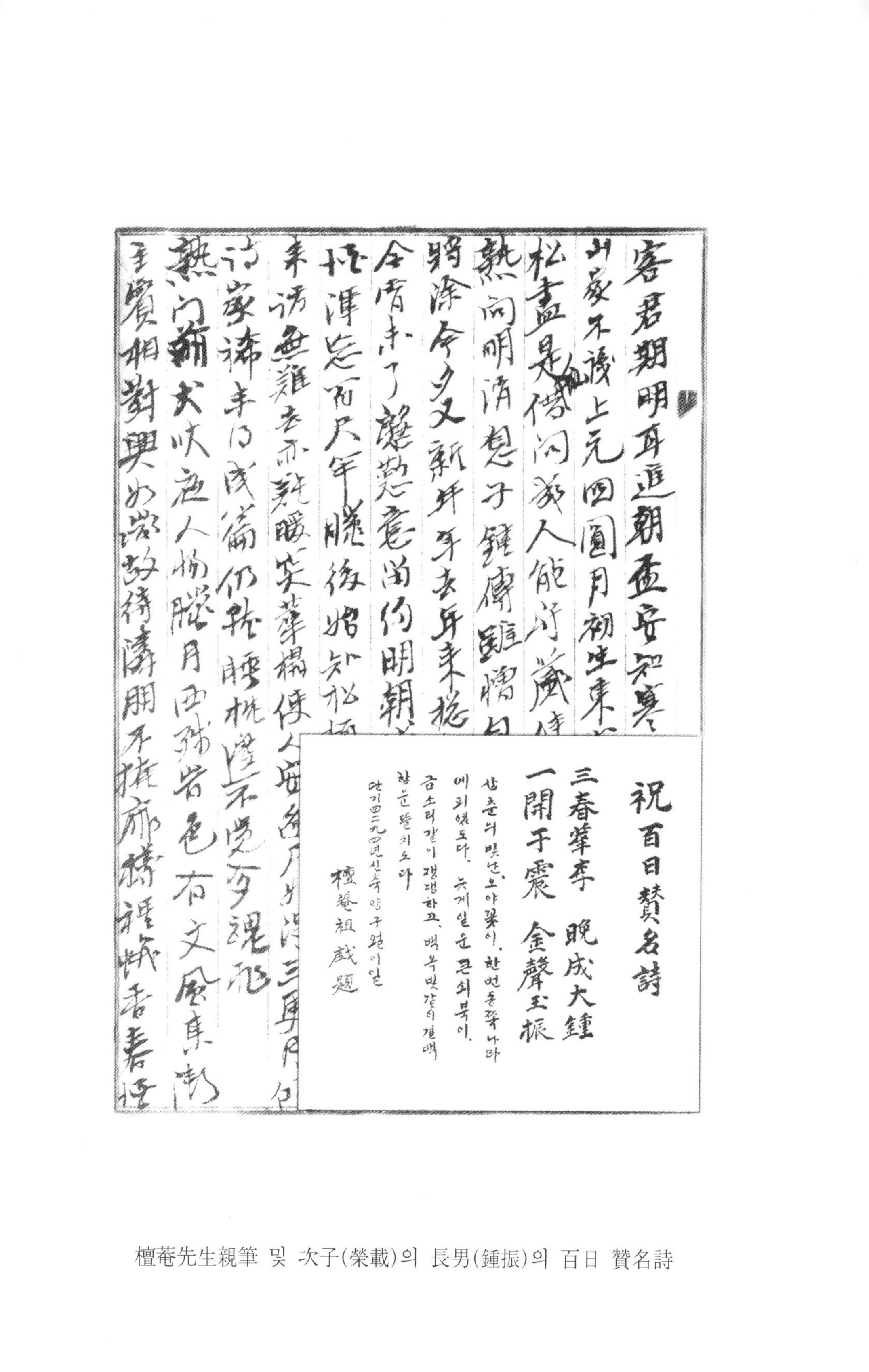

祝百日贊名詩

三春筆李　晚成大鐘
一開于震　金聲玉振

삼춘의 빛난 오야꽃이, 한떨기 동쪽에 나타
에리었도다, 六게실운 큰쇠북이,
금소리같이 쟁쟁하고, 백옥빛갈이 결백
한듯 뜰치도다

단기四二九四년신축 음구월초이일
檀菴祖戲題

檀菴先生親筆 및 次子(榮載)의 長男(鍾振)의 百日 贊名詩

구로회(九老會) 회원 8명이 도덕암에서

(서기 1957년 9월 15일(檀紀 四二九〇年 陰曆 丁酉 八月 二十二日) 촬영)

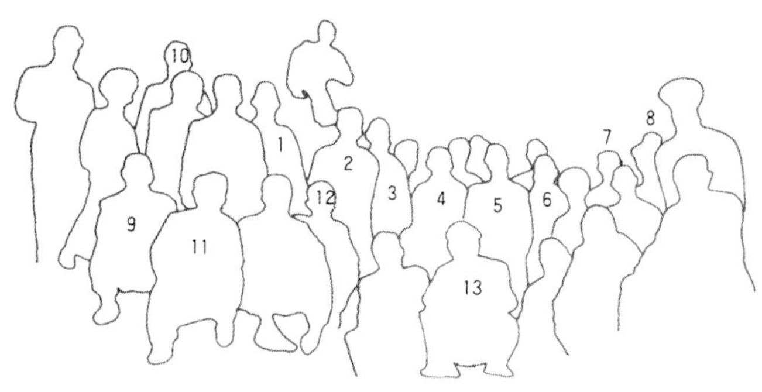

1. 閔春植	8. 閔建植
2. 沈相珏	9. 李恒載(檀菴先生의 長子)
3. 李容兌	10. 李榮載(檀菴先生의 次子)
4. 閔禎植	11. 尹泰勳
5. 尹 欽	12. 沈楨燮
6. 辛亨默	13. 盧意重
7. 尹 鋮	

구로회(九老會) 회원과 자손(子孫)들이 도덕암에서

(서기 1957년 9월 15일(檀紀 四二九〇年 陰曆 丁酉 八月 二十二日) 촬영)

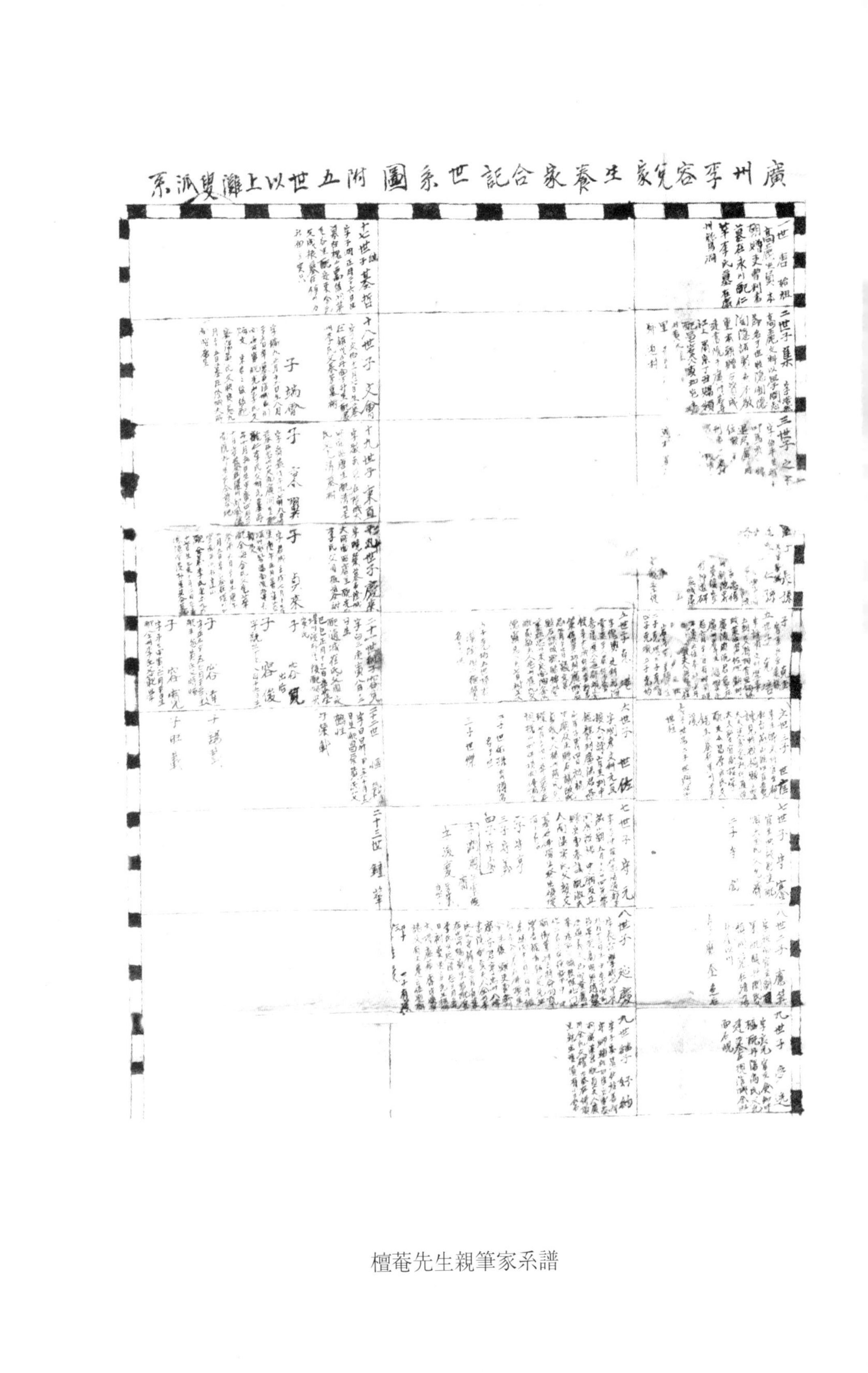

廣州李容皃家生養家合記世系圖　附五世以上灘雙派系

檀菴先生親筆家系譜

檀菴先生親筆家系譜(앞페이지 아랫부분에서 이어짐)

일제강점기 만주국 목단강시 액하감옥 정문

일제강점기 만주국 목단강시 액하감옥 담장 전류선 현존물

일제강점기 만주국 목단강시 액하감옥 재현건물

이용태·이용준 학술세미나 모습(세종문화회관)

지역문화연구총서 5

제천(堤川) 애국지사 이용태의 삶과 사상

세명대학교 지역문화연구소 편

도서출판 역락

발 간 사 ●●●

망자존대(妄自尊大)라는 말이 있다. 앞뒤 안 가리고 잘난 체 한다는 뜻이다. 이 책의 발간사를 쓰면서 문득 앞의 한자성어를 생각해 보았다. 세상에서 자기 조상 자랑 늘어놓는 사람만큼 어리석은 자도 없을 것이기 때문이다. 더욱이 이 책의 출간이, 나의 선친이신 이용태 선생과 돌아가신 숙부 이용준 선생의 성품으로도 결코 용납하지 않을 번사(煩事)가 될 수도 있을 것이다.

그럼에도 두 분의 행적이 담긴 단행본을 엮어 펴냄에는 지역유지 분들의 간곡한 권유와 설득이 내게 용기를 주었다. 특히 사사로움을 뒤로하고 향토애와 나라사랑의 삶으로 일관했던 형제독립투사의 삶은, 나와의 생전 인연과 관계없이, 제천인들의 긍지에 중요한 사표가 될 수 있으리라는 소박한 소신이 있었기 때문이다.

근자에 나는, 일제하 발행된 신문기사[東亞日報, 1926. 10. 28]를 읽고 새삼 선친에 대한 감회로 느꺼워 한 적이 있다. 이용태 선생이 봉양면장 재직 당시, 이유 없이 강제 면직을 강요당하자 수많은 사람들이 면직반대 시위를 벌였다는 내용이 중앙일간지에까지 실린 것이다.

일찍이 이용태 선생은 소작인회를 발기하여 소작인의 권익옹호에 앞장섬은 물론, 농민조합과 산업조합을 조직하여 지역 농민들의 삶의 질을 향상시키는데 혼신의 노력을 기울였다. 특히 일제강점기에 독립운동의 본산이었던 대종교에 가담하여, 만주독립운동전선에서 풍찬노숙(風餐露宿)하며 싸우기도 하였다. 치안유지법 위반이라는 죄목으로 일제에 의해 체포되어 가시던 선친의 모습이 지금도 눈에 선하다. 더욱이 만주 목단강 감옥에 투옥되었던 선친의 구금고황(拘禁苦況)을 목격한 나로서는, 지금도 생각하면 마음의 아픔과 회한을 쉽게 삭힐 수가 없다.

신출귀몰했던 작은아버지 이용준 선생의 추억 또한 내게는 쉽게 잊혀지지를 않는다. 천의 얼굴과 천의 이름으로 중국을 누볐던 분이다. 빈틈없는 행동과 꺾이지 않는 성정(性情)의 소유자였다. 조국광복의 일선에 서서, 때로는 테러리스트로, 때로는 아나키스트로 바꿔가면서, 항일투쟁에 온몸을 던졌던 분이다. 중절모에 하얀 양복을 입은 신사, 그것이 지금도 잊혀지지 않는 나의 숙부 이용준 선생의 모습이다.

이 책에는 이 두 형제분의 생애와 항일독립운동의 자취가 담긴 일곱 편의 논문이 실렸다. 이용태 선생의 문학관·사회관·종교관·정치관·윤리관 등도 그대로 나타난다. 이용태 선생을 독립운동가이기 이전에 사상가라고 일컫는 것도, 이러한 그의 업적과도 무관치 않다. 특히 부록으로 실린 「수진비록(修眞秘錄)」은 우리 민족 고유의 수행방법을 해설한 수행지침서로서, 이용태 선생의 수행관이 극명하게 드러나 있다. 관심있는 이들의 일독을 권한다.

끝으로 이 책을 내기까지 격려와 협조를 베풀어 주신 지역 인사 모든 분들께 고개 숙여 감사드리며, 특히 세명대학교 지역문화연구소 지역문화연구총서에 포함시켜 준 관계자 여러분께 충심어린 사의를 표한다. 나는 이 책을 낸다는 것이 설레면서도 부끄럽다. 출판의 기쁨에 앞서, 은인자중하려 했던 두 분의 삶에 누가 될까 걱정되기 때문이다. 이후라도 혹시 이 책의 출판과 관련된 흠이나 부족함이 있다면, 두 분의 미흡이 아니라 나의 불찰과 소홀함의 소치임을 힐책해 주길 바랄 뿐이다.

2005년 11월 박달재에서 이영재

제2부 형제 독립투사의 생애와 사상 ······································ 153

제1부
단암 이용태 선생의 삶과 사상

- 檀菴 李容兌의 漢詩 研究
- 단암 이용태의 사회개혁적 삶과 사상
- 단암 이용태의 종교 행적과 신앙관
- 檀菴 李容兌의 宗教思想

檀菴 李容兒의 漢詩 研究

김헌선(金憲宣)[*]

I. 詩歌의 傳統과 檀菴의 詩歌

　전통적인 소양을 지닌 선비들이 살았던 시대에는 한시가 적절한 기능을 했다. 한시는 도본문말(道本文末)의 사대부 문학관에서도 배척되지 않았으며, 재도지기(載道之器)이든 관도지기(貫道之器)이든 항상 한시가 중요한 구실을 했음을 부인하기 어렵다. 이용태가 충청북도 충주시 산척면 광동리에서 출생해서 한문 사숙을 한 것에서 전통적인 한시문의 소양을 갖추었을 것임은 자명한 사실로 인지된다. 그래서 적지 않은 한시를 남겼으니 대체로 320여 편의 한시를 남긴 것은 이러한 맥락에서 어찌 보면 당연한 일이 아닐 수 없다.

　단암(檀菴)이 살았던 시대가 온전하게 한시가 기능을 했던 시대가 아님을 유추하면 분명히 남다른 행적이라고 할 수 있으며 전통적인 세계관이 와해되던 시기에 오히려 시대와 남다른 삶을 살았던 시작 행위를 한 것이라고 보이기도 한다. 단암(檀菴)은 두 가지 시가의 방식을 향유했음이 실제로 드러난다. 이미 한시와 함께 다른 시가도 혼재하면서 향유되었음이 확인된다.

---

* 경기대학교 교수, 국어국문학.

<blockquote>
슬슬한 찬방에 혼자서 누어서
즌즌코 반칙타 늣잠을 일웠네
꿈속에 만난임 손길을 잡엇다
놀나서 깻치니 허사가 되였네
울격한 심회를 이길 수 읍서서
손장단 처가며 이노래 부른네[1]
</blockquote>

「獄中雜歌」 가운데

이 작품은 한시는 아니다. 시가의 율격은 4음보 격으로 되어 있으므로 시조와 흡사하나 시조의 율격 규칙을 지킨 것도 아니다. 시조라고 보기 어려운 측면이 있다. 우리말로 이루어진 시가를 불렀다는 사실이 중요하다. 이 시 한편을 통해서 단암(檀菴)이 왜 노래를 했는가 절실하게 깨우칠 수 있다. 울적한 심회가 핵심이다. 울적한 심회를 일으킨 이유는 찬방에서 얻은 꿈 때문이다. 쉽사리 잠을 잘 수가 없었으니 이유는 혼자서 찬방에 누워 있기 때문이다. 전전반측(輾轉反側)하면서 잠을 잘 수 없었다. 꿈속에서 님을 만나 손길을 잡았다고 했다. 단암(檀菴)에게 님은 누구인가?

님은 다의적인 속성이 있다. 구체적으로 님이라고 생각하면 님에 관한 열정으로 잠을 이루지 못한 것이지만 그것이 진실은 아니다. 자나깨나 잠들 수 없는 사연은 우리의 독립이라고 할 수 있다. 님은 우리의 독립을 열망하는 이유 때문에 상징적으로 나타난 표현의 결과라고 이해해야 한다. 놀라서 깨치니 허사라고 한 것은 꿈이 주는 허망함 때문이었을 것이라고 본다. 울적한 심회가 생겨서 손장단을 쳐가면서 새삼스러이 이 노래를 불렀다고 한다. 옥중에서 진실한 심회를 노래했다고 할 수 있다.

---

1) 『檀菴 李容兌先生文稿』, 박달재수련원, 1997. 이하 이 책에서 시를 인용하며 제목과 면수만 밝히기로 한다. 이 작품은 檀菴이 손수 쓴 것이 더욱 중요하다고 하겠다. 본문에 마련된 가사류에서는 작품을 한자화하면서 말 맛이 많이 변질되도록 한 측면이 있어서 원문을 중시하여 이렇게 인용한다.

단암(檀菴)은 이러한 방식으로 노래한 것만은 아니다. 단암이 오매불망 잊지 못하던 해방이 이루어졌을 때에 노래한 시를 한편 보도록 하자.

獨立歡聲夢耶眞　　　독립을 외치는 환호 소리 꿈인가 생시인가
三千疆內始開晨　　　삼천리 강산 비로소 새벽이 열렸구나
槿花更發枝枝玉　　　무궁화꽃 다시금 피나니 가지가지 구슬이요
檀葉長新代代春　　　배달나무 잎새 새롭나니 대대로 길이 새봄이어라[2]

　해방의 감격을 노래했다. 옥중에서 지은 잡가와 다르지 않게 자신의 심회를 읊었다는 점에서 일치한다. 내면적 세계를 읊던 잡가와는 다르게 자신의 의지를 굳건히 하면서 새로운 세계를 내다보는 자신의 의지와 신앙의 세계가 개입된 것을 쉽사리 인식할 수 있다. 꿈인가 생시인가 말하다가 이어서 삼천리강산으로 영역을 확대했다. 삼천리강산에 새벽이 왔다고 해서 자신만의 기쁨이 아니라 우리 겨레의 기쁨임을 말하기 위해서 공간적 확장을 꾀했다. 새벽은 여러 시인들이 자주 쓰던 표현이다. 한용운이 『님의 沈默』의 「독자에게」라는 작품에서 말한 것도 새벽이고,[3] 윤동주가 『하늘과 바람과 별과 詩』의 「쉽게 씌어진 詩」에서 말한 아침이 오고야 만 것이다.[4] 일제시대에 시인이 예감하던 시인의 예언이 비로소 실현되어 나타난 셈이다.

---

2) 「解放獨立吟」, p.128. 번역이 있어서 도움이 되나 필자가 다시금 가다듬어 인용하기로 한다. 이하 마찬가지이다.

3) 한용운, 「독자에게」, 『韓龍雲詩全集』, 장승, 1998, p.125. 이 시에서 새벽은 다음과 같이 나타난다.
밤은 얼마나 되었는지 모르겠습니다
설악산의 무거운 그림자는 엷어갑니다
새벽종을 기다리면서 붓을 던집니다

4) 윤동주, 「쉽게 씌어진 시」, 『윤동주자필시고전집』, 민음사, 1999, p.182. 이 시에서 아침을 이렇게 노래했다.
등불을 밝혀 어둠을 조금 내몰고,
時代처럼 올 아츰을 기다리는 最後의 나

단암(檀菴)이 예고한 시대가 한용운과 윤동주가 예감한 시대는 아님이 분명하다. 두 시인이 예감한 것은 분명히 도달점이다. 그러나 단암은 그 끝점에서 새로운 출발을 알리는 것이기에 남다르다. 거기에서 출발하는 시점이라고 할 수 있다. 시대의 질곡(桎梏)을 벗어나 힘찬 미래의 약동이 들어있다. 새벽이 어둠을 벗어나서 이루어지는 것이 아니라, 새벽이 아침으로 이어지는 것이고 장구한 미래로 이어지는 시간임이 분명하다. 새로운 시대의 아침에 예감한 것은 두 가지이다. 하나는 우리의 강토에 상징인 무궁화 꽃이 가지마다 활짝 피는 것이다. 이어서 박달나무 잎새가 새로이 핀다고 했으니 길이 후손에게 물려줄 이상 사회의 새봄이 있다고 했다. 그것이 무엇인가? 단암(檀菴)이 힘써서 펼치고자 했던 대종교의 신념이라고 생각된다. 그 점이 새롭게 나타난 면모이다.

전통이 급격하게 해체되던 시대에 울적한 심회나 자신의 기쁜 뜻을 나타내는 방식으로 시가를 택한 것은 사대부의 후손으로 지니는 기본적 소양이라고 판단된다. 그러나 이미 한시만으로 의사소통을 할 수 없던 시대이므로 시가의 두 가지 방식으로 한시와 국문시를 병용하였음이 드러난다. 시가의 기능은 자신의 정지를 전달하는데 기본적인 기능이 있다고 생각한다. 국문시를 시조로 하지 않은 것은 의문이지만 한시와 함께 두 가지 시를 함께 썼다는 사실만으로도 시가를 중요하게 활용했음이 확실하게 드러난다. 시가의 전통을 중요하게 인식하고 이것을 자신의 심회 표현 수단으로 삼은 것은 단암의 생각을 이해하는데 긴요한 수단이 되리라고 판단된다.

Ⅱ. 檀菴 李容兌의 漢詩 世界

단암(檀菴)의 시 세계는 모두 셋으로 갈라서 살펴볼 수 있다. 소박한 삶을 추구했던 인물이기에 삶의 실상을 다양하게 바라볼 수 있는 작품이 일단의 상정해서 살펴볼 수 있다. 그러한 작품 가운데 일관된 질서를 이루고 있는 작품군(作品群)이 시절(時節) 절기(節期)에 느끼는 정감(情感)을 읊조린 작품이다. 일상생활의 발견이 다수 확인되는데 일상의 생활 발견이 삶을 굳건하게 살 수 있는 뿌리가 되는 것은 부인하기 어렵다. 절기에 응감한 갖가지 사연은 가족, 친교, 자아와 세계의 공감 등이 다변화되어 나타난다.

이와는 다르게 자신의 내면적 발견을 중시한 작품도 있다. 내면의 발견은 어떻게 이루어지는가? 내면의 발견은 자연의 발견과 이루어지는 것이 흔한 일이다. 예전 사림(士林)의 전통은 물러나 있을 때에는 바로 도가적(道家的) 취향(趣向)을 가지고 자신의 내면을 수양한다. 그러한 내면의 발견에 적절하게 벗 삼는 것이 곧 자연이다. 단암(檀菴)의 시 가운데 경치를 읊은 시들은 바로 이러한 시의 전통 속에서 이해해야 마땅하다.

단암은 한 고장에 머물러 살지 않고 내면의 발견을 역사의 현장 속에서 구체적으로 실현하려는 의지를 가지고 굽이치는 역사의 현장과 진정하게 만났다. 전통적인 사대부의 세계에서 벗어나서 대종교의 신비한 체험을 가지고 역사를 바꾸려는 의지를 불사르게 되었다. 그러한 의지의 구체적 실현이 곧 독립 운동과 구체적으로 연결된다. 세상을 바꾸려는 노력이 정치적인 면모로 나타나기도 하나 독립운동을 하면서 결정적으로 결실된다고 하겠다.

한시 세계를 이와 같은 각도에서 시절절기의 유감, 자연경치의 재발견, 역사의 현장에서 굽이치는 마음 등으로 분할해서 다루도록 한다.

1. 時節 節期의 有感

시절 절기는 사람이 정한 달력이다. 계절의 흐름을 반복적 시간으로 분절하고 이 분절에 따라서 이름을 정하고 사람들이 특별하게 기리는 행사를 한다. 때로는 조상을 기리기도 하고 함께 모여서 일정한 놀이를 하기도 한다. 단암(檀菴)의 한시에서 중구일(重九日)을 기린 시가 보인다. 중구일(重九日)은 추석보다 더욱 내세우는 사대부들의 명절이기도 하다. 중구일을 맞이해서 무엇이라고 말했는가 두 가지 시를 나란히 인용해서 살펴보기로 한다.

大屋松明包讀床	관솔불 밝힌 큰방에서 책상을 안고
分明史冊記遺芳	역사책 뒤적이니 꽃다운 향기 기록되었음이 분명하네
漢節蘇郎當雪食	소강절 소동파는 빛남을 받고
晉書菊露入秋凉	진서의 국화 이슬 가을이 들어 서늘하네
寒燈蛾撲疑花落	차가운 등불에 죽는 나비 꽃이 지는 가 했더니
古壁虫鳴覺夜長	옛 벽에서 우는 벌레소리 깊은 밤을 알려 주네
感舊晴窓閑起臥	옛일에 느낌이 있어 창 열고 일어나 앉으니
洞天無際故蒼蒼	하늘은 가없이 넓기만 하네5)

病餘庾骨獨逍遙	병 끝에 야윈 몸이 홀로 거닐며
空待隣翁有請招	부질없이 이웃 노인 기다리니 초청이 있네
無酒黃花香韻失	술 없으니 국화도 향기를 잃고
多愁白髮夢魂消	근심 많은 늙은이 꿈같이 사라지네
三春如昨柔桑沃	봄날이 어제런 듯 뽕잎 연한데
一夜經霜落葉飄	하룻밤 서리에 낙엽이 날리네
坐臥渾亡山曆日	앉고 눕고 혼망 중에 날짜를 잊어
重陽佳節開今朝	중양의 가절이 오늘이었네6)

같은 중양절에 읊은 시인데도 불구하고 두 작품은 현격한 차이가 난다. 그것은 심회를 읊는 한시의 기본적인 속성 때문이다. 첫 번째 작품은 중구절(重九節)에 장차의 삶을 이루고자 하는 웅대한 구도가 들어 있다. 서책을 읽으면서 과거의 사적에서 미래를 열고자 하는 의지가 분명

---

5) 「重九夜吟」, p.44.
6) 「重九吟」, p.198.

하게 확인된다. 가을철에 돌아온 중구절(重九節)을 기리면서 옛적의 서책을 꺼내서 역사에 길이 이름을 남긴 이들의 자취를 더듬으면서 그들의 향기로운 삶에 기쁨을 가득 안는 사실을 거듭 일깨우고 있다.

그러면서도 가을철이 되었음을 잊지 않고 시상을 묘하게 연결시키면서 가을의 완연한 느낌을 알도록 했다. 차가운 등불에 나방이 부딪혀서 죽는 것을 꽃이 떨어지는 것으로 잘못 알았더니 이미 가을이 되었으므로 자신의 착각을 일깨우게 한다. 그것은 가을벌레들이 깊게 울어서 꽃이 없는 시절임을 알게 했기 때문이다. 가을벌레의 울음소리는 밤이 깊어지면 더욱 극성스러워진다. 그러므로 나비가 불에 부딪혀서 떨어지는 것은 분명하게 꽃이 아님이 확인된다.

책을 읽다가 홀연히 새삼스러운 느낌이 들었다. 왜냐하면 자신이 읽은 史籍과 계절을 잊은 착각 속에서 어떻게 살아야 하는 가 결단이 섰기 때문이다. 우리는 속절없이 인생을 마치는 가엾은 존재이다. 그렇기 때문에 어떻게 살 것인가 결심하면서 나날이 하루라도 소홀하게 살아서는 안 된다. 이러한 깨달음이 이르자 자아는 흥이 나서 가만히 있을 수 없었다. 옛일을 기억하고서 창을 열고 보니 하늘이 가없이 넓기만 하다. 이상이 높아서 벅차 오르는 감정을 이렇게 표현했다고 하겠다. 젊은이의 기백이 활달하게 넘쳐 흐르는 면모를 유감 없이 보여주는 작품이다.

두 번째 작품은 이와 전혀 다르다. 젊은이의 기백은 온데간데 없이 모두 사라지고 없다. 처음에는 부질없이 시간만 보내고 있는 자신의 처지를 말하고 있다. 병 끝에 야윈 자신을 바라보면서 이제 누구도 찾아주지 않는 신세를 노래한다. 부질없이 이웃의 노인네들이라도 기다리고 있노라니 마침내 초청이 있었다. 노년의 즐거움이 벗이라고 하더니 이제 그들의 초청에 나서서 마실이라도 가는 격이다.

자신들의 젊음을 달군 술도 놓이지 않았다. 황혼 무렵에 술이 해롭기 때문이리라. 이 사실에 자아는 술이 없으니 향기도 잃었노라고 말하고 있다. 가을철에 든든하게 정감을 발휘하던 것이 꼭 국화 향과 술만은 아니다. 노년에 바라보는 쓸쓸한 심회를 더욱 돋우는 것이다. 인생의 한탄이 이어진다. 근심 많은 늙은이가 꿈같이 사라진다고 하는데서 이러한 심정을 읽어낼 수 있다.

지나간 시절이 꿈결 같음을 한 차례 더 말하고 있다. 봄철의 여린 뽕잎을 말하고 이어서 서리 내린 날의 낙엽을 빗대면서 세월이 덧없이 흘러갔음을 한탄하고 있다. 속절없이 지나간 세월을 한탄하고 있다. 바쁜 세월 속에 지나가 버린 자신의 세월을 한탄하면서 오늘이 어떠한 날인가 생각하니 바로 중양절 중구일임을 헤아리게 된다. 단암(檀菴)이 시절에 읊조린 시를 통해서 초년의 기개와 노년의 탄식을 비교하게 되는 것은 시가 지니는 정지의 간곡한 절실성 때문이다. 두 시를 통해서 가을의 절기에서 느끼는 생각의 단상을 비교할 수 있다.

단암(檀菴)의 절기시 가운데 유난스럽게 정월 대보름을 읊은 시가 많다. 정월 대보름을 통해서 생활에서 우러나는 모듬살이의 이치를 기리기라도 한 것인가? 아무튼 정월 대보름을 읊조린 시들이 많아서 흥미롭다. 개인적인 정지와 대보름의 절기를 묘사한 작품으로 양분된다.

物外閑情寓僻村　　물질 밖에 한가한 마음 궁벽진 마을 사노라니
這間榮辱不須論　　저간의 영욕은 말하지 말자
世爭取利還無利　　세간은 이득을 다투니 돌아와 이로움 없고
人若知恩是報恩　　사람이 은혜를 안다면 이것이 보은이라
潚月容光樓百尺　　밝은 달 높이 떠서 밝히어 주고
紅燈祈福火千門　　빨간 등 불 밝혀 집집마다 복을 비네[7]

山家不識上元回　　산골 집은 보름이 온 줄 모르니
圓月初生東嶺隈　　둥근 보름달 동령에 솟아 오르네
我欲無言嫌暑客　　나는야 더위 사라고 말하기 싫고

---

7) 「和後堂許億友韻－同日」, p.85.

<table>
<tr><td>君期明耳進朝盃</td><td>그대는 귀밝이술 아침에 마셨네</td></tr>
<tr><td>安知寒雪如斯盡</td><td>어찌 이로써 겨울이 다감을 알리오</td></tr>
<tr><td>快好陽春又復來</td><td>따뜻한 봄날이 또 다시 온 것을</td></tr>
<tr><td>古道重光應此日</td><td>대종교 중광함도 오늘이어니</td></tr>
<tr><td>拜天幾處賀場開</td><td>하늘을 우러러 축하함이 몇 곳이나 있을까[8]</td></tr>
</table>

같은 절기에 읊은 시인데도 불구하고 동일한 시상이 발견되지 않는다. 첫 번째 시에서는 진퇴(進退)의 문제를 삼아서 세상의 영리를 다투지 않기 위해서 물러 사는 이유에 관한 자신의 처지를 강하게 밝히고 있다. 은혜를 말하고 은혜를 아는 것이 보은이라는 말을 하면서 세속의 다친 마음을 말했다고 짐작된다. 자신의 견고한 의지를 높이 말하기 위해서 달을 기리고 불을 밝혀서 복을 비는 마음을 노래하고 있다. 세속의 영리에 흔들리지 않는 자아의 의지를 이렇게 노래했다고 하겠다. 결국 세속을 벗어나서 세속의 뜻을 다시 이어가는 면모를 이렇게 노래한 것으로 짐작된다. 물질을 구하지 않는 한가한 마음이 물러나면서 살고 있기에 이렇게 자기 자신을 재발견하고 있는 셈이다.

두 번째 시는 내면화가 더욱 깊어져서 새로운 세계를 향해서 발전하고 있는 모습을 보여준다. 산골에 물러서서 살지만 세속에 얽힌 행위는 겉으로 할 따름이고 이제는 한 차례 비약을 하고 있다. 그것은 더 큰 자아를 지향하고 있기 때문이다. 세상 사람들이 아무 것도 모르고 있다. 맨 마지막 시에서 겨울이 가고 따뜻한 봄날이 돌아온 것이 곧 대종교(大倧敎)의 중광(重光)과 관련이 있다고 노래하고 있다. 대종교(大倧敎)의 중요성을 자각하고 이것을 믿는 단암(檀菴)의 굳센 의지가 시에 구체적으로 나타나고 있다. 이로써 보건대 단암(檀菴)이 정월 대보름을 거듭 한시로 노래한 이유가 분명하게 나타난다.

절기시를 통해서 자신의 심회를 노래하는 것이 기본적인 생각이지만,

---

8) 「次尹然居士上元韻－壬午上元」, p.119.

자신의 자아를 깨달아 새로운 이념을 높이 내세우는 생각도 구체적으로 나타난다. 초년과 말년의 생각이 달라진 것도 확인되지만, 이와는 다르게 절기를 거듭 노래하면서 대종교의 신념을 노래한 것도 있어서 세속에 어울려 살지만 세속에서 한 차례 더 발전된 의지를 표명하는 시도 있음이 확인된다. 공유하는 시간의 관념을 사회적으로 구체화하는 방식에 차이가 있음이 발견되며, 더 나아가서 이러한 시가 대종교에 관한 의지 확인과도 관련이 있음이 확인된다.

2. 自然 景致의 再發見

단암(檀菴)의 시 가운데 자연(自然)을 노래한 시편 역시 적지 않다. 자연의 침잠은 내면을 가다듬기 위한 준비 과정이라고 할 수 있다. 자연을 예전에는 산수(山水)라 했는데 산수시(山水詩)의 전통을 이은 시가 여러 편 보인다. 그 가운데 한 대목을 보면 산수의 전통을 어떻게 계승했는가 실제로 확인 가능하다.

獨携短軸到芳林   홀로 단장 짚고 향기로운 숲에 이르니
臻日無人與鳥吟   종일토록 사람 없어 새와 놀았네
對碧如掛摩詰畵   산 경치를 바라보니 그림만 같고
聽備猶勝伯牙琴   새의 소리 들으니 고문고만 같아라[9]

고사를 널리 인용하지 않았어도 그 자체로 진솔한 산수의 아름다움을 노래했음이 확인된다. 숲에 이르러서 숲이 전하는 말을 시로 옮긴 듯한 감각적 인상이 두드러지는 작품이다. 시각과 청각이 잘 어울려서 산수가 자랑하는 면모를 입체적으로 묘사했다고 할 수 있다. 경치를 제시하고 경치에서 우러나는 내면적인 소리를 주목하여 이와 같은 작품을 썼다고

---

9) 「族丈洪來氏與尹玄軒吟」, p.78.

해도 지나치지 않다.

자연을 노래한 것 가운데 주목되는 시편이 곧 금강산(金剛山)을 소재로 한 시편과 제천팔경(堤川八景)을 시편 등이 특히 주목된다. 금강산에 관한 시편은 관념적으로 읊은 시가 아니라, 실제의 경치를 읊은 시이다. 금강산은 우리 민족의 영산이다. 백두산과 함께 나란히 높이 받드는 산인데, 단암(檀菴) 역시 이곳에 가서 자신의 심신을 연마한 것으로 확인된다.

海陸金剛大地東　　　대륙 동쪽에 솟은 금강산
畵誰山勢古今同　　　그 누가 그려도 산세는 예와 이제가 같네
尖峰幽壑遊人跡　　　빼어난 봉우리와 그윽한 골짜기 놀던 자취요
怪石奇巖老佛風　　　기암과 괴석은 신선과 부처의 풍모로다
勝靈自足名天下　　　빼어난 경치는 세상에 이름을 날리고
壯絶分明冠國中　　　웅장하고 기묘함은 이 나라 첫째로구나
半萬年來專獨美　　　반만년간 아름다움을 오로지 독차지해
一朝開放遠相通　　　하루 아침에 세상에 알려지니 모두 모이네[10]

금강산은 여러 차례 예술의 대상이 되어 왔다. 조선후기의 시인이나 화가에 의해서 거듭 작품으로 그려진 바 있으며, 우리 민족의 영산으로 인지되어서 허구적으로 형상화되어 우리 민족의 정신적 각성지(覺醒地) 노릇을 해왔다. 조선후기의 그림과 소설 및 기행문에서 금강산이 그러한 소재로 쓰인 것은 민족정신의 발현지(發現地)였기 때문이다. 금강산을 노래하면서 예전과 이제가 동일하다고 하는 것은 그와 같은 정신적 각성 속에서 동일한 의미를 가지고 있기 때문이다.

단암(檀菴)은 이 금강산(金剛山)에다가 새로운 의미를 덧보탰다. 그것은 반만년의 아름다움을 갖추었다고 하는 데서 찾을 수 있다. 반만년은 대종교에서 내세우는 시간이다. 오백년과 대조되는 시간이 사대부의 시간

____

10) 「金剛吟 — 戊辰五月」, p.46.

이라면, 이와는 다르게 반만년의 아름다움이라고 하는 것은 대종교에서 뿐만 아니라, 여러 주체적 사관에서 내세우는 시간관념이다. 대종교에서 특히 이 시간을 내세우는 것이 두드러진다. 금강산에서 종교적 영원의 시간을 인식했다고 보아도 그릇되지 않는다. 금강산에서 노불(老佛)을 발견하거나 민족의 미(美)를 발견하는 것은 헛된 일이 아니다. 민족종교 가운데 동학에서 금강산에서 내려온 중이 주었다고 하는 천서(天書)의 의미는 외적 아름다움만을 강조하는 것이 아니라, 이것을 가지고 민족을 구원하는 이치를 터득했다고 하는 데서 동일한 의미를 찾아낼 수 있다.

단암(檀菴)은 제천팔경(堤川八景)을 노래했다. 이러한 경치의 아름다움을 노래하는 전례는 선비의 유풍이라고 할 수 있다. 이른 바 소상팔경(瀟湘八景)을 읊조리던 전례가 있기에 이러한 노래를 한 전통을 본받아서 이와 같은 제천팔경(堤川八景)을 노래했을 가능성이 있다. 제천팔경(堤川八景)의 실례를 어떻게 들고 있는지 살펴보기로 한다.

    (1) 林湖釣叟 : 義林池의 낚시하는 늙은이
    (2) 蓮寺歸僧 : 白蓮寺로 돌아가는 중
    (3) 俗岩遊魚 : 俗岩에 노는 물고기
    (4) 瀾亭鳴灘 : 觀瀾亭의 우는 여울
    (5) 碧樓秋月 : 寒碧樓의 가을달
    (6) 綾江春帆 : 綾江洞의 봄 돛대
    (7) 玉笋奇岩 : 玉笋峰의 기이한 바위
    (8) 月岳晚楓 : 月岳山의 늦은 단풍

제천팔경(堤川八景)을 읊는 이유가 무엇인가? 그것은 첫 번째 시에 선명하게 요약되어 있다. 자연과 벗 삼아서 우러나는 것이 곧 시를 짓는 이유이다. 이에 대해서 시에 무엇이라고 말하고 있는지 살펴보기로 한다.

搖尾相爭貪餌鮒　　　붕어는 꼬리치며 미끼를 찾고
擧頭閑夢慣人鷗　　　갈매기는 한가로이 졸고만 있네
抵昏忘返緣何事　　　어찌하여 해 저물도록 돌아갈 줄 모르는가
滿目烟霞興不收　　　눈앞에 가득한 고운 노을 흥에 겨워라[11]

　낚시를 한다는 사실은 무엇을 잡아서 결판을 내려는 행위가 아니다. 이른 바 기심(機心)이다. 이 작품에서 말하고자 하는 것은 먹이를 잡고자 하는 것이 아니기 때문이다. 붕어도 여유롭게 꼬리치면서 미끼를 찾고 있다. 낚시꾼이 이를 잡아채려 하지 않고 있음이 확인된다. 마찬가지로 갈매기 역시 한가롭다. 졸고만 있기 때문이다. 물속에 있는 붕어나 물 위에 있는 갈매기가 전혀 미동도 하지 않으면서 고요하게 머물러 있는 모습이 한가롭기 이를 데 없다.

　물고기와 갈매기가 고요하게 있는데 사람은 어떤가? 사람 역시 움직임이 없이 멈추어 있다. 왜냐하면 돌아갈 시간을 잊고 있기 때문이다. 해가 저물었는데도 불구하고 돌아갈 줄 모른다고 하는 것이 그러한 말을 대변한다. 눈앞에 가득한 고운 노을을 바라보다가 잊었다. 그러면서 새삼스러이 무엇을 얻었는데 그것이 곧 흥취(興趣)이다. 흥에 겨워서 망연자실하게 넋을 놓은 형국이 곧 눈앞에 가득한 고운 노을이라고 되어 있는 셈이다.

　한시의 흥취를 한껏 즐기면서 내면의 여유를 갖고자 한 것이 이 시를 지은 이유이다. 내면의 고요한 움직임을 관조하면서 세상을 살아가는 지혜를 얻고자 하는 것이 이 시뿐만 아니라, 제천팔경(堤川八景)을 대상으로 시를 지은 궁극적인 이유이다. 이 시를 지은 이유가 분명하게 나타나면서 시를 통해서 즐기고자 하는 흥취의 본질을 강조했다고 보아도 잘못이 아니다. 자연에 머물러 살면서 내면의 자아를 기르고 장차 사회를 향해서 자신의 의지를 관철하는 의지가 이렇게 표명되었다고 해도 잘못이 아

---

11) 「次堤川八景原韻－一林湖釣叟」, p.47.

니다. 자연과 사람이 하나가 되어서 흩어지지 않는 이유가 발견된다.

자신이 지은 탁사정(濯斯亭)에 관한 시편 역시 적지 않다. 탁사정(濯斯亭)을 기리는 시를 보면 자연을 벗 삼아 흥취와 아취를 길러야 할 당위를 다음과 같이 노래했음이 확인된다.

濯斯亭立傍岩頭	자루 바위 위에 탁사정 세웠으니
取景無襟各自收	아름다운 경치를 마음껏 구경하라
玉壺遺跡餘風月	옥호에 끼친 자취 풍월에 남아 있고
龍瀑神痕見石洲	용 깃든 폭포의 신령한 자취 석주에 보이도다
此地新靈曾幾日	이곳의 신령함이 그 언제부터이며
主人高趣亘千秋	주인의 높은 아취 길이 가리라
奇絶名區難獨美	기묘한 절경은 혼자하지 못하리니
任於騷客往來遊	풍류객은 마음대로 와서 노닐레라[12]

탁사정(濯斯亭)을 세운 이유는 풍월을 벗하면서 경치를 완상하고 풍류객들이 와서 즐기라고 하는 뜻이다. 아름다운 경치는 혼자서 즐기는 것이 아니다. 여러 사람이 한데 어울리면서 풍류를 나누어야 한다. 예전의 시인 묵객이 더불어서 풍류의 자취를 남기던 전통을 이렇게 되새기면서 탁사정(濯斯亭)을 이용하라는 뜻이 있는 셈이다. 한시의 흥취와 함께 풍류의 전통을 잇겠다는 생각이 이러한 정자의 건립에까지 이르렀다고 하겠다. 탁사정(濯斯亭)에 대한 깊은 애착을 알 수 있으며 거듭해서 이 정자를 소재로 해서 시를 지은 것만 보아도 단암(檀菴)의 생각을 알아낼 수 있다.

탁사정(濯斯亭)을 지은 주인의 높은 아취(雅趣)를 길이 가지겠다고 하는 생각에서 자연을 사랑하고 자연에서 우러난 흥취를 즐기는 그의 생각을 읽어낼 수 있다. 풍류는 여러 사람이 어울려야만 제격이다. 경치와 사람이 함께 어울려야만 참다운 내면의 흥취가 완성된다. 풍월에 새겨진 자

---

12) 「登濯斯亭偶吟－戊辰七月」, p.55.

취가 풍류객과 더불어서 풍류로 완성된다는 생각은 단암의 이면적 사고를 읽어낼 수 있는 면모라 생각된다.

역사의 소용돌이 속에서도 쉽사리 자신의 의지를 꺾지 않은 것은 바로 내면에서 우러나는 심성의 연마에 귀를 기울였기 때문이다. 내면적 고요만이 자신을 정리할 수 있는 것이고 자연을 벗삼아 깊게 교감해야만 얻을 수 있는 목소리이다. 선이 굵은 삶을 살아가는데 있어서 자연은 단암(檀菴)의 벗이 되었다고 할 수 있다. 자연을 재발견하면서 자아를 발견하고 안팎이 하나가 될 수 있었다.

3. 歷史의 桎梏과 맞서서

단암(檀菴)이 대종교로 개종하면서 본격적인 독립운동에 뛰어들었음은 이미 여러 글을 통해서 입증된 바이다.13) 몸소 실천적으로 일제와 맞서서 여러 가지 투쟁을 벌이게 되는데 그러한 현장에서도 한시는 긴요한 구실을 한다. 그에 관한 한시가 다수 발견되므로 이에 관한 언급이 불가피하다. 특히 감옥에서 고초를 겪으면서 지은 한시가 매우 설득력을 가지고 우리에게 다가온다. 영안현(寧安縣) 유치감(留置監)에서 지은 한시가 매우 담백하고 곡진하다.

爲邦爲祖誠	나라와 조상 위해서 정성을 바쳐 나섰으니
萬死雖無惜	천만 번 죽어도 무슨 애석함이 있으리오
秋毫事未成	마음에 간직한 일 하나 이루지 못함에
愧我身先謫	몸이 먼저 옥에 갇히니 부끄럽기 그지없네.14)

---

13) 단암이용태선생기념사업추진회, 『애국지사 단암이용태선생 추모학술회의 논문집』, 국학연구소, 2003. 이 논문집에 실린 여러 글들이 이러한 사실을 상세하게 입증하고 있다. 정영훈, 이동언, 김동환의 글이 적절한 사례이다.
14) 「寧安縣留置監苦吟－癸未正月」, p.126.

결연한 의지가 돋보이는 시이다. 시는 간결하나 시에 담겨진 뜻은 매우 절실하다. 자신의 안위를 돌보지 않고 나라와 조상을 위해서 결연하게 떨쳐나섰음을 강조한다. 자신의 몸을 돌보지 않고 여러 가지 여건에도 아랑곳하지 않고 신명을 다하고자 하는 의지가 뚜렷하다. 그럼에도 자신이 영어의 몸에 얽매이게 된 것을 안타까워하면서 뜻을 이루지 못한 것을 부끄럽게 생각하고 있다. 나라의 존망을 걱정하면서 선열의 넋을 생각하면서 그들을 위해서 후손으로서 온전한 노릇을 못한 것을 부끄럽게 생각하는 점이 남다르다고 하겠다.

유치감에서 감옥으로 옮겨서 겪는 고초를 노래한 시도 있다. 이 시 역시 겪은 고초와는 다르게 자신의 생각을 동료들에게 말하고 있는 작품이라 남다른 면모가 있다고 하겠다.

獄中歲月若流波	감옥의 세월 흐르는 물과 같아서
坐送半年共自他	앉아서 반년을 보내 나 너 없이 한 가지로 했네
此苦分明志士業	분명히 이 고생도 지사의 업으로 겪은 일이니
諸君何恨難歸家	그대들은 어찌하여 한탄하는가 집에 가기 어렵다고[15]

유치감에서 감옥으로 옮기면서 오히려 배우려는 마음의 자세를 가지고 있다. 그래서 예사롭지 않은 결연한 의지를 다시금 깨닫게 된다. 오랜 구금 기간 동안 마음이 흩어지는 인물도 있어서 이처럼 새로운 가르침이 필요했기에 자신을 다잡는 일도 하게 되었으리라 짐작된다. 자신들이 하기 전에 이미 지사들이 고초로 겪어간 일이기에 자신들의 수업이라고 생각한 점에서 사고의 전환이 이룩되었다고 하겠다. 그러한 일을 겪으면서 더욱 의지를 다잡고 새로운 일을 할 수 있는 실천의 필요성을 갖게 된다. 감옥에서 새로운 의지와 뜻을 갖춘 일이 더욱 새롭다.

---

15) 「轉囚牧丹江市掖河獄苦吟－癸未五月一日」, p.127.

역사와 만나는 고난을 의지로 관철했기에 새로운 희망이 앞서게 되었다. 그것을 시인은 이렇게 노래했다.

無託無依獨立眞	남의 힘입지 않고 홀로 서는 것이 진실로 독립이라
金鷄一唱報韓晨	금계가 한번 울어 우리나라에 새벽 알리네
萬物幾消喪是日	만물이 거의 다 죽어가던 날 이 소리에 소생하여
群生偕樂似陽春	모든 생명 함께 즐기니 재생의 봄이 온 듯 하네[16]

독립의 참된 희망이 어떠한 것인가 힘차게 노래했다. 남의 힘이나 남의 도움을 받지 않고 독립을 성취한 것이라고 노래하면서 생명이 사경에 이르렀다가 다시 소생하는 감격을 맘껏 노래했다고 할 수 있다. 새로운 새벽이 어떻게 이어지는가 절실한 예감으로 노래했다.

상황이 절박한 경우가 앞서서 미처 내면화하여 다질 겨를은 없으나 신명을 바쳐서 독립을 염원하고 그것이 실현된 감격을 거듭 노래한다. 역사의 현장에서 자신의 의지를 표현하는 수단으로 한시를 택하여 노래한다는 발상 자체가 특별하다고 하겠다. 종교적 신념을 표출하는데 있어서 시가 절대적인 구실을 하고 그것이 독립의 의지와 만나서 구체화되는 계기를 갖춘 결과이다.

단암(檀菴)의 한시는 일상생활의 발견을 하는 계기로 세시 절기를 주목했다. 생애 전반을 아로새기는 계기를 맞이한다. 초년과 말년의 절기에 읊은 한시를 통해서 불가항력적인 상황에 놓이는 인간적인 풍모를 만날 수 있다. 초년의 기개롭던 의지가 말년에 쓸쓸한 심회로 바뀌는 과정은 인간의 정상적인 생애에 있어서 지극히 당연한 귀결이라고 보인다. 특히 종교적 신념이 구체화되는 과정에서 정월 대보름의 대종교(大倧敎) 중광일(重光日)을 내세우는 의식의 전환은 생애의 후반을 바꾸는 결정적 실마리가 된다.

---

16)「解放獨立吟」, p.128.

단암(檀菴)의 자연시(自然詩)는 서경시가 우세하다. 자연에서 발견한 핵심적 미의식이 흥취(興趣)로 귀결되는 것은 지극히 당연한 사대부들의 미의식이라고 할 수 있다. 게다가 자연에서 벗 삼은 흥취에 머무르지 않고 그것을 여러 시인 묵객과 공유하고자 하는 풍류(風流)에까지 이르는 전통적인 미의식과도 연관되기도 한다. 손수 탁사정이라는 정자를 짓고 자연을 벗 삼고자 하는 의식이 선명하게 나타난다고 할 수 있다. 자연을 통해서 내면을 다질 수 있는 기회가 있었기에 단암(檀菴)은 역사 발전에 결정적으로 참여할 수 있었을 것으로 짐작된다.

단암(檀菴)이 역사에 참여한 시편 역시 단호한 신념에 기초하고 있음이 드러난다. 나라와 조상을 위해서 신명을 바친 자신의 경험을 소중하게 간직하고 의지를 굽히지 않는 강건함을 보인다. 강건함을 잘 가지고 변치 않았으므로 단암(檀菴)은 독립을 노래할 수 있었다. 생활을 발견하고 자연을 벗 삼아 자신의 의지를 실천한 결과이다.

단암(檀菴)은 한시뿐만 아니라, 시조시도 창작하였으며 시조시와 성격이 유사한 작품도 창작했다. 대체로 국문시가는 쓰지 않았는데 공교롭게도 액하감옥(掖河監獄)에 있을 때는 울적한 심회를 드러내기 위해서 국문시를 썼다. 한시와는 다른 생동감 있는 표현이 새롭다.

> 한쪼각 다든문 웨열줄 모르나
> 한숨은 지어서 서북風 되고요
> 눈물은 흘너서 목단강 붓노라[17]

이 시를 보고 있으면 문득 「신아리랑」과 정조가 유사하다는 생각을 떨칠 수 없다. 짧은 말 속에 절실한 사연을 갖추고 마음의 진정함을 잘 전했다고 할 수 있다. 한숨과 눈물이 닫힌 문을 열 수 있는가? 바람이

---

17) 「獄中雜歌」, 내지면.

되고 강물이 되는 사연은 단암(檀菴) 혼자만의 일이 아니다. 개인의 사연이 곧 집단의 사연이 된다. 자신의 한탄만이 아니라, 여러 사람이 모두 공유하는 공감이 시가의 본질이며 공감의 폭이 한껏 확장되는 노래야말로 모든 사람의 염원을 달성할 수 있음은 물론이다. 단암(檀菴)은 한시로 못 다한 말을 한시가 아닌 국문시가를 통해서 노래했음이 드러난다. 단암(檀菴)이 고민하면서 힘써 성취하고자 한 이상이 온전히 이룩되었는가 의문이 든다. 그러나 한시를 통해 한 평생 산 것만은 분명하다.

Ⅲ. 檀菴 漢詩의 意義

단암(檀菴)은 주로 신앙의 이치를 따지는 글을 썼다. 틈틈이 한시를 써서 자신의 생각을 술회한 바가 있어서 문학적 소양을 갖춘 인물임을 새삼스러이 깨우칠 수 있게 한다. 단암(檀菴)이 각별하게 관심을 가진 대상은 존재하지 않는지도 모르겠다. 일반적인 교양의 일환으로 시를 짓고 자연을 벗 삼았으며 더 나아가 역사의 현장을 노래한 것이라고 할 수 있다. 단암(檀菴)은 신앙의 전통을 재발견하고 신앙의 개종을 통해서 역사에 깊이 관여한 것으로 나타난다.

한시만이 아니라 시조와 시조를 변형한 잡체의 시도 역시 창작하였다. 한시도 절구보다는 율시에 관심이 많아서 시상의 길이를 길게 가지면서 시를 썼음이 확인된다. 한시 절구를 많이 쓰지 않은 것을 두고 여러 방향에서 논의를 할 수 있겠으나 한시를 즐겨서 쓰면서 시를 창작한 것으로 평가된다.

단암(檀菴)이 주로 시를 쓴 것 가운데 공식적인 행사에 쓰인 것이 많이 있어서 의례적인 절차의 교술시 역시 많이 보이는 점을 부인하기 어렵다. 그런데도 그의 생각 속에서 다정다감한 면모를 구체적으로 확인하게 된다. 섬세한 생각과 그 생각을 표현하는 것이 예사롭지 않아서 단암(檀菴)이 지향한 선비적 교양을 상기하게 된다.

단암(檀菴)은 만년에 자신들의 혈족을 위한 글도 썼다. 세상을 살아가면서 새롭게 이룩한 지혜가 있다면 미래가 아이들에 있음을 거듭 깨우쳤을 것으로 생각된다. 손자가 태어난 것을 기리는 것을 보고 평범한 생활인으로 자신의 임무를 다하는 것을 다시 생각하게 된다.

ABSTRACT

The study of Danam Lee Yong-Tae's Chinese poetry

Kim, Heon Seon

Dan-Am mostly wrote of the writings on the fundamental principle of faith. Judging from the fact that he recollected his thoughts by composing Chinese poetry in his spare time, we realized that he had been a person of literary attainments. There may not have been the things that Dan-Am wanted to write of with particular interest. It was as a part of refinement that he composed poems about nature and historic events. It was found that after rediscovering the native Korean religion called Daejonggyo and converting to Daejonggyo, he intensely took part in the history of Korea in the age of occupation of the Japanese Empire by force.

He also created not only shijos which is a kind of short lyric poem but also the unique style of poems into which shijos were transformed. It is found that being more interested in a style of Chinese verse than in a Chinese quatrain he composed poems holding a long stretch of poetic sentiments. In fact, it is possible that there are a variety of discussions on the fact that he did not compose many Chinese quatrain. However, it is thought that he created poems enjoying writing Chinese poetry.

It is no denying that as he wrote many poems in participating in official events we find that he composed many poems on ceremonial formalities. Nevertheless, it is confirmed that his thoughts hold warm-hearted aspects. The fact that his delicate ideas and the way he expressed them are extraordinary is reminded of the refinement of a classical scholar which Dan-Am had aimed at.

Dan-Am wrote for his own blood relatives in his later life. It is thought that he realized that the spiritual enlightenment that he had attained through all his life was that the future would lie in children. Seeing that he cerebrated his grandchild's birth makes us rethink that he carried out his duty as an ordinary person.

단암 이용태의 사회개혁적 삶과 사상

정영훈(鄭榮薰)[*]

Ⅰ. 머리말

단암 이용태(1890-1964)는 한말에서 일제치하 독립운동기를 거쳐 냉전 체제하에서 '조국근대화'를 모색하던 시기까지 살았던 애국지사이다. 그는 물론 정치적·사상적으로 큰 영향을 미치는 자리에 있던 인물은 아니다. 그러나 그가 삶의 도정을 통하여 고민하고 관여하며 대안을 제시하고 실천하였던 것들은 한국 근현대사 속의 주요 갈등국면이자 민족사상의 모순들과 관련이 있었으며, 특히 그는 '대종교민족주의'라 부를 수 있는 흐름에 몸을 담고 그 흐름의 주요 지도자로 활동하면서 '대종교민족주의'의 입장을 대변하고 강화하기 위하여 애썼다는 점에서 특별한 의의를 지닌다.

이 논문은 단암 이용태의 삶과 사상을 사회운동가 또는 개혁사상가의 측면에 초점을 맞추어 살펴본 것이다. 일반적으로 말하여 한 인간은 생애 전 과정을 통하여 다양한 부문에 관계하면서 흔적을 남기기 마련이다. 단암 역시 대종교지도자로의 측면과 계몽운동가 또는 독립운동가로

---

* 한국학중앙연구원 교수, 정치학.

의 성격이 두드러지는 가운데, 일제하에서 지방관료(면장)로 활동한 경력이 있고, 유림과도 교유했으며, 한때는 정계진출도 꿈꾸었던 경력도 갖고 있다. 조상에 대한 지극한 정성과 자녀들에 대해 가졌던 남다른 애정은 단암의 또 다른 측면이며, 적지 않은 한시 작품을 남긴 문인으로의 면모도 눈에 띈다. 이들 여러 측면은 인간 이용태의 전모를 파악함에 있어서는 모두 함께 종합적으로 검토되어야 할 것이다. 그러나 여기서는 특히 사회운동가 또는 개혁사상가로의 측면에 초점을 맞추어 그 활동과 사상을 살펴보고자 한다.

그는 가난한 농부의 아들로 태어나 식민지의 백성으로 살면서 나라 잃은 민족으로의 현실을 고민하였고, 낡은 인습 속에 묻히어 가난과 무지에서 헤어나지 못하는 민중의 삶을 아파했었다. 그는 고민에 그치지않고 상황을 바꾸기 위한 실천행동에 나서기도 했는데, 학교를 세우고 소작인운동을 펼쳤으며, 민중을 계몽하고 생활을 개선할 수 있는 많은 정책대안을 제시하기도 했던 것이다. 면장이라는 식민지의 지방관료를 지내는 등 일제의 식민행정에 협조한 경력이 있지만, 그는 그 자리를 민중계몽과 생활개선을 도모하는 기회로 활용하였다. 민족독립의 방안을 모색하던 그는 대종교를 만나 그 교인이 되었으며, 일제의 치안유지법의 마수에 걸려 국체변혁을 기도하였다는 혐의로 체포되어 가혹한 옥중생활을 견뎌내야 하였다. 해방과 함께 옥중에서 풀려난 단암은 대종교단의 주요 지도자로 활동하면서 대종교를 통하여 민족적 통합을 달성하고 시대의 당면한 제 문제들을 해결하고자 노력하였다. 대종교의 교리를 연구하고 홍보하였으며 기회 있을 때마다 강연과 논설과 정책건의 등을 통하여 자신의 구상을 제시하고 실천하려 하였다.

이 연구에서는 단암의 활동과 사상 가운데서도 특히 해방후의 것에 초점을 맞추고자 하며, (1) 그가 행한 사회개혁활동을 정리하고, (2) 특히 사회사상―윤리사상의 측면과, (3) 사회적―시대적 문제에 대한 대안으로의 대종교인식 등 세 측면을 중심으로 살피고자 한다. 이 시기는 단암의 생애에서 가장 특징적인 부분이라 할 대종교단의 주요 지도자로서 활동하던 시기이며, 사상적으로도 가장 원숙한 시기에 해당한다고 할 수 있을 것이다. 또 분석자료는『애국지사 단암 이용태선생 문고』에 수록된 내용을 중심으로 살피고자 한다.[1]

Ⅱ. 단암 이용태의 사회개혁적 삶

단암 이용태는 1890년 충북 충주에서 출생하여 1964년 75세를 일기로 사망하였다. 여기에서는 그의 개혁적 삶과 사상을 파악하는 과제와 관련하여 중요하다고 생각되는 점들을 중심으로 그의 생애를 더듬어보기로 하겠다.

첫 번째로 지적할 것은 그의 가정배경이다. 그는 가난한 농부의 집안에서 출생하였다. 단암은 실전한 조상의 묘소를 찾아내어 제사하는 등 조상과 문중에 대해 연고의식이 강하였지만, 그의 선대는 그의 직계 12대조에서 벼슬을 한 이후 관계로 나간 이가 없는 것으로 보아 가세가 왕성치 못하였음을 알 수 있다. 그의 아버지는 농사를 주업으로 하였으며. 그의 어린 시절은 농사의 풍흉에 따라 가난이 되풀이되는 어려운 형편이었던 것 같다. 이 같은 환경배경은 아마도 단암이 갖고있던 사회정의에 대한 강한 관심과 시대비판의식의 배경으로 작용하였을 것으로 생각된다.

두 번째로 거론할 것은 소년기에 받았던 그의 유교적 교육이다. 그는 어려서부터 글배우기를 좋아했다 하며 인근지역의 서당을 찾아 한학을 공부하였다. 특히 주목되는 것은 그가 위정척사계의 거두인 유중교(이항로

---

1) 박달재수련원 발행,『애국지사 檀菴 李容兌선생 文稿』, 1997. 이하에서는『문고』라 약칭함.

의 제자)의 문인인 이직신의 문하에서 공부한 경력이다. 이직신은 한일합방후 유인석 등 위정척사파 의병장들을 따라 만주로 이주한 인물인데,[2] 이 같은 수학경력은 한편으로는 단암이 한시 작품을 많이 남기는 등 유교적 교양을 가지게된 배경이자 지역 유림의 일원으로 그들과 교유하게 된 배경이 되기도 하였고, 다른 한편으로는 항일의식을 내면화하게 된 배경이 되었을 것으로 생각된다.

세 번째로 들 것은 일제의 침략과 국권상실이다. 그의 소년기ー청년기는 일제의 침략에 의해 조선이 식민지화되어가던 시기였다. 일제의 침략에 대항하여 국권을 지키기 위한 각종의 저항운동이 일어났고, 그의 「행년략기」에서도 의병이 투쟁하는 과정에서 일본군에 의해 마을사람들이 살해된 사실이 기록되어있다. 합방이 있던 해의 기록에서는 "슬프고 원통하다. 어찌하여 하늘은 이 백성을 근심하여 건지지 아니하고 장차 나라의 운명을 오랑캐의 손에 떨어뜨리려 하는고. 이천만백성의 통곡하는 소리는 중천에 사무치는데 삼천리 넓은 국토는 문득 임자를 잃었도다. 이날을 당하여 우리 조선민족이 된 사람이라면 그 누가 불공대천의 원수임을 가슴깊이 새겨두지 아니하랴"[3] 하는 비분강개의 감회를 토로하고 있는데, 국권을 회복하고 식민지에서 독립해야 하며 민족을 보전해야 한다고 하는 민족의식은 단암의 사상에서 가장 중요한 관심사로 자리잡아 갔다 해도 과언이 아닐 것이다.[4]

네 번째로는 개화계몽사조와의 만남이다. 청년 단암은 식민지로 전락한 조선의 형세에 대한 성찰을 통하여 개화와 계몽의 필요성을 절감하고 점

---

2) 「행장」, 『문고』, p.1199 참조.
3) 「행년략기」, 『문고』, p.989, p.991.
4) 단암에게 남다른 민족의식이 있었으리라 추정할 수 있는 한 사례는 그의 동생 용준이 중국으로 망명하여 독립운동에 종사하다가 체포되어 복역한데서도 찾을 수 있는데, 두 형제가 독립운동의 혐의로 투옥되었다는 것은 단암의 집안에 흐르던 분위기를 짐작하게 한다.

차 보수적인 유림으로부터 개화계몽운동가로 변신해갔다. 24세 때인 1913
년의 「행년략기」에서는 이 무렵의 문제의식을 다음과 같이 적고 있다.

> "애닯다. 우리 반도국가의 쇠망함은 정치를 혁신하지 아니함에 있고,
> 민족이 고통을 당하고 압박을 받는 것은 교육을 받지 못한데 있다. 이제
> 국권의 회복을 바라고 시급히 민족의 자유를 구할진대 무릇 우리 이천만
> 동포가 반드시 분발하여 용감한 마음을 떨쳐 일으키고 교육과 실업 등을
> 먼저 급속히 개혁함으로써 열혈과 적성을 마음속에 쌓아 두고 몸을 복수
> 하기 위한 적과의 싸움터에 희생물로 바치며 세계의 앞선 문화를 수입하
> 여야 한다. 장래에 나라를 위하고 집안을 위한 정치를 행한다면 가히 망
> 국의 치욕을 씻을 것이요, 가히 불공대천의 원수를 갚을 것이요, 가히 생
> 활의 행복을 얻을 수 있을 것이니 어찌 시급한 일이 아니며 어찌 각성하
> 지 아니하랴. 비록 이 세상에 빌붙어 사는 하나의 식충으로서의 생각으로
> 도 이에 이르러서는 정신이 크게 변하여 다리를 속세의 풍조에 물드는 마
> 당에서 빼고 몸을 혁신하는 곳에 내던질 것이다."5)

그는 망국의 원인이 교육과 실업의 부진에 있다고 보았고 복국을 위
한 길 역시 그를 발전시킴으로써 가능하다고 본다. 그는 세계의 대세와
나라의 운명을 미루어 생각할 때 과거의 생각과 인습에 얽매어서는 안되
고 시대와 환경에 맞추어 생각과 행동을 바꾸어야 한다고 생각했다.
1922년에 쓴 한 논설에서는 당시의 조선인들을, 시대의 변화에 무지한
채 신문명의 흡수에 더디고 자신의 문제를 극복하기 위한 적극적인 노력
도 않고 있다는 의미에서 '정신적 불구자'라 칭하고, 그 같은 병을 고치
는 일이 시급함을 지적했었다. 그는 논설에서 병을 치료하는 병원으로의
학교를 방방곡곡에 설립하여 신교육과 신사상과 신생활을 보급할 것을
주장하였는데, 이 논설을 전후하여 단암은 면서기와 면장직 등에 재임하
면서 농촌계몽운동과 농민운동을 적극 전개하기 시작하였다. 그 중요한
것을 들어보면 다음과 같다.

---

5) 「행년략기」(1913년, 24세), 『문고』, p.995.

    * 1911년 (22세) 집에 서당을 설치함.
    * 1913년 (24세) 근좌면 서기에 임명됨.
    * 1920년 (31세) 봉양면 청년회장 피선. 봉양 모범서당 설립.
    * 1922년 (33세) 소작인회 설립, 본양농민조합조직. 동경평화박람회 시찰.
    * 1923년 (34세) 봉양보통학교후원회 조직.
    * 1924년 (35세) 봉양면장 임명, 산업조합장 피임.
    * 1925년 (36세) 기업강습회 개최, 황색연초경작허가교섭.
    * 1934년 (45세) 백운면장 임명, 덕동간이학교 설립.[6]

　단암이 아파한 것의 하나는 농민의 가난한 삶이었다. 1931년에는 농촌이 피폐한 원인을 분석한 글을 남겼는데, 이 무렵 단암의 사회문제를 보는 안목을 살필 수 있는 자료이므로 여기 인용한다.

　　"목하 조선농촌민의 생활상태를 관찰할 때 빈약에 빈약을 가하여 날이 갈수록 파산자가 늘어나고 곤궁에 곤궁을 가하여 해를 거듭할수록 외지로 유리표박하는 자가 속출하여 불가승수라. 考其原因함에 한두가지의 원인과 이유가 아니고, 其공통적인 원인으로는 (1) 공과부담금의 과중과, (2) 지주 착취의 가혹함과, (3) 생산능률의 저하부진과, (4) 지식 암매로 인한 시대낙오와, (5) 보호지도관계의 결여와, (6) 因循폐습의 惡癖과, (7) 공동 단결력의 결핍 등등을 들 수 있는 바, 농민대중의 생활상태가 여사히 궁핍지경에 달하고서 어찌 국부를 바라며 안녕질서가 확립된 사회를 건설유지하리오."[7]

　다섯 번째로, 장년기의 6년 간을 면장직에 있었던 것도 단암의 경력 중 특이한 것이다. 일제에 나라를 빼앗긴 것을 속상해한 단암의 정서로 볼 때 일제의 식민통치기관에 복무한다는 것은 좀 설명이 필요한 부분일 것이다. 그 역시 1934년 45세 때 면장직에 다시 나간 소감을 말하면서, "마음에 썩 내키지는 않지만, 주변 사람들의 추천을 저버릴 수 없고 세

---

6) 이상의 내용은 그의 「행년략기」에서 정리한 것임.
7) 「농촌재건으로 가는 길」, 『문고』, p.351.

월을 보내는 한 방편(消遣法之一)으로서 수락한 것임"을 밝힌다.8) 그에게 있어 면장직 수행은 한편으로는 생활의 방편이었고 다른 한편으로는 자기의 계몽사상과 봉사욕구를 실천할 기회로도 생각하였던 것 같다. 실제로 그는 면장직에 재임하는 동안 학교를 설립하고 소작인회를 설립하며 주민의 생활개선을 위한 여러 활동을 전개하는 등 성심껏 봉직하였으며, 그 결과 주민들의 지지와 존경을 받을 수 있었던 것 같다.9) 면장직 수행은 그의 안목을 넓히는 기회가 되기도 했을 것이다. 그의 『문고』에는 1922년 동경평화박람회를 시찰하며 보고 느낀 것을 기록한 참관기가 실려 있다.

여섯 번째로 들 것은 대종교와의 만남이다. 아마도 단암의 생애에 있어 가장 중요한 전기가 되었던 것은 대종교와의 만남이었을 것이다. 그가 언제부터 단군과 대종교에 대해 알고있었던지 하는 것은 알 수 없다. 그러나 그가 남긴 「행년략기」에 따르면 38세 되는 1927년의 기록에서 "앞으로는 단조(檀祖)를 숭봉하여 민족정신을 불러일으키는 것을 나의 임무로 삼고자 한다"는 결심을 밝히고 있고, 다음해(1928) 1월에 서울의 대종교 남도본사를 방문하여 정식으로 봉교하였음을 적고있다. 그는 대종교가 우리나라의 백성들을 처음 나으신 시조를 숭봉하는 종교로서, 사천년동안 내려온 민족고유의 문화라 인식하였다. 그리고 지금처럼 민족정신이 쇠퇴한 때를 당하여 만약 그 조선의 혼을 회복하지 않는다면 나라의 역사를 계속할 수 없을 것이고 일반생명을 구제할 수도 없을 것이라고 생각하였다.10)

---

8) 「행년략기」, 『문고』, pp.1033-1034.
9) 면장직 수행 기간에 그가 주민들의 지지를 받았다는 것은 그가 전후 6년간 면장직을 수행하고 사임하자 주민들이 『三美帖』이라는 이름의 시집을 만들어 선사한 데서도 알 수 있는데, 이 시첩에는 단암의 면장직 수행을 칭송하는 내용으로 채워진 120여명이 쓴 시들이 수록되어 있다. 일제시대를 통하여 지방행정의 책임자에게 주민들이 그의 퇴임 후 그 덕을 기리는 시첩을 만들어 준 사례는 많지 않을 것이다.

그러나 그가 본격적으로 대종교단에 참여하기 시작한 것은 면장직을 사임한 50세(1939)때부터이다. 이 해에 단암은 북만주 동경성에 있는 대종교총본사로 찾아가서 도사교인 단애 윤세복을 만나 본격적인 신앙생활로 들어섰고 교단운영에도 참여하게 된다. 그러나 대종교단에의 참여는 그에게 혹독한 시련을 안겨주기도 하였다. 임오교변(1942)이라 불리는 대종교단 최대의 교난에 그도 연루되어 고초를 겪은 것이다. 임오교변은 대종교를 독립운동단체로 보아 폐쇄시키려던 일제의 음모에서 비롯된 사건이었다. 이때 일제가 치안유지법을 적용하여 교인들에 대해 씌운 죄목은 "대종교는 본래 정치사상단체로서 조선과 만주의 일부를 차지하여 독립국가를 수립하려는 것을 목적으로 한 정치사상단체"라는 것이었으며, 이때 대종교에서는 도사교 윤세복 이하 20인이 체포되어 그중 10명이 갖은 악형 속에 옥사하는 피해를 입었다.[11]

단암도 이때 국체변혁의 혐의로 체포되어 8년형을 선고받고 해방될 때까지 3년 간 복역하는데, 아무튼 단암은 이때의 투옥으로 독립운동경력이 인정되어 훗날 애국지사로 추대되는 영예를 얻기도 하였는데, 임오교변은 단암이 대종교에 대한 신념을 굳히는 계기가 되기도 하였다.

일곱째로 지적할 것은 8·15 해방과 분단이다. 단암은 일제의 패망과 함께 옥중에서 풀려났다. 해방은 무한한 희망과 함께 시작되었지만 그러나 이어 전개된 국내외의 정세는 실망을 안겨주었다. 해방과 함께 미소군이 진주하여 남북이 분단되었고, 남북의 분단은 미소간의 냉전이 심화되고 내부의 좌우익간 대립이 심화되면서 고착되어 갔다. 단암으로서는 좌우익의 대결과정에서 좌익의 테러에 의해 동생인 용준을 잃었으며, 단

---

10) 「행년략기」(1927), 『문고』, p.1019. 『문고』에는 단암이 1927년경 육당 최남선과 호석 강우에게 보낸 서신과 1928년에 쓴 「건축삼신전발기문」등이 남았는데, 단군민족주의에 경도되어 가는 이 시기의 단암의 정신세계를 살필 수 있게 해준다 (『문고』, p.519, p.521).
11) 이에 대해서는 대종교총본사 편, 『임오십현순교실록』, 1971 참조.

암 역시 공산주의에 대한 불신이 커져가는 가운데 좌우합작에 대한 희망을 잃고 단독정부의 불가피성에 동조하게 되었다. 대한민국정부가 수립된 후 단암은 정계에 투신하여 이상을 펼쳐볼 생각으로 1950년 5·30 선거에서 국회의원에 입후보하였지만 낙선하였다. 두개의 정부가 수립된 후 갈등의 골을 키워가던 남북은 6·25 전쟁으로 충돌하였고, 이 전쟁은 민족에게 많은 피해를 안겨준채 휴전되었다. 단암은 전후의 재건과 국가안보를 위하여 이승만정부의 리더십에 기대를 걸었으며, 5·16 후 군사정부가 들어서자 이번에는 혁명정부에 기대를 걸었다. 그리하여 기회가 있을 때마다 정책대안을 건의하고 민기의 쇄신을 촉구하였으나 결과는 실망만 키울 뿐이었다.

여덟째로 들 것은 대종교의 환국과 침체이다. 임오교변에서 생환한 후 단암은 대종교에 더욱 깊이 관여하면서 교단운영의 중심에 서게된다. 그러나 대종교의 발전은 바라는 대로 이루어지지 않았다. 대종교인들은 해방후 대종교가 국교의 지위에 나아가 새 국가의 정신문화를 건설하는 중심에 설 것을 희망하였지만, 정국의 동향과 세태는 대종교에 결코 우호적이지 않았다. 윤세복을 비롯한 원로들도 사망하거나 납북되었고, 개천절이 국경일로 되고 홍익인간이 교육이념이 되는 등 '단군민족주의'가 남쪽 국가의 제도의례속에 편입되었지만, 그것이 대종교의 교세확장에 도움되지는 않았다. 단암은 스스로 수행에 정진하면서 교리연구에 몰두하여 다수의 연구서를 냈고, 스스로 교단운영의 중심에서 대종교의 중흥을 위하여 분투하였다. 그러나 기회 있을 때마다, 분단이 '망본배원'에 대한 징벌임을 경고하고, "흩어진 남북의 모든 형제자매가 한배검의 품속으로 들어와 한얼노래 높이 울리는 가운데서 한배검의 다함없는 사랑을 고루받게 하는 것만이 통일로 가는 길"이라고[12] 역설하였지만 돌아오

---

12) 「원도」, 『문고』, p.595.

는 메아리는 적었던 것 같다. 병마에 쫓기는 사이사이 단암은 대종교를 중흥시키고자 이런 저런 계기를 만들어보았지만 큰 성과는 없었다. 필생의 소명감으로 봉사한 대종교가 침체에서 벗어나지 못하자 단암으로서는 우울한 나날이 계속되었을 것이다. 단암은 일체의 교직에서 사임하고 은퇴한 뒤 1년 만에 '귀천'한다.

Ⅲ. 사회·윤리사상

단암이 살던 시대는 식민지라는 민족모순과 계급갈등이라는 사회모순이 중첩적으로 제기되던 시대였다. 지식인들은 이 같은 문제들을 어떻게 처리할지를 두고 고민하였으며, 나름대로의 대안을 제시해야만 하였다. 사회주의나 무정부주의, 민족주의 같은 다양한 이데올로기가 보급되어 유행했던 것은 이 같은 요구에 부응하기 위한 나름대로의 시도들이었다 할 수 있다. 그러나 단암에게서 이 같은 모순들을 체계적이고 종합적으로 다룬 정치사회이론을 찾을 수는 없다. 단암은 사회문제를 포괄적으로 해명하고 대안을 제시하는 이론가는 아니었으며, 다만 눈앞에 보이는 빈곤과 무지를 타개해야 한다는 당위성에서 출발하여 가능한 여러 가지의 노력과 활동을 전개해왔으며, 여기서 주목하는 것은 그의 활동에서 찾아지는 일정한 경향성에 대한 것이다.

우선 단암은 빈부의 차이와 빈곤이 생기는 이유를 사회제도의 탓이 아닌 개인들의 생활자세와 도덕성에서 기인되는 문제로 돌리는 경향을 보인다. 근면과 신의의 정신자세를 상실함으로 인하여 스스로 노력하지 않고 남으로부터도 버림을 받게된 데서 빈궁함의 문제가 생긴다고 본 것이다. 그리하여 그는 다음과 같이 말한다.

"만약에 빈궁함을 면코자 할진대 먼저 안일과 해태와 사기의 나쁜 병을 없애버리고 반드시 바른 마음으로 신의를 지킴으로써 몸과 마음을 기르면 하늘이 반드시 도울 것이요, 신이 복을 내려 평생토록 즐거움을 누리리라"[13]

빈곤을 개인적 나태의 결과로 보는 단암은 다른 곳에서는 불평등을 자연의 원칙이라고까지 규정하면서 그 같은 차이에 대해 불평하는 것은 시기심이나 욕망에 불과하다고까지 말한다.

"사람뿐 아니라 만물이 다 생을 위하여 존재함이다. 그러나 생활상의 방식이 같지 아니하여 혹은 고생하고 혹은 樂生하며 혹은 安逸하고 혹은 곤궁하며 …(중략)… 형형색색으로 다른 불평이 있다. 이와 같이 다른 것이 자연의 원칙이며 불평을 부르짖음은 인간의 시기와 欽羨과 욕망에 불과하다."[14]

단암은 인간의 불평등이 자연의 철리인데도 이 같은 철리를 반대하고 인위적으로 평등하게 만들겠다고 외치는 이들에 대해서는, 그 같은 주장은 정권을 장악하려는 의도에서 나온 모략일 뿐이며, 그 같은 개혁은 실제로는 인위적으로 불가능하다고 단언하기도 하였다.[15]

단암의 이 같은 관점은 전형적인 계몽주의―자유주의적 관점이라 할 수 있는데, 그러나 다른 곳에서 그가 '균생'이니 '동포상조'니 하는 말을 자주 쓰는 것을 보면 이 같은 자유주의적 사고로만 일관하지는 않고 있음을 확인하게 된다. 적어도 단암은 이 같은 불평등의 상태가 지속되어 사회적 갈등으로까지 발전하는 것은 바람직하게 생각하지 않는 것 같으며, 계급혁명의 방법으로 사회를 개조하려 하는데도 동의하지 않는다.

가난과 불평등을 극복하기 위한 그의 처방은 두 가지 방향에서 모색

---

13) 「양생설」, 『문고』, p.440.
14) 「대종교란 어떠한 종교인가」, 『문고』, pp.243-244.
15) 같은 글, p.244.

되는 것 같다. 하나는 근로역작이나 자력갱생 같은, 스스로 가난을 떨치기 위한 노력에 대한 강조이며, 다른 하나는 구성원들이 서로 사랑하고 남을 나와 같이 생각하면서 고루 잘 살기 위해 노력하는 동포상조의 자세에 대한 강조이다.[16]

단암은 임오교변으로 옥중에 있을 때 '사회혁명'의 필요성을 절감하는 한 체험을 하게된다. 그때 감옥에는 방마다 여러 명씩의 죄수들이 함께 갇혀있었는데, 배식하는 식사가 아주 열악한 가운데도 돈이 있는 사람들은 사식(私食)을 받아서 흰밥에 고기반찬을 한자리에서 따로 먹게 하였던 모양이다. 동료죄수가 사식을 혼자 먹는 장면은 다른 죄수들로 하여금 그 이기적 몰인정함에 대한 개탄과 함께 박탈감을 자연히 갖게 했을 것이다. 단암은 뒷날 그때의 정황을 적은 글에서 이런 장면을 보고 "인류진화를 꾀하려면 반드시 사회혁명을 먼저 할 것"을 절감하였다 한다.[17]

그러나 단암은 폭력적이고 급진적이며 계급주의적인 해결방법에 대해서는 찬성하지 않았던 것 같다. 해방직후 발표한 「널리 겨레에게 고함」에서는 지상천국을 건설하기 위하여 지켜야 할 9가지 실천요목을 제시하고 있는데, 이 9개 덕목들은 물론 당시의 특수상황들을 고려하면서 나온 것들이지만 단암의 사회개혁에 대한 관심방향을 잘 드러내주고 있다고 생각되므로 여기서 요약―인용해본다.

(1) 우리정신을 찾고 남의 정신에 놀지말자, (2) 倭말을 버리고 우리말을 쓰자, (3) 용감하고 충후한 전래의 미풍양속을 지켜가자, (4) 모든 역량

---

16) 단암은 대동평화를 이룰 수 있는 방안으로 神生·體生·均生의 三生主義를 주장하였는데, 신생은 자기정신이라는 주체적 정신에 토대하여 사는 것을, 체생은 육체적인 근로역작을 통하여 자력갱생을 추구하는 것을, 균생은 서로 사랑하여 고루 잘 살기를 꾀하는 것을 의미한다(『문고』, p.244). 대종교의 5대종지에서는, 전자는 근무산업이나 정구이복 같은 요목으로 표현되고 있고, 후자는 애합종족으로 표현되고 있다 할 수 있다.

17) 이용태, 「구금고황」, 『임오십현순교실록』, 앞의 책, p.21.

을 단결하여 평화의 낙원을 건설하자, (5) 악질 謀利를 취하지 말고 공정한 상업도덕을 건설하자, (6) 농장과 공장에서 활동을 빨리 하여 산업경제를 부흥하자, (7) 놀고 먹고 놀고 입음을 원치말자, (8) 거짓말은 인간의 막대한 죄악이니 허물을 고쳐서 신의를 회복하자, (9) 인간은 물적 생활만이 아니라 영적 생활이 더중요하며 영적 생활은 신앙이 기본이 되니 삼신일체 상제이신 단군 한배님을 받드는 대종교를 믿자.[18]

단암의 계몽운동은 사회제도나 체제를 개편하고 바꾸는 방향으로 나가지 않고 사회구성원들의 내면을 바꾸는 방향으로 전개된다. 그것은 불가피하게 혁명적이거나 폭력적―급진적 방법이 아니라 점진적이고 근본적인 해결을 지향한다. 개개인의 윤리적 개혁을 통하여 사회의 부조리와 혼란 및 분열을 극복하고 이상사회로 나아가고자 한 것이다. 그의 이러한 윤리적 처방들은 물적 생활보다 영적 생활이 더 중요하고[19] 신심(神心)이 일신(一身)을 주재한다는 그의 종교인 특유의 정신우선론적 입장과도 관련이 있을 것이다.

그가 특히 중시하여 자주 강조한 덕목은 충효(忠孝)와 경신(敬信)·근검(勤儉)·정직(正直) 같은 것들이다.

"충성과 효도는 사람의 근본이요, 공경과 신의는 처세의 도리이며, 부지런하고 검소함은 집안살림을 다스리는 방편이요, 바르고 곧음은 수신의 법도이니, 몸가짐에서 항상 어김이 없어야한다"[20]

"부모를 사랑하고 형을 공경함은 사람된 의리이고, 나라에 충성하고 어른에게 공손함은 백성된 의리이며, 하늘을 공경하고 사람을 사랑함은 道를 위한 의리이다."[21]

---

18) 「널리 겨레에게 고함」, 『문고』, pp.433-434.
19) 같은 글, 『문고』, p.434.
20) 「戒榮載兒」, 『문고』, p.432 ; 「잠언이십편」, 『문고』, p.441.
21) 「삼의설」, 『문고』, p.436 ; 위와 같음. "愛親敬兄爲人之義　忠國悌長爲民 之義 敬天愛人爲道之義 捨此三義而生者 生惟辱矣 守此三義而死者 死惟 榮矣"

단암이 또 자주 강조한 덕목 중 하나가 절제의 덕이다. 그는 인간의 본능적 욕구 중 강력한 것으로 식욕·색욕·재물욕을 들고, 다음과 같이 말한다.

> "음식은 먹어서 창자를 채움으로서 목숨을 이어가면 족한 것이요, 색은 각각 부부를 정하여 선조를 이어 후손에게 전하면 족하며, 재물은 부지런히 일하고 검소하게 집안살림을 꾸려나가면 족하다. 이에서 지나친 욕심은 모두가 요사하고 올바르지 못하며 바른 것을 해치는 것이다."[22]

단암의 윤리론 중에는 사랑이라는 덕목도 자주 언급된다.

> "누구나가 다 한배검의 혈통을 이어받은 배달의 자손이라는 생각을 가지고 서로 사랑하여야 한다."[23]

단암은 자녀들에게 경계시키는 주옥같은 가르침으로 많이 남기었다. 아들에게 가르친 다음의 세 가지 경계요목도 눈여겨볼 대목이다.

> "너에게 경계하노니 술을 즐겨 마시지 말라. 술이란 것은 성품을 잃게 하는 약이다. …(중략)…
> 너에게 경계하노니 이익을 탐내지 말라. 이익이란 근본을 잊게하는 물건이다. …(중략)…
> 너에게 경계하노니 경솔한 행동을 하지말라. 가벼우면 넘어지고 자빠지기 쉬우니라."[24]

단암의 윤리이론에서 또 하나 언급해야 할 것은 그 특유의 운명론적 관점이다. 그는 하늘이 만민을 낳게 할 때에는 정해진 직분이 있어서 그

22) 「戒慾說」, 『문고』, p.437.
23) 「홍익인간의 정신으로 삼천만이 통일하자」, 『문고』, p.279.
24) 「계자서」, 『문고』, pp.434-435.

기품(氣品)에 따라 정한 운명이 같지 않은데도 뭇사람들은 이를 알지 못하고 공연히 스스로 욕심의 불과 죄악의 바다에 떨어지고 만다고 탄식한다. 그는 모든 것이 하늘이 주는 바른 운명(天賦之正命)이 아닌 것이 없으니, 이같이 자연히 부여되는 직분을 달게 받고 망령되이 함부로 부귀를 구하지 말라고 충고한다.[25]

운명을 긍정하는 그의 자세는 그러나 아무 일도 하지 말라는 것은 아니었다. 지나친 욕심을 부리지 말라는 의미이지, 인간이 해야할 도리까지도 하지 말라는 것은 아니기 때문이다. 그는 부귀빈천 영달고초는 모두 하늘이 주는 것이지만, 인간이 해야할 도리는 그 결과에 구애치 말고 떳떳하게 해 나가야 한다는 생각을 갖고 있었다. 스스로 옳음을 추구한 결과가 만족치 못하더라도 그를 운명으로 알고 수용해야 한다는 담담한 자세를 강조하고 있는 것이다. 그가 감옥에 갇히어 생사의 갈림길에 놓여 있을 때 마음먹은 이래 평생의 좌우명을 삼은 다음과 같은 계명은, 천명이 어떻게 정해져 있든 (설사 죽음이 초래되더라도) 자신은 의(義)를 지키며 살겠다는 다짐을 천명한 것이었다.

> "사람이 낳고 죽음에는 스스로 바른 천명이 있나니 낳는 것을 근심하지 아니하고 살면서 어찌 죽는 것을 걱정하며 죽으랴. 죽고 삶은 오직 의리에 있을 뿐이다."[26]

결과여하에 상관없이 의를 지킬 것을 강조하는 단암의 이 '수분론'은 "화와 복은 들어가는 문이 따로 없고 오직 마음이 부르는 바"라면서, 화와 복은(=운명은) 생각하기 나름이라는 관점도 제공한다. 그러나 이 관점은 세속-이승의 변화무쌍함을 초월한 절대적인 진리나 구원의 경지를

---

25) 「守分說」, 『문고』, p.439.
26) 「자서」, 『문고』, p.433. "人之生死自有正命 不憂其生而生 何憂其死而死死生唯義所在而已"

전제한 종교적 확신에 의해 보강된다 할 수 있다. 말하자면 이승─현실 속의 갈등에서는 악이 일시 승리할 수 있지만 (그리하여 의가 희생될 수 있지만) 궁극적 영원의 차원에서는 선과 의가 승리하고 구원을 얻는다는 생각이 전제됨으로써만 허무주의로부터 해방될 수 있는 것이다. 그가 사람들에게 "하늘로부터 받은 바 양심을 잃지 말고 남을 해롭게 함으로써 나를 이롭게 하려는 사욕을 짓지 말고, 안으로 마음을 바르게 하고 한얼을 섬기는 도를 닦고 밖으로 부지런히 일하고 검소하게 살림하기에 힘쓸 것"27)을 충고할 수 있는 것은, 이 같은 장기적인 확신이 전제되어있기 때문이라 할 수 있다. 단암에게 있어 진리와 의리의 최후의 승리를 보장하는 존재는 삼신일체인 단군 한배검이었다.

단암은 선하면 복을 주고 악하면 화를 주는 것은 천국의 법률인 동시에 인간세상의 법전이기도 하다고 강조한다.28) 그리고 이 선과 악을, 대종교에서 신과 인간의 3대능력으로 제시하는 덕(德)·혜(慧)·력(力)의 삼대론(三大論)을 응용하여 다음과 같이 설명한다.

> "선이란 본능적으로 인자한 덕성을 잘 지켜서 만물을 사랑하되 해치지 않고, 본능적으로 慧明한 영성을 닦아서 사물을 연구하며 발전시켜 문명을 이루며, 본능적인 운동의 체력을 건강토론 操全하여 생활방식을 개척하고 사회사업을 운영함이니, 자기의 양심으로 상대를 사랑하고 보조하고, 자기의 사고로 지식을 확충하며, 자기의 근면으로 생활을 잘 유지하면 이보다 더 큰 행복은 없을 것이다. …(중략)…반대로 양심을 버리고 상대를 해치고, 사고를 버리고 무식을 自取하며, 자신을 나태케 하여 생활을 곤란케 하면 이것이 곧 악이다. 이와 같이 악을 자취하고서 어찌 행복이 오기를 기다리리오."29)

---

27) 「수분설」, 『문고』, p.439.
28) 「善福惡禍」, 『문고』, p.253.
29) 「선복악화」, 『문고』, p.252.

단암이 고유의 윤리이론에 대해 체계적으로 논의하지는 않았지만, 그는 우리가 고대에 군자지국 또는 예의지방으로 불렸던 사실을 강조하였고, 유교의 삼강오륜도 단군시대나 부여시대에 이미 실천되고 있었다고 본다. 그는 그 근거로 김교헌의 『신단민사』에서 서술하고있는 내용들을 들고있는데, 가령 단군시대에 남녀·부자·군신의 구별과 음식·의복·궁실의 제가 제정되었다고 한 것과(1권 3장 2절), 부여에서 시행되었다고 하는 구서(九誓)의 풍습(1권 3장 4절), 기자의 팔조금법(1권 5장 5절), 신라의 화랑5계(신교5계, 1권 3장 5절) 등이 그것이며, 그리고 홍암의 5대종지와 백포 서 일의 삼륜육기(三倫六紀)론 등도 대종교의 윤리이론으로 거론하고 있다.[30] 그러나 이들 윤리이론의 구체적인 내용과 그것이 가지는 현대적인 의의 등을 상세하게 설명하는 데로까지는 나아가지 않았는데, 이 점은 단암에게서만이 아니라 대종교 교단 전반에서 찾아지는 아쉬움이기도 하다.

단암이 우리민족이 입각하여야 할 도덕적—이념적 기초로 자주 거론하는 것이 홍익인간이념이다. 단암에 의하면 홍익인간은 모든 인간을 다같이 잘살게 하려는 대이념으로서, 단군한배검께서 인간생활의 규칙과 만물번영의 방침을 만대후손에게 깨쳐주신 진리이다. 그는 이 이념이 천리와 인정의 참된 도리를 잊어버리고 개인적 사욕에 빠져서 자기존재만을 주장하고, 타의 존재를 무시하며 자기의 권리만을 확립하고 타의 권리를 박탈하려는 욕망으로 가득 차서 인도의 근본을 망각하는 세태에 특히 유념되어야 할 것으로 본다.[31] 그는 홍익인간이 민족을 통일시킬 수 있는 대정신이면서 더 나아가 이세상 모든 인간들을 귀일시키고 통일시킬 수 있는 세계평화의 근본이요 자유평등의 기초가 될 수 있다고 생각하였다.

---

30) 「대종교에서 본 윤리의 개념」, 『문고』, pp.320-325.
31) 「홍익인간의 정신으로 삼천만이 통일하자」, 『문고』, pp.274-275.

Ⅳ. 대종교 대안론

대종교에의 입신후 단암의 사상에서 가장 두드러진 주장은 조선정신회복론이다. 이 같은 주장은 1928년에 쓴 「조선민족의 신앙심통일을 기하자」 제하 논설에서부터 선명하게 나타난다. 이 논설에서는 조선의 가장 큰 문제는 조선정신을 상실한 것이라 지적하고 "우리가 살길은 첫째로 조선정신을 찾고, 둘째로 찾아진 조선정신으로 굳게 단결하고, 셋째로 단결된 조선정신으로 우리 성조 단군을 신봉하므로써 조상이 버리시는 자손이 되지 말고 후손에 대해서는 떳떳한 정신유산을 전해줄 조상이 될 것"을 촉구하였다.[32] 그가 말하는 조선정신은 우선은 단군의 자손으로의 민족정체성과 그에 토대하여 민족의 자주독립과 발전을 위해 봉사하고자 하는 의식을 가리키는 것이고, 나아가 그것이 반영되어 있는 정신문화유산을 가리키기도 하는 데, 후자의 경우는 자주 단군에 의해 시작된 민족고유종교 대종교와 동일시되고 있다. 조선정신이 회복되고 보전되어야 한다는 생각은 이후의 단암의 사상에 있어 중심적인 것이 되고 있다 할 수 있다.

단암은 우리가 완전자주독립의 민주국가를 건설하기 위해서는 우리 자신의 특수성을 감안한 '조선의 길'을 걸어야 한다고 본다. 그는 공자·석가·노자·예수의 길이 '큰 길'이기는 하나 기본적으로 '남의 길'이라 보았다. 그리고 이들 '남의 길'을 추종하면 조선인은 외모는 조선인이되 외국인화 되고 만다고 보았다.[33] "예수를 믿되 유태인이 되지 말고, 부처를 받들되 인도를 조국으로 생각하지 말고, 어디까지나 조선국의 조선인으로서 인간 부처를 믿고 인간 예수를 배우라는 것이다."[34] 그는 문화건설의 바람직한 방향을 다음과 같이 말한다.

---

32) 「조선민족의 신앙심 통일을 기하자」, 『문고』, p.349.
33) 「정교략설」, 『문고』, p.397.
34) 「홍익인간의 정신으로 삼천만이 통일하자」, 『문고』, p.278.

"오늘의 변천무상한 시기에 당면한 우리는 무엇보다 자주적 민족정신을 확립하고, 모든 문화를 擇善取長하여서 자신의 三妄이 三眞이 되도록, 또 자가의 문명이 세계문명의 표준이 되도록 분발하고 노력하자. 결코 외국문화를 배척함이 아니오, 외국문화의 좋은 점을 수입하되 먼저 자아의 문화를 충실히 다진 연후에 받아들이자 함이다. 위가 튼튼하지 못하면 음식을 소화하지 못할 뿐만 아니라 그로 인하여 병이 생기는 것과 마찬가지로, …(중략)…먼저 받아들일 수 있는 자세를 확립하지 않으면 혼란만 야기하고 마침내는 자아의 문화를 멸절시키는 결과를 가져오리니 …(후략)…"35)

단암은 문화를 교류하여 장점을 취하고 단점을 버리는 것은 당연한 일이지만 그러나 자기의 고유한 윤리문화를 버리고 남의 것만을 좇는 것은 '정신적 자살행위'라 비판한다.

"문화를 교류함으로써 피차가 折長補短함은 인류생활에 있어 지극히 당연한 일이나 그렇다고 해서 본래 자체가 가지고 있는 습속에 젖은 윤리관념을 전적으로 내던져 버리고 남의 윤리관념만을 모방하려 함은 명령(螟蛉)의 소행에 불과하고 그것은 곧 정신적인 자살행위가 되는 것이다."36)

해방 후 단암이 개진한 '한국식 민주주의론'도 이 조선정신회복론의 연장선 위에서 제기되고 있다. 1950년대에 쓴 한 논설에서는 민주주의도 한국의 전통과 환경에 적합한 것이어야만 튼튼한 뿌리를 내릴 수 있다고 강조하면서, 전통적 윤리가치를 선진민주국가의 방식으로 추구해 가는 '한국식 민주주의'를 확립할 것을 주장하고 있다.

"우리는 父慈子孝하고 兄友弟恭하고 夫和婦順하고 老愛少悌하고 師正徒敬하고 政義民主하고 推賢讓能하고 抑强扶弱하는 우리 민족이 본래부터 습관생활화된 국민도의에 위배됨이 없는 새로운 道義基盤 위에 한국

---

35)「대종교에서 본 진리」,『문고』, pp.272-273.
36)「대종교에서 본 윤리의 개념」,『문고』, p.322.

식 민주주의를 확립하되 그 절차와 방법 등의 기술상 문제는 선진민주국
가의 제도를 원용함이 당연한 사리라고 단언해둔다."[37]

단암은 공산주의와 자유민주주의를 모두 불안하게 보았다.[38] 물론 해
방 후의 좌우익 대결과정에서 단암은 민족보다 계급을 우선시하는 공
산주의를 보다 더 강하게 비판하였지만[39] 그러나 단암의 정치적 입장
은 좌우의 편향을 모두 지양한 통일지향의 민족주의였다 할 수 있다.
그리고 좌우대결에 대해 단암이 갖고있던 대안은 조선정신에 입각한
정신적 독립에 토대한 '좌우에 편향됨이 없는 자주자립의 한국민주주
의'였다.[40]

단암의 조선정신회복론은 민족고유종교인 대종교를 중흥시켜야 한다는
주장으로 나아간다. 그는 이 같은 생각 하에 대종교의 교리를 해설하고
현실에 맞게 의의를 부연하는 글을 많이 남겼다. 그는 대종교를 민족과
인류의 행복과 대동평화를 가능하게 해줄 수 있는 대안적 종교로 보았
다. 그가 해방 후 발표한 논설의 다음과 같은 대목은 단암이 대종교의
의의와 관련하여 자주 피력하고 주장한 내용이기도 하다.

> "무엇보다 천조단군께서 베푸신 天神大道인 우리 倧門의 종지로 나아
> 가야만 우리 삼천만은 물론이요 전세계 인류가 공존공영의 참다운 평화를
> 얻게 될 것을 굳게 믿습니다."[41]

---

37) 「우리는 도의에 입각한 민주주의를 실천하자」, 『문고』, p.327.
38) 단암은 자유민주주의 또는 자유주의에 대해 자주 극단적 개인주의나 이기주의를
   연상하였다(같은 글, pp.326-328 참조).
39) 단암은 공산주의가 표면상으로는 세계주의를 빙자하고 자유주의나 사회주의를
   선전하였지만, 실상은 소련추종사상으로 자유박탈주의요 勞力착취주의요 인간禽
   獸化주의라고 비판하였다(「관민의 자각으로써 한국을 육성하자」, 『문고』, p.304).
40) 같은 글, 『문고』, p.302.
41) 「경천애인」, 『문고』, p.291.

단암은 우선 대종교가 민족적 정체성의 핵심에 해당한다고 본다.[42] 그리고 '추원보본'의 도리가 자신을 지키고 공동체를 통합하는 데 필수적이라는 논리에 토대하여 단군에 대한 숭앙과 대종교에 대한 믿음의 필요성을 강조한다. 대종교는 본래 인류모두의 근원종교로서 보편종교의 성격을 갖지만, 특히 배달민족으로서는 그 시조단군이 베푼 고유의 종교이므로 마땅히 신앙하여야 한다고 본다. 그는 과거에 경험한 민족적 위기가 이 고유종교의 망각에서부터 비롯되었다고 본다. 민족고유종교가 유지될 때는 나라가 강성함을 유지하고 발전될 수 있었지만 그러나 고려중엽 이후 "외래의 교학에 침혹하고 세력에 위압되어 국민은 부지중에 망본배원의 대오를 범하게 됨으로 국파민망의 비참을 당하게 되었다"는 것이다.[43] 대종교를 믿어야 하는 이유를 그는 다음과 같이 말한다.

> "자기의 父를 不敬하고 어찌 타인의 부를 경하며, 자기의 형제는 不愛하고 어찌 타인의 형제를 애하랴. 이는 다 천리와 人情에 위배될 것이요, 자국의 약소를 멸시하고 타국의 강대를 신뢰하며 자가의 儉朴을 버리고 타가의 華奢를 흠모하면 노예와 빈궁을 自取할 것이다. …(중략)… 대종교의 종지를 버리면 인간의 가치를 잃을 것이요, 조선의 특성을 잃을 것이요, 자주자립의 勇力을 잃을지니 여하한 정신으로 건국을 도모하며 여하한 역량으로 역사를 계술할른지 과연 의문이다."[44]

---

42) 단암은 대종교 3대교주인 단애 윤세복이 사망한 후 그의 사상을 9가지 항으로 요약하여 제시한 바 있는데, 그가 제시한 9개항은 대종교의 사상을 요약한 것이라 보아도 좋을 것이므로 여기 소개한다.
　(1) 단군한배님을 삼신일체 상제로 숭봉신앙함, (2) 삼일진리를 연구실천하여 化衆成哲함, (3) 至仁至慈한 사랑으로 濟人救世하여 藥海에 淪落하는 창생을 구출함, (4) 삼법수행으로 神機를 발휘하여 淫邪한 迷途와 蠱惑적 마술에 침근치 않는 것, (5) 권세에 첨미하고 빈궁한 이를 능오치 않는 것, (6) 근검으로 집안을 다스리고 충효로 자손을 교양하고 신의로 사회를 상대하는 것, (7) 橫行하는 수단으로 정치에 간섭치 않는 것, (8) 망동하여서 법률에 저촉치 않는 것, (9) 시교를 많이 하여서 고유한 우리 덕화와 고래한 우리 정신을 함양 발전하여서 만고무비한 한배님의 덕업과 교화를 빛내게 함(「선종사의 이념을 재인식하자」, 『문고』, pp.333-334).
43) 「대종교에 대하여」, 『문고』, pp.262-265.

　　"과거 칠백여년간 외래세력에 압박되고 사대모타의 과오로서 경술년의
국치민욕을 당하게 되었다. 이제와서도 어찌하여 전철을 경계하지 아니하
고 시조요 국조요 교조이신 천조 단군을 배반하고 他神·타인·타물만을
신앙하여 행복을 구한다면 사리에 모순이니 과거의 모든 미신과 誤信을
청산타파하고 단군신앙의 바른 길로 귀일해야 할 것이다."[45]

　　해방 후의 단암은 당시의 난국을 구원할 수 있는 것은 대종교라고 생
각하였다. 그는 당시의 위기를 다음과 같이 설명한다.

　　"지금 우리 조선은 어떤 환난에 빠져있습니까. …(중략)… 가장 큰 걱
정은 주권이 없는 국가요, 둘째는 보호를 받지 못하는 국민이요, 셋째는
경제가 궁핍하여 빈궁에 빠진 민생이요, 넷째는 조선인으로서 정신을 잃
은 인민이요, 다섯째는 평화를 배척하고 싸움만 일삼는 사회요, 여섯째는
생산에 힘쓰지 않고 소비만 일삼는 나태요, 일곱째는 학술이 세계수준에
멀리 뒤떨어짐이요, 여덟째는 단결을 파괴하고 분열을 일삼음이요, 아홉째
는 좌우의 사상대립이요, 열째는 악질적 모리행위로 사회전체를 도탄의
구렁으로 끌어넣는 것입니다."[46]

　　그는 당시의 상황을, 국민전체가 이 같은 많은 병을 '만신창이로 걸머
지고' 있으며 그로 인한 고통과 신음이 날로 더해지고 있는 상태라 보았
다. 그러면 이 같은 병을 누가 고칠 것인가. 그는 이 같은 질문에 대하여,
"우리가 당면한 이 난국을 구원하실 이는 오직 한배검뿐"이라 단언한다.
그는 모든 병은 마음에서 생기는데, 우리의 경우는 모든 병이 일종의 '정
신병 증세'에서 비롯된다고 본다. 그리고 이 '정신병증세'는 사대주의·의
타사상에 초점이 맞추어진다. 그는 과거의 치욕의 원인이 "사대사상·의
타주의로 말미암아 영토를 빼앗기고도 자안(自安)을 꿈꾸고 외래문화만을
모방하다가 민족성을 상실하고 파쟁을 일삼다가 매국적까지 낳은" 데서

---

44) 위와 같음.
45) 「대종교란 어떠한 종교인가」, 『문고』, p.243.
46) 「환란상구」, 『문고』, p.256.

비롯되었다고 보았으며, 이 정신병이 해방 후에도 그 병균이 더욱 퍼져나
가 장차 고맹(膏盲)의 상태로까지 들어가려고 하는 것으로 파악한다.

　좌우익대립이나 분열갈등 역시 이 정신병의 한 양상으로 파악된다. 그
는 해방 후 건국전후의 혼란상을 "한국인으로서의 제정신을 상실한 한국
인의 소위"라고 단언한다. 제정신을 버리고 사대적인 '민주병' 또는 '적
구병(赤狗病)'에 걸리어, 자기 생명은 아끼면서 남의 생명을 경시한 데서
기인되는 현상이라고 보는 것이다.[47]

　그는 이 병을 치료하는데 반드시 필요한 약이 '보본탕(報本湯)'이라는
'조선약'이라 주장한다. 이것은 말하자면 '망본배원'의 죄과를 반성하고
민족의 근본으로 돌아가서 단군이래 민족고유의 '자아의 근본정신'과 '자
주의 기백', '우리의 정신 우리의 도의 우리의 문화'를 회복하는 것이다.
그는 '보본탕'을 이용한 '자가치료'만이 환난을 극복하는 길이라 말한다.

　그러나 단암이 민족의 융성이나 발전 같은 관점에서만 대종교를 생각
한 것은 아니다. 그는 이 '천신대도'가 인간세계의 고뇌를 벗고 구원한
위안과 행복을 얻기 위한 대안이라고 본다. 특히 당시의 세계를 "인류의
대동평화는 그 전도가 요원하고, 아직 폭발되지 아니한 불안한 화염이
은연 중 세계도처에서 끓고 있는" 상황으로 진단하고 그 부조리한 위기
상황을 다음과 같이 갈파한다.

　　"개인은 개인과 더불어 싸우고, 국가는 국가와 더불어 전쟁함으로써 예
　로부터 오늘날에 이르기까지 인류생활이 편안한 날이 적고 어지러운 날이
　많았음을 숨길 수 없는 사실인데, 그 까닭을 살펴보면, 개인은 개인으로서
　의 이기를 탐하고, 국가는 국가대로 자력권세의 확장을 탐하며, 개인주
　의·영웅주의·제국주의 내지는 군국주의적 강권을 수립하기에 급급함으
　로, 유사 이래로 진정한 세계평화는 아직 보지 못하였고, 더구나 현실세계
　를 보면 제2차세계대전이 끝난 오늘에도 표면상으로는 평화를 제창하나

---

47) 「관민의 자각으로써 한국을 육성하자」, 『문고』, p.297.

그 이면에서는 사람을 죽이기 위한 신무기의 개발과 증산에 혈안이 되어
있는 것이 강대국들의 동일한 정책이요, 겉으로는 공생을 부르짖으나 실
제행동은 탈취를 일삼으며, 표면으로 근로와 면학을 주창하면서 사실은
유흥과 동맹휴학으로 세월을 좀먹고 있음이 부인치 못할 현실세계니 이
얼마나 통탄할 일이냐."[48]

대종교는 말하자면 이 같은 세계적 차원의 인류문명의 위기를 구제할
수 있는 대안으로 인식되는 것이다. 그는 "장차 터져 불타려는 맹렬한
불길을 미리 끄려거든, 천신대도를 굳게 믿음으로써 마음의 칼날을 꺾고
녹여서 사랑의 비를 만들고, 정신의 과민을 억제하여 자기의 몸을 완전
히 수습하고, 수족의 동력을 활용하며 나태의 나쁜 버릇을 고치면 천벌
의 화원(禍源)이 가라앉을 것"이라 주장한다.[49]

단암은 대종교의 여러 가르침들이 현대사회와 인간구원에도 여전히 유
효하다고 본다. 한 예로 그는 단군이 끼친 정신문화에 의해 우리민족이
예의지방이니 군자지국이라는 칭호를 얻게되었는데, 그 대강은 남녀와 부
자와 군신의 윤리로서, 이들 기본강령은 만고에 변할 수 없는 인륜대도이
며 정의라 주장하였다. 이 3개의 기본강령은 다음과 같이 설명된다.

"첫째, 남녀는 각각 배필을 정하고 서로 화합하여 시샘과 아첨과 음란
함이 없이 일부일처로 자손을 불리어나가게 하고, 둘째, 부자는 親降自天
의 원리를 밝히사 사랑과 효도를 가르치시되 경천보본과 부자자효의 천연
의 윤리를 밝혀 부모를 천지와 동일시하였으며, 셋째, 임금과 신하는 의리
로 상대하여 통치하는 임금은 의리로 부하를 거느리고 신민은 충성으로써
국가를 보호하는 君義臣忠의 대의를 세우신 바, 이 세 가지의 기본강령은
진실로 만고에 변할 수 없는 인륜대도이며 정의라. 사람으로써 이를 알지
못하여 부부간에 분별이 없고 부자간에 친애하는 정의가 없으며, 군신간
에 예우함이 없다고 하면 짐승과 다를 것이 무엇이며 만물의 영장이라고
자랑할 가치를 어디서 찾을 것인가."[50]

---

48) 「선복악화」, 『문고』, p.254.
49) 같은 글, p.255.

그는 근래 우리사회의 풍조가 우리 고유의 문화는 낡았다고 배척하면서 서구문화를 무조건 모방하여 흉내내되, 남녀평등은 상호존중하는 좋은 뜻은 제쳐두고 방종에 흘러 음행을 일삼는 탕자창녀가 활개침으로써 부부의 도가 파괴되고, 개인주의는 자급자족—자주생활의 좋은 의미는 도외시하고 방종에 흐른 나머지 부자형제간에도 서로 살상하여 인간가치를 상실하였고, 민주주의를 말하나 법을 지키고 의무를 이행하지 않고 각자의 권리만 주장하여 부패와 엽관이 많아지는 폐단이 있음을 지적하고, 대종교의 가르침이 이 같은 폐단의 대안이 될 수 있음을 주장한다.51)

V. 맺음말

단암의 문인인 김일수는 단암이 염원한 바를 "홍익인간이념을 이승에서 실현시켜 이 나라로 하여금 지상천국을 만드는 것이라 요약하였는데, 그의 그 같은 말은 단암의 관심사를 잘 정리한 것이라 할 수 있다. 단암의 궁극적인 관심은 개인에 관한 문제가 아니라 민족과 사회를 행복하게 만드는 문제에 있었다. 젊었을 때부터 그가 전개한 계몽운동이나 숱한 논설들을 통하여 그가 주창해온 목표와 가치의 성격은 기본적으로 민족을 보전하고 발전시키며 구성원들을 통일하기 위한 실천적인 것이었다 할 수 있다. 이 논문은 단암의 사회개혁활동과 사상을 특히 그가 대종교인이 된 이후의 시기를 중심으로 하여 살펴보았다.

단암은 "민족이 있어야 국가가 있고 국가가 있음으로 말미암아 세계도 구성되는"52) 시기에 살았고 그의 사상은 그 같은 세계상을 전제로 하여

---

50) 「단군 문화와 진리문답」, 『문고』, pp.831-832.
51) 같은 글, 『문고』, p.832.

전개되고 있다. 그러나 오늘날의 세계는 민족단위-국가단위로 진행되던 '근대'가 아니다. 국경이 허물어지고 세계화-지구화가 진행되며 '글로벌 스탠더드'로 세계가 통합되어가면서 개별민족의 정체성이 와해되어가고 있다. 우리 사회 내에도 민족을 불편해하는 세력들이 늘어나서, 지식계에서는 공공연히 민족해체론이 외쳐지고 있다. 해방 후 단암은 "오늘날 우리 민족 중에는 우리정신을 가진 사람이 참으로 너무 적다"고 개탄하였었는데,[53] 오늘날에도 그 같은 진단은 유효하며 오히려 사회 각 부문에서 적극적 탈민족주의가 성장하고 있다. 민족주의는 이제 여러 다른 세계관들 중의 하나일 뿐이며, 더 이상 지배적 우월성을 인정받지 못하는 분위기가 되고있다. 민족주의는 IMF사태를 초래한 원인의 하나로 지목되었었고, 이 땅에 사는 이들의 앞날의 행복과 자유를 키우는데 무익한 철 지난 관념인양 주창되고 있기도 하다.

이 같은 상황 속에서 단암의 사상과 그가 제시한 대안은 오늘날의 안목에서 볼 때 얼마만큼의 타당성이 인정되는가. 단암의 사상 모두가 다 적절하다면서 전면적 수용을 요구하는 태도나, 반대로 모두가 다 부적절하다고 단정하여 전면적으로 거부하는 자세는 둘 다 위험하다. 그러면 얼마만큼의 '일리'를 갖고있는가. 이 시대에 사는 사람들에게 단암이 해주고 있는 말은 무엇인가. 이 시대의 과제와 관련하여 어떻게 재해석될 수 있는가. 단암을 아끼는 사람들이 고민하면서 답을 찾아야 할 질문인 것 같다.

---

52) 「홍익인간의 정신으로 삼천만이 통일하자」, 『문고』, p.278.
53) 위와 같음.

ABSTRACT

Social reformer Danam Lee Yong-Tae's lifetime and thought

Jeong, Young Hun

The purpose of this thesis is to view the life and thought of "Dan Am Lee Yong-Tae" by analyzing his social reform activities and thoughts especially after the time he had become a believer of Daejonggyo. His ultimate concern lies in making the nation and society happy instead of making each of individual happy in terms of personal well-being. The attribute of purpose and value that he had advocated through his articles and the enlightenment movement he had developed since his youth was fundamentally the practicable one for the preservation and development of the nation and the unity and the coordination of its people. Dan Am lived in the times when with the nation a country could survive and with a country the world could be made up. His system of thinking had been developed on the basis of such view of world.

However, the world of today is no longer the modern world where things in the nation are not carried out by a unit of a nation—a unit of a country. In the world of today, borders between nations have been broken down, and globalization — internationalization has been in the process. With the integration of the whole world by the global standard, the identity of each nation has been disintegrated. As there is the increase of people unfamiliar with the idea of nation even in our society, the insistence on the disorganization of a nation has been admired by the educated class. After the liberalization from Japanese Imperialism in 1945, Dan Am said with great regret, "There are only a few people with our own national spirit among our nation." I believe that in these days such his judgement holds good. On the contrary, the movement toward the escape from nationalism has been being increased. Nationalism is nothing but one of other views of the world and has ceased to be acknowledged as the dominant and superior view of the world. Nationalism was spotted as one reason for causing IMF and was advocated as if it were unuseful and old-fashioned conception with no relation to happiness and freedom of the people living on this planet.

Under such circumstances, how much valid are Dan Am's thoughts and his alternatives in term of modern appreciation? Both the attitude that we should accept completely his thoughts in that they are proper and the attitude that we should never accept his thoughts in that they are improper are dangerous. In that case, are there some truth in his thoughts? How much useful and meaningful are his thoughts to our contemporaries? How are his thoughts interpreted in relations to our current tasks? These questions seems to manage to be answered by those people who admire Dan Am.

단암 이용태의 종교 행적과 신앙관

조준희(趙埈熙)[*]

Ⅰ. 머리말

대종교(大倧敎)는 한배검(天祖神, 하느님—필자 註)의 우주진리와 홍익인간의 이상 실현을 교의(敎義)로 하여, 고토(故土) 삼만리에 배달국을 건설하여 세계를 지상천국으로 만들고자 하는 고유 신교(神敎)로 정의된다.[1]

근대[2] 대종교를 대표하는 종교사상가 가운데 단암(檀菴) 이용태(李容兌, 1890~1964)가 존재한다.[3] 이용태는 안으로 새로운 근대사회로 전환되기

---

* 사단법인 국학연구소 연구원.

1) 이현익, 「대종교인과 독립운동연원」, 『대종교보』(통권 288호), 대종교총본사, 개천 4457(2000) 가을호, p.80.

2) 대종교의 역사는 대종교가 부활한 중광절(重光節, 1909. 음1. 15.)을 전후하여 중광전사(前史)와 중광후사(後史)로 나뉘어진다. 중광전사를 대표하는 종교사상가로서 고구려 초 재상인 극재사와 발해 초 선철인 임아상을 손꼽는데 전자는 「삼일신고독법」을, 후자는 「삼일신고주해」를 남겼다. 중광후사의 대표적인 종교사상가는 홍암 나 철을 필두로 백포 서 일, 호석 강 우, 백암 박은식, 단암 이용태, 민세 안재홍, 일청 성세영 등을 들 수 있다.

3) 기독교의 '신학'에 해당하는 용어로 대종교에서는 '종학(倧學)'을 공식 사용한다. 다만, '신학자'에 해당하는 적절한 용어를 발견하지 못하여 종교사상가란 통칭을 임시 사용함을 밝힌다. 덧붙여 김동환은 제1회 단암 이용태 선생 추모학술회의 토론석상에서 대종교에서의 단암의 위치를 천도교의 대표적인 사상가 야뢰 이돈화(李敦化, 1884~?)에 비견할 만한 존재로 언급한 바 있다.

위한 변혁이 요구되고, 밖으로 제국주의의 침략에 의해 국권이 상실되었던 민족적 위기의 시대를 거친 인물이다. 그는 대종교를 민족적 정체성의 핵심으로 보고 종교를 통해 민족적 과제를 해결하는 데 일생의 대부분을 바쳤다. 이와 같은 노력은 그가 집필했던 적지 않은 대종교관계 저술과 논설을 통해 나타난다.[4]

이용태의 위상은 「2003년도 제1회 단암 이용태 선생 추모학술회의」를 통해 역사학·정치학·종교학 분야에서 소상히 밝혀졌다.[5]

종교인물 연구에 있어서 외적 활동이나 업적 못지 않게 중요한 것은 사상과 신앙이다. 이용태의 종교사상은 그 연구의 기초가 어느 정도 마련되긴 했으나 사회학적인 견지에서 부수적으로 언급하는데 그친 면도 없지 않다.

이용태의 개종(1928)과 직접적인 관련이 있는 대종교 남도본사는 1920년대 말부터 1930년대에 걸쳐 폐문의 지경에 이르는 열악한 상황이었다.[6] 반면 1939년 그가 만주에 건너가 헌신한 대종교 총본사는 만주국 치하에서 3세 도사교(교주) 윤세복의 영도 아래 교단의 조직과 시교활동이 활발히 전개되던 시기였다.

본고는 이용태의 종교사상에 대한 보완연구로서, 특히 그의 종교 행적과 논저에서 나타나는 신앙적 측면을 조명해 보려는 것이다. 이용태의 대종교 행적을 먼저 살피고, 다음으로 이용태의 논저를 통해 그의

---

4) 단암은 1942년 임오교변 당시 자택에 있던 모든 대종교 관계 문건을 일제에 압수당했다. 입교시 남도본사로부터 구한 천진(天眞, 단군영정)만이 별채에 봉안했다가 화를 면해 현재까지 전해온다(次子 李榮載와의 대담). 현전하는 단암의 종교사상 관계 논저는 광복 직후인 1946년부터 1947년, 그리고 타계 전인 1960년대에 집중해 있다. 1950년대의 공백기는 6·25 사변으로 인해 제반 활동이 위축된 연유로 보인다.

5) 성과물로는 이동언, 「단암 이용태의 생애와 독립운동」; 정영훈, 「단암 이용태의 사회개혁적 삶과 사상」; 김동환, 「단암 이용태의 종교사상」이 있다.

6) 佐佐充昭, 「日帝下 大倧教 南道本司의 활동」, 『宗教學研究』 22, 韓國宗教學研究會, 2003, pp.103-106.

신앙관을 규명해 보고자 한다. 이용태의 종교 행적을 검증하는 과정에서 1930년을 전후한 국내외 대종교 현황을 이해하는 데에도 도움을 줄 것으로 기대한다.

Ⅱ. 단암 이용태의 종교 행적

1. 대종교 남도본사에서의 활동

1926년 10월 6일, 봉양면장 이용태는 제천군수로부터 권고퇴직 통지서를 받는다.[7] 면민들과 동고동락(同苦同樂)을 같이 했던 이용태는 겸허히 사직서를 제출하지만, 전 면민이 군수의 처사에 격분하여 시위를 한 사건이 『동아일보』에 특필된다.

> 提川郡 鳳陽面長 李容兌씨는 多年間 面書記로 在職하엿다가 三年前에 同面長으로 昇格된 바 元來 手腕家이고 坯 經歷도 만흠으로 面政의 成績이 良好하다고 一般面民의 稱頌이 藉藉하더니 今般 面長大整理說이 傳하자 李面長에게도 辭職勸告公文이 來하야 不得已 辭職하게 된 바 一般農民은 此說을 듯고 罔知所措하야 留任運動이 激烈하다는 바 去十四日忠北道參與官의 來堤를 利用하야 面民 百餘名이 面事務所所在地인 同面周浦里에 集合하야 맛참 지내가는 參與官이 탄 自動車를 包圍하고 直接 參與官에게 陳情하엿다하며 留任케되지 안을시는 一般面民은 總督府에짜지라도 現郡守의 無理由한 面長黜陟을 反對 陳情하리라더라(提川)[8]

---

7) 이용태, 「行年略記」, 『愛國志士檀菴李容兌先生文稿』(이하 『단암문고』로 약칭함), 박달재수련원, 1997, p.1015.
8) 『東亞日報』 1926. 10. 28일자 4면, '李面長留任運動 : 百餘面民이 道參與官에 陳情, 提川鳳陽面長整理問題'.

공직에서 반강제적으로 물러난 이용태는 순종의 서거 소식과 자녀의 죽음, 피폐한 농촌 현실을 차례로 목격하며 성찰의 기회를 마련하게 되었다. 늘 본원(本源)에 천착(穿鑿)한 이용태는 꿈에 단군의 계시를 받아, 1927년 음력 11월에 단군연구의 권위자인 최남선에게 자문을 구하기에 이른다.9)

호석 강 우에게 회신한 1927년 12월 17일10)자 서한에 나타나는 "도문형제(道門兄弟)"들이라는 구절을 보면 종교적 심성의 발현과 대종교 입교에 대한 마음의 준비 자세를 엿볼 수 있다.11) 이용태는 '앞으로 단군천조를 숭봉하여 민족정신을 불러일으킴으로써 내 임무와 일로 삼고저 한다'고 고백했으나, '앞날이 어떠할지 알지 못하겠다'는 번민(煩悶)을 완전히 떨쳐버리진 못했다.

이용태는 마음을 가다듬어 1928년 2월 12일(음 1. 21) 홀로 대종교 남일도본사(南一道本司)12)를 찾아가 봉교(奉敎)하였다.13) 당시 교리와 시국에 관하여 토론을 하여 동지의식을 느꼈다는 이 호(李灝)는 남도본사 중심의 기관지격인 『한빛』의 편집 겸 발행인으로서 이윤재의 후임으로 있던 인물이다.14)

이용태는 유교적 정서에서 성장하여 유교를 고유의 정신문화로 인식하고 유교의 재건을 통하여 민족적 윤리의 재천명하고자 하던 시절이 있었다.15) 이용태의 행적이 유교에서 계몽주의, 종교사상가로 변모과정을 보

---

9) 「上六堂崔南善氏書」, 『檀菴文稿』, pp.519-520.
10) 양력으로 환산하면 1928년 1월 9일이다. 이용태가 최남선에게 자문을 구한 시점부터 대종교 남도본사 책임자인 강 우와의 서신 교환까지는 신속히 진행된 것으로 보인다.
11) 이용태, 「答姜湖石虞書」, 『단암문고』, pp.521-522.
12) 1914년 대종교 총본사의 북간도 화룡현 청파호 이전에 따라 백두산을 중심으로 동서남북 4교구(도본사)가 설치되었다. 후일 남도본사는 남일도 본사 및 제1, 제2, 제3 지사로 분획되어 영·호남, 기호, 관동, 황해도를 관할하였다.
13) 이용태, 「行年略記(戊辰·1928)」, 『단암문고』, p.1019 ; 이용태, 「六旬自叙詩」, 『단암문고』, p.1114.
14) 佐佐充昭, 「日帝下 大倧敎 南道本司의 활동」, 앞의 글, p.104.
15) 김동환, 「단암 이용태의 종교사상」, 앞의 글, p.72.

면 종교 체험과 더불어 화서(華西)학파의 유기적인 학문적 풍토와도 연관
이 있는 것으로 사료된다. 예컨대 화서 연원인 백삼규, 박은식 등은 대종
교에 입교하여 독립운동전선에서 활약하였다. 위정척사론자였던 유인석
(柳麟錫)도 단군을 부정하지 않고[16] 오히려 단군에게 독립전쟁에 대한 원
호를 염원하는 제사를 올리기까지 하는 등 의식의 변화를 보여준다.[17] 이
용태의 스승 이직신(李直愼)[18]은 대종교인 백삼규 등과 함께 1917년 만주
회인현(懷仁縣)에서 『의암집(毅菴集)』을 간행한다.

　이용태는 개종의 변(辨)에서 유교와 대종교의 교리를 비교를 하여 차이
가 없음을 확신하였다.[19] 북간도, 연해주지역에서 항일운동에 참가한 김
정규(金鼎奎)가 현천묵(玄天默)의 권유를 받고 대종교에 입교하는 배경을
살펴보면 이용태와 같은 유학자들의 입교과정과 크게 다르지 않을 것으
로 본다. 즉 현천묵이 김정규에게 대종교에의 입교를 권유할 때 그 취지
를 "우리의 조국정신(朝國精神)을 고동시켜 외교(外敎)에 대비하고 국혼(國
魂)을 잃지 않게 하는 것입니다"라고 밝히고 그 주지를,

> "단군은 곧 우리나라의 수출지군(首出之君)이고, 만성(萬姓)의 조상이
> 되므로 임금이 임금되고, 아버지가 아버지되고, 아들이 아들되고 형이 형
> 되고, 아우가 아우되고, 남편이 남편되고, 부인이 부인되는 도(道)가 주지
> (主旨)입니다."
> 　檀君卽我國首出之君　而爲萬姓之祖　故以君君　臣臣　父父　子子　兄兄
> 弟弟　夫夫　婦婦之道爲主旨矣.[20]

라고 설명하자,

<hr>

16) 『毅菴集』, 景仁文化社, 1973, pp.542-543.
17) 정영훈, 「檀君과 近代 韓國民族運動」, 『한국의 정치와 경제』 8, 한국정신문화연
　　구원, 1995, p.30.
18) 이용태, 「行年略記(戊申・1908)」, 『단암문고』, p.989.
19) 이용태, 「行年略記(戊辰・1928)」, 『단암문고』, p.1019.
20) 金鼎奎, 「野史」 권8, 1912년 1월 29일자(『龍淵金鼎奎日記』(中), 독립기념관 한
　　국독립운동연구소, 1994.)

> "…그 말은 우리 유도(儒道)의 가르침이고, 또한 내가 일생동안 주의하
> 는 것입니다!"
> 即吾儒道之敎而余之一生注意處也.

라고 공감하며 입교를 결심한 것이다.[21]

이용태는 대종교 입교 직후 금강도본부를 방문해 보고,[22] 이듬해 보천
교도의 심방(1929. 4. 14.)[23]을 받고서도 분별력과 심지를 굳건히 하는 신
앙인의 자세를 갖추어 나간다. 이용태는 1928년 말 별호를 '단암(檀菴)'
으로 고치고 종명(倧名)[24]을 '불(仹)'이라고 하였다.

이용태의 입교 직전 대종교 남도본사는 1927년 전반에 활동이 정지된 상
태였다. 그러다가 본사를 간동(諫洞)으로 이전하고 1928년 2월 6일(음 1. 15)
중광절 행사에서 최남선이 「久遠한 단군」, 정인보가 「중광절과 조선」이라는
제목의 강연을 행함으로서 국내 학자들에게 다시 각광받기 시작하였다.[25]

그런데 일제강점기 국내에서 대종교인들의 활동은 용이하지 않았던
모양이다. 무단정치시절 대종교에 몸담았던 해경거사(海耕居士)의 증언이
주목된다.

> "…나의 주제 넘은 생각에는 民族的 色彩를 띠(帶)인 이 敎에서 自家
> 의 寶物을 좀 찾어볼 도리가 幸혀 있을가 함이였습니다. 그러나 …(중
> 략)… 大倧敎에 對한 監視야 실로 끔직하얏지요! 貧弱한 살림살이에 固
> 定한 會堂조차없이 이집저집으로 돌아다니는 困境에다가 雪上加霜으로
> 그들의 逼迫이 日復益甚하야 甚至於 敎史原稿까지 빼앗기는 等 실로 피

---

21) 윤병석, 「龍淵 金鼎奎의 生涯와 「野史」」, 『한국독립운동사연구』 5, 독립기념관
   한국독립운동사연구소, 1991.
22) 이용태, 「行年略記(戊辰 · 1928)」, 『단암문고』, p.1020.
23) 이용태, 「普天敎徒八人來訪歎其怪誕吟」, 『단암문고』, p.69.
24) 기독교의 세례명에 해당하는 것으로, 대종교에서는 교주에 의한 개명과 개인 스
   스로의 외자 개명이 있다. 예) 김교헌→김 헌, 오기호→오 혁, 서기학→서 일,
   정훈모→정 선.
25) 佐佐充昭, 「日帝下 大倧敎 南道本司의 활동」, 앞의 글, p.103.

가뛰고 니(齒)가 살리는 悲憤한 경우도 만히 當하얏슴니다. 나는 이 敎의
敎理를 硏究하야보는 한편에 그 敎史 즉 조선사 배우는 것이 또한 큰 目
的이였든 것이나 周圍의 事情이 그러하고 보니 나는 그만 떡심이 풀리고
점점 會堂에 다니기가 슳어젓슴니다."26)

이용태는 1910년에 양약국을 운영한 경험이 있고, 1927년과 1928년
에 역리학(易理)을 체득한 바 있다. 이러한 경험은 1931년 1월 16일(1930.
음 11. 28) 이용태가 남긴 『천부경 도석여의(天符經圖析餘意)』에서 인체와
수리를 연결시킨 독특한 해석으로 융화되었다.27) 『천부경』이 대종교에
공식 경전으로 채택된 것은 1970년대이나 1940년에 『종문지남』을 통해
전문이 게재된 바 있다. 1921년 단군교 기관지인 『단탁(檀鐸)』을 통해
대대적으로 국내에 소개되면서 대종교 남도본사를 주관한 강 우도
1925년에 『정해 천부경(正解天符經)』 1편을 저술했다는 기록이 있다.28) 이
용태는 비록 강 우를 만나지 못했으나 남도본사를 『천부경』의 존재를 알
게 되었으리라 추정된다. 남도본사 시기에 발표된 논저 가운데 또하나의
문건은 1930년에 발표한 「환・불本義를 同胞에게 訴함」인데,29) 이용태의
사상적 변화와 대종교 삼일철학에 대한 이해가 돋보이는 글이다.

1930년대에 들어와 남도본사는 동대문 밖에 간신히 전셋집을 얻을 정
도로 형편이 어려워졌다.30) 이용태의 정신적 스승31)이자 남도본사의 영
도자인 강 우가 신병으로 인해 1931년 3월 30일 부여 자택에서 사망함
으로서32) 국내의 대종교 활동은 종언을 고하고 말았다.33)

---

26) 海耕居士, 「나의 佛敎 믿게 된 經路 : 儒敎, 天道敎, 大倧敎로 예수敎, 無宗敎
   主義로 佛敎에」, 『佛敎』 77, 京城 : 佛敎社, 1930. 11, p.47.
27) 이용태, 「天符經圖析餘意」, 『단암문고』, pp.823-826.
28) 佐佐充昭, 『한말・일제시대 檀君信仰運動의 전개 : 大倧敎・檀君敎의 활동을
   중심으로』, 서울대 박사학위논문, 2003, p.191.
29) 이용태, 「환・불本義를 同胞에게 訴함」, 『단암문고』, 앞의 책, p.208.
30) 佐佐充昭, 「日帝下 大倧敎 南道本司의 활동」, 앞의 글, pp.105-106.
31) 이용태, 「祭湖石 姜先生文」, 『단암문고』, pp.597-598.

2. 대종교 총본사에서의 활동

이용태는 항일독립투쟁을 하던 동생 용준의 체포 소식을 접하고서, 1939년 4월 21일 베이징(北京)으로 출발해, 톈진(天津), 펑톈(奉天), 신징(新京, 현 長春), 하얼빈, 목단강시, 동경성을 시찰하고 귀국했다.[34] 이용태는 1939년 10월 15일 경학원 주최 전선유도대회(全鮮儒道大會)에 제천대표로 참가했다가 유림에 대해 회의를 느낀 이후 대종교 총본사가 소재한 북만주 동경성에 가서 조국광복에 대한 투지와 종교적 신념을 실천으로 옮기고자 하였다.[35]

일제의 기록에 의하면, 이용태는 1939년 11월경부터 1940년 8월경까지, 1941년 5월경부터 9월경까지 대종교 총본사에서 도사교 윤세복과 기거를 함께 하며 도사교를 보좌하여 교단 운영 및 활동에 관한 사항을 집행하고, 1940년 음 1월 15일부터 8년 음 4월 16일까지 직원회에 출석하여 직원개선에 관한 사항을 협의 결정하였고, 각지에 출장하여 다수 교도로부터 교적간행에 관한 자금을 모집하였으며, 동경성에서 교도 수명을 얻었다는 것이다.[36]

대종교 총본사에서 이용태의 공식활동은 크게 2가지로 집약된다.

첫째는 도사교(교주) 자문기관인 '경의원'의 참의로서의 활동이고, 둘째는 '교적간행회'의 총무 및 간사로서 종단 행정의 실무를 주도한 점이다.

이용태는 1940년 4월에 지교(知敎)[37]로 승질하여 경의원 참의에 취임하였다.[38] 경의원은 교주의 자문[諮問]기관으로,[39] 김영숙이 경의원 참의

---

32) 『東亞日報』 1931. 4. 22일자, '大倧敎巨頭 姜虦氏別世'.

33) 佐佐充昭, 「日帝下 大倧敎 南道本司의 활동」, 앞의 글, p.106.

34) 이용태, 「行年略記(己卯·1939)」, 『단암문고』, p.1046.

35) 이용태, 「行年略記(己卯·1939)」, 『단암문고』, pp.1046-1047 ; 이용태, 「六旬自叙詩」, 『단암문고』, p.1115 참조.

36) 대종교종경종사편수위원회, 『大倧敎重光六十年史』, 대종교총본사, 1971, pp.519-520(이하 『중광육십년사』라 약칭함).

37) 대종교인의 교력을 교질(敎秩)이라고 하며, 참교＜지교＜상교＜정교＜사교의 서열로 한다.

로,[40] 경의원 원장에는 윤정현(尹珽鉉)이 1941년 9월에 취임했던 것으로 나타난다.[41]

이 시기 대종교단에 있어서는 '부흥기'를 맞이하여 이구동성으로 경전 간행의 요구가 날로 높아져 종단 발전상에 있어서 최대급무로 인식했다.[42] 경전 간행의 요구가 높아진 데에는 다음과 같은 이유가 있었을 것이다. 즉 1933년 총본사를 밀산으로 이전한 이후 교주 윤세복 자신은 교단조직과 포교할동의 일선에 나서서 서쪽으로 이동하면서 하얼빈에 도착한다. 그리고 1934년 3월 하얼빈에 대종교선도회를 설치한다. 그런데 1934년 여름 교주 공백의 틈을 타 토비[43]의 습격을 당하여 총본사의

---

38) 『중광육십년사』, p.519.
39) 經議院規制,
　　第 1條 經議院은 經閣의 諮議機關으로 設함
　　第 2條 經議院의 位置는 經閣所在地로 定함
　　第 3條 經議院의 職務는 如左함
　　一. 經閣의 諮詢案을 議決할 事
　　一. 敎界輿論을 採取하야 建議할 事
　　第 4條 經議院에 左開職員을 置함
　　一. 院長 一人, 一. 副院長 一人, 一. 秘書 一人, 一. 參議 若干人
　　第 5條 經議院職員의 資格은 知敎 以上으로 選任함
　　但參敎는 補任으로 함
　　第 6條 經議院職員은 總本司職員會의 公選으로 經閣에서 敍任함
　　第 7條 經議院職員의 任期는 三個年으로 定함
　　第 8條 經議院職員의 處務規例는 另定함
　　第 9條 本 規制는 必要로 認할時에 修正 或 增減함을 得함
　　第10條 本 規制는 經閣의 裁可를 得하야 本令으로 公佈施行함
　　『大倧敎弘範及規制』, 開天4392(1935). 10. 10 수정 / 開天4396(1939)御月3日再訂,
　　pp.17-18(한양대 신용하 문고 소장본).
40) 『중광육십년사』, p.513.
41) 같은 책, p.515.
42) 「大倧敎書籍刊行會發足趣旨及約款」, 같은 책, p.448-449.
43) 일제는 1931년 만주사변을 일으켜 중국 동북지역을 강점하였다. 1931년에서
　　1932년 사이 반만항일군에 의해 한국인이라면 무조건 일제의 주구로 오해를 받
　　아 희생되어 재만한인의 피해가 극심하였다. 1933년에 이르러 일제 관동군이 북
　　만을 점령하여 치안이 확보되긴 했으나, 특히 밀산은 여러 계열의 마적으로 인하
　　여 치안이 혼란하여 물적, 인적 위협과 약탈이 빈번한 지역이었다.

소장 교적이 모두 소실된 것이다. 아래는 당시 교무를 맡았던 성세영의
증언이다.

> "갑술년(1934－필자 註) 봄부터 도형께서 순교(巡敎, 교구의 현황을 살피
> 는 것－필자 註)로 말미암아 서쪽 방면으로 떠나실 적에 나에게 총본사의
> 일을 맡기시고 겸하여 경각(도사교가 수도하며 교무를 집행하는 곳－필자
> 註)의 도서를 관장토록 하였으나, 이해 여름 밀산 신안촌에서 졸지에 비
> 적의 난을 당하여 종경 책과 도본들이 모두 타버린지라. 직책을 맡고 지
> 키지를 못했으니 베어 죽인들 어찌 용납할 수 있으리오."44)

1939년 7월 강철구는 신징(新京) 정부와 교섭을 하여 교적간행에 대한
승인을 얻었고,45) 10월 25일 교적간행회를 조직하였다.46)「大倧敎書籍刊
行會 刊行會職員錄」에 의하면, 개천 4396(1939)년 8월 27일 대종교서적
간행회가 발족되고,47) 총회를 거쳐48) 10월 3일 회장 안희제, 총무 이용
태, 간사에는 이현익과 최 관으로 결정되었다.49) 총무의 역할은 모임업
무(會務)를 총괄하고 간사를 지휘하는 것이었다.50) 직원의 임기는 만 2년
이고, 총회는 연 2회로 개천절(음 10. 3)과 어천절(음 3. 15)에 하며, 직원회
는 회장이 임시소집하였다.51)

1940년 10월 3일 제1차 총회 결과를 보면, 총무는 강철구로 대체되었
고, 이용태는 간사를 맡고 있다.52) 회장 안희제, 총무 강철구, 간사 이용

---

44) 성세영,「九變圖說跋」,『단암문고』, 앞의 책, p.916.
45) 일본(하얼빈)총영사의 포교허가와 교적간행 승인은 일제에 총본사의 현황을 노출
  시켜 임오교변이라는 참사로 이어지는 결과를 초래하여, 강철구 자신도 일제의
  모진 고문으로 순교자가 되고 말았다(『중광육십년사』, 앞의 책, p.446, p.468).
46) 같은 책, p.447.
47) 같은 책, pp.448-450.
48) "大倧敎書籍刊行會發足趣旨及約款 第7條－幹部選擧는 組織會 또는 總會에서
  行할 것"(같은 책, p.450).
49) 같은 책, p.453.
50) 같은 책, p.452.
51) 위와 같음.

태, 이동호였다. 간사는 회장이 임명하는 것이므로[53] 안희제의 임명에
따른 것으로 보인다.

1940년 8월 말(음 7월 하순) 이용태는 고등법원으로부터 동생 용준에 대
한 증인 소환 명령을 받고 곧바로 귀국하였다가[54] 1941년 4월 19일(음 3
월 23일) 다시 대종교 총본사로 귀환하여 공무(公務)를 계속하였다.[55]

교적간행회 회장 안희제의 노력으로 교우들의 성금을 모아『홍범규
제』 500부를 우선 출판하였고, 1940년 6월에서 10월 사이에『삼일신고』
2천부,『신단실기』 1천부,『종례초략』 2천부,『오대종지강연』 3천부,[56]
『종문지남』 2천부 도합 1만 5백부를 연길현에서 출판하고,[57] 1942년에
『한얼노래』 4천부를 경성에서 출판하였다.[58]

[표 1] 대종교 교적간행회 간행교적 일람표[59]

출간일	제 목	내 용	간행부수
1939. ○. 3 再訂	大倧教弘範及規制	종단 계율	500부
1940. 6월	三一神誥	대종교 교리	2천부
1940. 6월	神檀實記	단군사적	1천부
1940. 8. 27.	倧禮抄畧	대종교 의례	2천부
1940. 9월	五大宗旨講演	종단 계율	4(3)천부
1940. 10. 20.	倧門指南	대종교 일반해설서	2천부
1942. 6. 10.	(곡조)한얼노래	대종교 노래	4천부

---

52) 같은 책, p.455.
53)「大倧教書籍刊行會 規則 第9條」.
54) 이용태,「行年略記(庚辰·1940)」,『단암문고』, pp.1048-1049.
55) 이용태,「行年略記(辛巳·1941)」,『단암문고』, p.1050.
56) 종단의 기록은 3천부라고 전하나(『중광육십년사』, p.456), 일제측의 기록에 의하
   면, 당시 4천부를 간행하여 1천부를 교도에게 배포했다고 한다(『중광육십년사』,
   p.509). 후자의 기록이 옳은 듯하다.
57) 같은 책, pp.447-448.
58) 위와 같음.
59)『중광육십년사』(p.509)와 현전하는 교적들의 서지사항을 참고하여 재정리하였음.

이용태는 1941년 8월 26일 신병문제로 대종교 총본사에서 하직하고 귀향하여 입원치료를 받았다.[60] 그러나 1942년 12월 26일(음 11. 19) 임오교변시에 구속되어 영어(囹圄)의 몸이 되고 만다.

1945년 이용태는 조국광복을 맞아 경의원 원장에 임명되고 그해 가을에 귀국했다.[61] 1946년 대종교 총본사의 환국 후 이용태는 총본사에서 찬리(贊理)로서 1948년까지 교무전반을 책임지고, 1949년에는 충청남북도를 관할한 남이도본사(南二道本司) 선리(宣理)에 임명되었으나 신병문제로 사임했다.[62] 1958년에는 대종교종사편집부 주간(主幹)을 맡아 『종사취재고(倧史取材稿)』 6편을 편집하였다.[63]

Ⅲ. 단암 이용태의 신앙관

1. 대종교인으로서의 단암 이용태

동경성 대종교 총본사 시기에 이용태로부터 직접 가르침을 받았던 김일수의 증언에 따르면 수행을 병행한 것이 확인된다.

> "조식법(調息法)을 함께 행하고 이어 대학(大學)과 중용(中庸)과 논어(論語)와 맹자(孟子)를 차례로 배웠는데 선생님께서 안질(眼疾)로 말미암아 귀국하심으로 맹자책을 다 배우지 못함이 유감이요, 그때에 종아리를 맞던 일이 지금도 뚜렷이 기억난다. 어쨌든 선생님으로 말미암아 조금이나마 한문을 알게 되었으며 그 이듬해에 임오교변(壬午敎變)이 나고 영안현공서(寧安縣公署)의 감방(監房)으로 한번 찾아뵙고 해방 후 서울에서 다시 뵐 때의 반가움은 무어라 형언(形言)할 수 없었다."[64]

---

60) 이용태, 「行年略記(辛巳・1941)」, 『단암문고』, pp.1050-1051.
61) 김일수, 「檀菴年譜」, 『단암문고』, p.1124.
62) 위와 같음.
63) 같은 책, p.1126.

　대종교의 교의는 뭇 중생을 참사람이 되게끔 교화를 하고 홍익인간 이화세계의 지상천국을 건설하려는 데 있으며, 교인으로서 지켜야 할 5대 의무의 준수와 5대 종지의 실천이 필연적이다. 5대 종지는 경봉천신(敬奉天神), 성수영성(誠修靈性), 애합종족(愛合種族), 정구이복(靜求利福), 근무산업(勤務産業)의 다섯 가지로, 무엇보다 경봉천신(제천－필자 註)과 성수영성(수행－필자 註)이 중요하다. 이용태의 초지일관된 신앙심과 수행, 그리고 지칠 줄 모르는 교적간행[65]과 교리공부[66]는 생을 마감할 때까지 계속된다. 모든 종교 활동에서 교적의 간행은 그 어떠한 활동보다도 우선시 된다.

　이용태는 일제강점기 대종교 교단 내에서 교적 간행의 실무진으로서 활동했기 때문에 대종교 교적에 대한 접근과 열람을 쉽게 할 수 있는 위치에 있었다.

　이용태의 종교적 심성과 활동에 대하여 자칫 은둔자로서 비쳐질 지도 모른다. 1948년 8월 5일자「서울신문」"유사종교, 악마교[魔敎]"운운 기사 중에 대종교가 언급되어있다는 점에 분개한 단암은 8월 22일(음 7. 7) 성토문을 작성하였다.[67] 단암은 그와 같은 기사를 '독아(毒牙)'로 규정하고, "무고적 술책과 와전의 보도기사에 속지 말자"고 당부하였다.[68] 이 외에도 단기연호 폐지 문제 등 대종교인의 시각에서 바라본 왕성한 사회참여 활동을 보면 매우 현실참여적인 인물이었다는 사실이다.

---

64) 김일수,「編譯有感」,『檀菴文稿』, pp.1206-1207.

65) 역해본으로 서 일의『眞理圖說』,『九變圖說』, 윤세복의『修眞三法會通』이 있고, 대표적인 저술로『修眞秘錄』,『檀君文化와 眞理問答』 등이 있다. 이외에도 대종교진흥추진회, 유지재단설립 등 종단의 중추적 역할을 다했다.

66) 박영석,「大倧敎의 敎理硏究 展開」,『日帝下獨立運動史硏究』(重版), 일조각, 1993, pp.299-300 참조.

67) 이용태,「기사시정을 요구하는 공개성토문」,『단암문고』, 앞의 책, pp.404-410.

68) 같은 글, p.409.

이용태의 타종교 인식을 살펴보면 만교일본적(萬敎一本的) 사상으로서,

> 各 敎門의 宗旨는 다르다고 하나 그 歸結點은 天神 하나로 歸着되니,
> 方法은 달라도 眞理는 하나인 것입니다.[69]

라고 주장하고, 「종교설(宗敎說)」을 통하여 만 가지의 종교가 있어도 주장하는 바는 하늘이요, 만 가지가 모두 다르더라도 돌아가는 바는 하나요, 만 가지의 법이 있다 하더라도 공경하는 바는 하느님[神]이라고 밝혔다.[70]

위의 주장은 대종교에 입교하는 교인들의 규범인 『봉교과규(奉敎課規)』[71]에 근거한다. 다음의 구절은 타종교에 대한 무한한 관용의 정신이 나타나는 대목으로 종교적 관용의 극치를 보여주는 것으로서,[72] 가톨릭의 1965년 제2차 바티칸공의회 「종교 자유에 관한 선언」[73]보다도 50여 년이나 앞선 선언인 점이 주목된다.

> "奉敎人은 비록 敎外人이나 域外人을 對하여도 반드시 溫恭謙和로써
> 相對하고, 決코 輕侮와 歧視가 없을 것임."
> "奉敎人은 本國 古來 忠烈·英豪의 神明을 모두 崇敬할 것이오, 비록
> 他國의 賢聖 및 敎門들도 또한 敬待할 것임."
> "만일 本敎를 篤信하는 사람이 廣見益智를 爲하여 他敎에 入參하여도
> 不禁할지오, 또 他敎에 旣入한 者가 本敎에 願入하면 곧 許可할지니, 대

---

69) 이용태, 「檀君文化와 眞理問答」, 『단암문고』, p.839.

70) 이용태, 「宗敎說」, 『단암문고』, p.203.

71) 김교헌 / 윤세복 역, 『홍암신형조천기』, 「奉敎課規」, 대종교출판사, 2003, pp.163-66 ; 『봉교과규』는 구한말 백두산에서 수도하던 도인 '백봉'을 위시한 교단(敎團)에서 1908년 12월 31일(음12. 9) 홍암 나 철에게 전수한 서책 가운데 하나다.

72) 유영인, 「기독교의 대종교 이해 Ⅰ : 기독교 종교단체의 단군이해를 중심으로」, 『국학연구』 8, 국학연구소, 2003, p.242.

73) 『제2차 바티칸공의회 문헌』(2판), 한국천주교중앙협의회, 2002, pp. 647-665 ; H. V. 스트라렌 외 / 현석호 역, 『제2차 바티칸공의회 문헌 해설 총서』 5, 성바오로출판사, 1993, pp.21-90.

개 한배검의 寬弘하신 大度를 仰體하여 異端을 不攻함."
　"비록 域外人이라도 本教에 願入하면 또한 許可하여 다 教友로서 同
視無間."74)

백봉으로부터 도맥을 이어받은 홍암 나 철은『중광가』10장에서,

　　道淵源 찾아보라 가닭가닭 한배빛
　　仙家에 天仙宗祖 釋迦에 帝釋尊崇
　　儒氏의 上帝臨汝 耶蘇의 耶和華와
　　回回의 天主信奉 실상은 한 한배님

　이라고 하여, 이슬람교의 알라신을 '천주'로 인식하고, 천주교의 예수
(야소)에 대한 믿음과 대종교의 신앙을 모두 하나로 보아 종교다원주의적
성향을 피력하고 있다. 유훈인『밀유(密諭)』에서 "다른 교인을 별달리 보
지 말며, 외국사람을 따로 말하지 말라(勿歧視教外人 勿異論域外人)"고 교우
형제자매들에게 부탁한 점도 주목된다.
　나 철의 지대한 영향을 받은 서 일은『삼문일답(三問一答)』75)을 통해
타종교의 경전도 열심히 읽고 타교인을 멀리하지 말고 한 형제로 보라는
교리를 한층 세심하게 다룬다.

　"각(各) 교문(教門)의 이론(理論)에 대(對)하야 그 시비장단(是非長短)은
마땅히 저의 마음 가운데서 재고 살피어 취(取)할 것은 취하고 버릴 것은
버리어야 사랑도 미움도 없으며 기림도 헐음도 없겠거늘 만일 혀끝으로
날리어서 입 밖에만 나오면 필경(畢竟)은 송사(訟事)를 일으키나니. …(중
략)… 이 여러 교문(教門)은 다 세계적(世界的)인 종교(宗教)로서 이렇듯
폐단(弊端)이 있음을 보면 그 이론(理論)의 충돌(衝突)은 모두『나만 옳고

---

74)「奉教課規」,『중광육십년사』, 앞의 책, pp.101-102.
75)『삼문일답』은 1921년 백포 서 일이 삼사생(三思生)의 물음(問)과 일의자(一意子)
　　의 답변(答)식으로 타교의 교리를 비교, 강론하고 대종교의 교리를 독특하게 논
　　술한 경전으로 본래 상·하편으로 저작하였으나 불행하게도 1942년 임오교변시
　　에 일경에게 압수 분실되고 현재 그 서언만이 전해지고 있다.

남은 그르다』는 데서 일어나는 것이라. 내가 항상 이것을 미워하며 싫어하는 바이거늘 이제 그대가 나로 하여금 이 일을 밟으라 하니 그것은 나의 뜻을 모르는 말씀이로다. 만일 그런 말이 나의 입에서 한번 나오면 … (중략)… 기독교(基督教)에서는 나를 악마(惡魔)로 부를지니 부질없이 남에게 꾸지람을 살 까닭도 없거니와 더구나 우리 대교(大教)를 믿는 이는 각(各) 교문(教門)의 서적(書籍)을 널리 보며 다른 교인(教人)들을 달리 보지 아니하나니 내가 어찌 이것을 하며 내가 어찌 이것을 하리오!"76)

2. 종교사상가로서의 단암 이용태

종교(宗教)의 영어명 '릴리젼(religion)'은 "다시 묶다"란 라틴어 '렐리가레(Religare)'에서 그 어원이 비롯한다. 비유하자면 갓난아기는 어머니와 생명줄인 탯줄로 연결돼 있다가 태어나면서 그것이 끊긴다. 아기와 산모의 관계처럼 우리들이 세상을 살아가며 끊어진─본시 우주의 근원(신)과 이어져 있던─생명줄을 다시금 우리 자신과 잇는 것이 종교의 원의(原義)라고 보는 것이다. 이러한 종교의 성립에는 세 가지 요소가 필요하다.

첫째는, 종교의 대상인 절대자 곧 종교의 '교의(教義)'이며, 둘째는, 종교행위를 하는 인간, 다시 말해 인간들이 지켜야 하는 '종교윤리'이며, 셋째는, 절대자와의 관계를 구체화하는 종교행위 즉 '종교의식'이다. 이 세 가지 중에서 가장 기본적인 것은 교의이며, 여기에서 종교윤리, 종교의식이 나온다. 각 종교는 이 교의에서 인생과 우주에 대한 궁극적인 질문에 나름대로의 해답을 주는 것이다. 대종교의 궁극적 목표는 '홍익인간(弘益人間) 이화세계(理化世界)'에 두고, '삼법수행(三法修行)'을 실천수단으로 구현하며, '철인(哲人)'을 도덕적 인간상으로 본다.

『한국윤리사상사』의 저자인 최민홍이 '홍익인간'의 정신을 세계일류의 정신사에 기여할 수 있는 최고의 윤리가치로 두고 있음은 주목된다.77)

---

76) 서 일, 「삼문일답」, 『대종교경전』, 대종교출판사, 2002, pp.779-781.
77) 최민홍, 『한국윤리사상사』, 성문사, 1990, pp.27-31.

조현규는 그의 저서인 『한국전통윤리사상의 이해』를 통해 최민홍과 마찬가지로 단군사화와 대종교경전(삼일신고)을 근거로 홍익인간의 가치를 높이 평가한다.[78] 앞서 최민홍이 '한'사상의 맥락에서 홍익인간의 가치를 부여한데 대하여, 김정신은 고대 윤리관의 기조가 되는 사상이 '홍익인간'이며 이를 '신도(神道)사상'의 맥락으로 표현하고 있다.[79]

물론 동양윤리사상사에서 요순우(堯舜禹) 3대로부터 윤리사상이 발원하여 주나라에 와서 크게 발전하고, 송나라 이후 철학적으로 발전한 것으로 인식하는 설이 지배적이지만,[80] 대종교는 사람이 꼭 지켜야 할 계율과 윤리강령에 충효를 기본으로 한 덕목이 신시개천 이래로 연면히 이어왔다고 본다. 한민족은 유교를 수입하기 이전인 고조선 시대부터 효도와 충성을 사회사상의 가장 기본 되는 덕목으로 삼고 있었다. 이는 고조선의 국가조직이 혈연에 기초하고 있었기 때문이다.[81]

충효사상은 예로부터 인간의 만 가지 실천도덕의 기본이 되며 벼리가 되었다. 한민족은 이를 매우 중요시해 왔으며 실천도덕의 핵심으로 삼아왔다. 이 충효사상은 결코 외래 문화에서 영향을 받은 것이 아니라 일찍이 치화주 단군이 만백성을 크게 깨우쳐 주신 글에서 "너희들의 생명은 어버이에게서 비롯되었고, 어버이는 한울에서 내리셨으니 어버이를 공경하는 것은 결국 한울을 공경함이라, 이것이 나라에 미치면 충성이요, 효도니 이 도리를 몸소 실천하면 한울이 무너진다 할지라도 반드시 빠져나갈 것이니라."하였고,[82] 『신사기(神事記)』에는 "효도하지 않음과 충성하지 않음과 공경하지 않음이 세 도적"이라고 설하고, "상으로써 착함을 권장

---

78) 조현규, 『한국전통윤리사상의 이해』, 새문사, 2002, pp.29-48.

79) 김정신, 「전통사회 윤리교육의 현대적 고찰」, 『한국의 교육과 윤리』 1, 한국정신문화연구원, 1991, p.21.

80) 최승호, 『동양윤리학사』, 새문사, 1989, pp.28-33 ; 미우라 도우사쿠 / 박재주 외 2인 역, 『중국윤리사상사』, 원미사, 1997, pp.17-26. 참조.

81) 윤내현, 『고조선연구』(3쇄), 일지사, 1999, p.682.

82) 「八條大誥」, 『대종교경전』, 앞의 책, 2002, p.519.

하되, 악을 버리고 착함을 따르기를 상서로운 구름이 모여들 듯 하게 하라[83]고 가르침을 준데서 그 시원을 찾는다. 이 충효의 덕목은 일상화되고 발달하여 그 뒤 면면히 이어온 우리 민족의 주체사상이 되고 전통문화가 되어 온 길이다. 또한 가족공동체가 잘 유지되기 위해서는 부부관계, 부모와 자녀관계가 견고해야 할 것이며, 이러한 관계를 견고하게 하기 위한 내용이 당시의 사회윤리나 법의 기초가 되어 있으며, 고조선에서는 부부간의 관계를 매우 중요하게 생각하였다. 『한서』 「지리지」에 의하면 고조선의 부인들은 행실이 단정하고 신의가 있으며 음탕하지 않다고 하였으며, 남녀를 막론하고 음탕한 행위를 하면 중죄로 다스렸다 한다.[84]

참전계경이라고 불리는 『성경팔리』[85] 「주륜(湊倫)」편에서는,

"주륜이란 윤상[86]에 합하는 것이다. 윤리는 사람의 대의이다. 윤리가 없으면 짐승과 서로 가까우므로 사람을 가르침엔 반드시 윤리를 먼저 하여 서로 사랑하는 의리를 바르게 한다."

湊倫者 合於倫常也. 倫 人之大義也. 無倫 與畜生相近 故 敎人 必先倫理以正相愛之義.[87]

라고 하였고, 「가르침[敎]」편에서는,

"가르침이란 윤상과 도학으로 사람을 가르치는 것이다. 사람이 가르침이 있은즉 백 가지 행실이 근본을 얻고, 가르침이 없다면 훌륭한 장인이라도 먹줄이 없는 것 같다."

敎 敎人以倫常道學也. 人 有敎卽百行得體 無敎卽雖良工無繩墨.[88]

---

83) 「신사기 : 치화기」, 『대종교경전』, 같은 책, pp.506-507.
84) 윤내현, 『고조선 연구』, 앞의 책, p.681.
85) 『성경팔리』의 서지학적 고찰에 관해서는 졸고, 「삼신사상에 대한 문화적 고찰 I」, 『국학연구』 7, 국학연구소, 2002, pp.178-179 참조.
86) '윤상'(倫常)이란 항상 지켜야 되는 윤리를 의미한다(최윤수, 『참전계경』, 단촌글방, 1998, p.146).
87) 『대종교경전』, 앞의 책, p.228.

고 하여 윤리의 개념을 언급하고 있다.

유·불·도 제종교를 비롯하여, 원불교, 천도교, 증산도, 천주교, 개신교, 통일교 나아가 무속신앙에 이르기까지 대부분의 종단에서 윤리사상 관계 논고가 발표되었으나,[89] 유독 대종교만은 윤리관이 학계에서 정립되지 않은 현실이다. 이는 대종교의 윤리관이 결여된 까닭이 아니라, 체계적인 연구가 전무한데서 기인한 것이다.

대종교 윤리사상의 요지는, 교의인 홍익인간을 근간으로 하여, 역사적으로는 부여의 구서, 고려 팔관의 맥이 오늘날의 대종교에까지 이어져 내려온 것으로 파악한다.

대종교는 인륜(人倫)의 근거를 사랑[愛], 예도[禮], 도리[道]의 '삼륜(三倫)' 사상에 두고 있음이 명확히 밝혀져 있다.[90] 이용태는 대종교 교리에 근거한 특유의 윤리사상을 제시한 바, 정치윤리론인 「정교략설(政敎略說)」, 사회윤리론인 「삼생(三生)주의」, 「삼의(三義)설」, 「보본탕(報本湯)론」, 가정윤리인 「계욕(戒慾)설」, 수행윤리인 「미오판도(迷悟判途)」, 「수양도설(修養圖說)」, 「성수정양설(誠修正養說)」, 「수진비록 : 삼설일록(修眞秘錄 : 三說一錄)」 등에서 나타난다.

이용태는 동·서양을 막론하고 인종을 떠나 윤리를 떠나서는 하루도 생활할 수 없고 인간으로서의 가치를 찾을 수 없다고 하였다.[91] 그는 단군이 홍익인간의 이념으로 국가를 창건하고 교화를 펴서 신교를 가르치

---

88) 같은 책, p.224.

89) 고익진, 「불교윤리와 한국사회」 ; 오경환, 「전통사회의 변모와 천주교의 사회윤리」 ; 장일조, 「현대사회에 미친 기독교윤리의 영향」 ; 이부영, 「한국민간신앙과 윤리의식」 ; 최동희, 「동학의 윤리의식」 ; 송천은, 「현대와 원불교의 윤리」 ; 손대오, 「현대사회와 통일윤리」(통일교의 윤리관 – 필자 註), (『현대사회와 전통윤리』, 고대민족문화연구소, 1986), 「종교와 윤리」편. 증산도의 윤리관에 관해서는 조현규, 『한국전통윤리사상의 이해』, pp.344-352 참조. 이밖에 각 종단마다 윤리사상 관련 논문이 지속적으로 발표되는 실정이다.

90) 서 일, 「會三經 : 三倫」, 『역해종경사부합편』(5쇄), 대종교총본사, 개천 4443(1986), pp.199-200.

91) 이용태, 「大倧敎에서 본 倫理의 槪念」, 『단암문고』, 앞의 책, p.320.

고, 치화로써 360여사로 인간사회의 모든 제도를 마련하였고, 충효로써 윤리의 강령을 정해 동양문화의 원천이자 종주가 된다고 설파하였다.[92]

이용태는 외래종교의 수입, 계급의 귀천, 자유주의 사조, 공산주의사상 등으로 윤리문화가 점차 변모해 오늘날 민족사회의 혼란스런 모습을 윤리파탄(倫理破綻)병 환자로 인식한다.[93] 그럼에도 불구하고 남의 윤리 관념만을 모방하려는 행위는 '정신적 자살행위'라고 강하게 비판하였다.[94]

이용태는 대종교 사서인 『신단실기』와 『신단민사』를 근거로 하여, 유교에서 주창하는 삼강(三綱)의 명분이 고조선에서 먼저 제정 반포되었고, 오륜(五倫)에 대해서도 부여의 구서를 예로 들어 중국보다 3천여 년 앞선 것으로 보았다.[95] 신라 화랑오계(五戒) 역시 신교(神敎, 대종교 – 필자 註)에서 근원을 찾는데,[96] 이렇게 단암은 주체적으로 윤리사상사를 인식하고 종단의 사서를 적극 인용하여 한국 고유문화의 선진성과 도의율이 엄격하였음을 신앙으로 증거하였다.

이용태는 대종교의 윤리관이 근대에 들어서 홍암 나 철이 공포한 오대종지와 백포 서 일의 삼륜육기(三倫六紀)론으로 맥이 이어진다고 인식하였다. 「환·불本義를 同胞에게 訴함」에서 하늘과 같은 명덕(明德), 신과 같은 조화를 갖추지 않은 인간이 없다고 보았는데, 성품(性)이 참함(眞)을 이탈함으로써 명령(明靈)과 인덕(仁德)을 잃어 마음의 지식과 조화를 발휘하지 못하기에, 삼륜강(三倫綱, 父子愛·君臣禮·師徒道 – 필자 註)과 육기목(六紀目, 兄弟·夫婦·朋友·親戚·鄕黨·種族 – 필자 註)을 실천함을 모든 윤리문제의 근본 해결책으로 제시하였다.[97]

---

92) 위와 같음.
93) 같은 글, pp.321-322.
94) 같은 글, p.322.
95) 이용태, 「大倧敎에서 본 倫理의 槪念」, 『단암문고』, 앞의 책, p.323.
96) 같은 글, p.324.
97) 같은 글, pp.208-209.

> 明靈을 修하고 仁德을 守하자면 먼저 三倫綱과 六紀目을 實行할 지
> 니. 仁故愛가 生하니 自身의 最親近한 父子·兄弟·親戚을 孝愛로써 事
> 하고 愛는 節이 有하여 禮가 生하니 一步를 進하여 親外社會인 君臣·
> 室家·鄕黨을 忠順으로써 接하고 또 一步를 進하면 道가 有하니 全世界
> 안 使徒·朋友·種族을 敬信으로써 對한 後에야 內로 仁義와 禮信이
> 立하고 外로 知識과 工藝가 精하여 相殺의 惡禍가 不起하고 相爭의 野
> 慾이 沈息하여 億萬蒼生이 一室에 共生할 바이라.

이러한 단암의 윤리사상은 백포 서 일의 사상적 맥을 그대로 이어 받
은 것이다.

1) 사회윤리사상

① 삼일정신

단암은 정치윤리로써 삼일정신을 강조하여, 과거의 삼일인 삼일운동, 현
재의 삼일인 대한, 미래의 삼일인 일민(一民)으로 집결하자고 외치며, 삼일
은 대종교의 핵심교리인 '삼진귀일(三眞歸一)'을 의미하는 것이라 한다.[98]

② 보본탕의 비유

단암은 '망본배원'의 죄과를 반성하고 민족의 근본으로 돌아가서 단군
이래 민족고유의 '자아의 근본정신'과 '자주의 기백', '우리의 정신 우리
의 도의 우리의 문화'를 회복하자는 것이다. 그는 사대사상, 이타주의,
외래문화 모방으로 민족성을 상실한데 대하여 살균, 영양, 평화의 효능이
있는 '보본탕'을 이용한 '자가치료'만이 구원의 길이라 주장한다. 보본탕
은 충후뿌리(忠厚根) 5전, 명민가루(明敏屑) 3전, 과감껍질(果敢皮) 2전으로
누구나 가지고 있기에 자기 안에서 찾을 수 있는 약재라고 설명한다.[99]
여기서 충후와 명민과 과감은 각각 덕, 혜, 력에 해당하는 것으로,[100] 대

---

98) 이용태, 「一民啓蒙事業에 協贊하자」, 『단암문고』, pp.473-474.
99) 이용태, 「患難相救」, 같은 책, pp.258-259.

종교 신관에서 말하는 초월적 신의 3대 권능을 뜻하는 것이며,[101] 경전으로는 『삼일신고』 「신훈」의 "하느님은 그 위에 더 없는 으뜸 자리에 계시어, 대덕, 대혜, 대력으로써 하늘을 창조하시니(神 在 無上一位 有大德大慧大力 生天)"[102]라는 구절에서 비롯한 것임을 알 수 있다.

③ 삼생주의

단암은 윤리와 과학의 문제에 대해서, 신생(神生), 체생(體生), 균생(均生)의 삼생(三生)주의를 대안을 제시하는 바, 사람마다 자유로운 실행할 수 있는 공통적 생활로써 자기정신이라는 주체적 정신에 토대하여 사는 것(신생), 근로역작을 통하여 자력갱생을 추구하는 것(체생), 서로 사랑하여 고루 잘 살기를 꾀하는 것(균생)을 들었다.[103] 이 내용은 5대종지와 일맥하는 것이다.[104]

2) 가정윤리사상

① 차례[序]론

우리나라 전통 윤리의 특징 가운데 인간관계에 있어서 수직적인 질서가 중요시되었다.[105]

이용태는 『수감록』 상편에서 자신의 '차례론'을 주창하는 바, 남녀와 부자와 군신의 관계는 사람이 지켜야 할 가장 큰 윤리라고 하고, 이 중에서도 남녀간의 정조, 부부윤리를 최우선으로 두었다.[106] 단암은 윤리

---

100) 같은 글, p.261.
101) 유영인, 「기독교의 대종교 이해 Ⅰ: 기독교 종교단체의 단군이해를 중심으로」, 앞의 글, p.235.
102) 「삼일신고 : 신훈」, 『대종교경전』, 앞의 책, p.42 참조.
103) 이용태, 「대종교란 어떠한 종교인가 : 3. 사업」, 『단암문고』, 앞의 책, pp.244-245.
104) 정영훈, 「단암 이용태의 사회개혁적 삶과 사상」, 앞의 글, p.47.
105) 이태길, 「한국의 윤리문제와 한국인의 윤리의식」, 『현대사회와 전통윤리』, 앞의 책, p.47
106) 이용태, 「隨感錄」 上, 『단암문고』, 앞의 책, p.767.

[倫]를 차례에 비유하고 사람에게 차례가 있는데,[107] 남녀 → 부자 → 군신의 순서(차례)는 만 대를 지나도록 바뀔 수 없는 큰 법전이요, 4천년 동안 전해 온 큰 교화[108]라 평가하였다. 또 사람은 하늘의 명령에 따라 난 것이므로, 사랑과 의리와 분별과 차례와 믿음에 따라 윤리를 거슬리지 말고 명령에 순히 따르면 흥한다고 하였다.[109]

② 근검론

『잠언』 12편(箴言十二篇) 제2편 「가훈」에서는 "충성과 효도는 사람이 되는 근본이요, 공경과 신의는 세상을 살아가는 길이요, 부지런함과 검소함은 집안 살림을 다스리는 방도요, 바르고 곧음은 몸과 마음을 닦는 방법이니 모든 몸가짐을 이 규범에 넘지 말게 할지니라"고 하였다.[110]

3) 수행윤리사상

가톨릭에서 윤리신학은 영성신학과 분리되면서 그리스도인의 삶에 관한 원리와 원칙 규범들을 윤리신학에서 연구하고, 그 삶의 방법에 대한 원리와 원칙들을 영성신학(수덕신비신학)에서 중점적으로 연구하게 되었다.[111] 영성신학과 일반신학이 제1차 자료로써 성경과 전통에 두는 것처럼,[112] 대종교의 삼법수행도 종경과 전통에 둔다.

삼법수행의 목적은 『삼일신고』 「진리훈」에 명시되어 있는 '성통공완'을 이루고자 함에 있다. 서 일은 "능히 나의 본연의 참함을 아는 것"을 "성통"이라고 하였고, "능히 나의 당연의 다함을 행함"을 "공완"이라고

---

107) 같은 글, p.778.
108) 같은 글, p.767.
109) 같은 글, p.783.
110) 이용태, 「잠언십이편」, 『단암문고』, 앞의 책, p.441.
111) 최창무, 『윤리신학 Ⅰ』, 앞의 책, p.8.
112) 조던 오먼 / 이홍근 역, 『영성신학』(6쇄), 분도출판사, 2002, p.30.

하여, 지행합일을 상징적으로 설파하였다.113) 삼법수행은 무언, 무위, 무형 속에서 행하는 불교의 명심견성·참선의 전형인 지감법, 도교의 도인법의 전형인 조식법, 유교의 수신솔성·극기복례의 전형인 금촉법을 모두 포함하는 방법이다.

대종교의 삼법수행은 개인의 입신양명이나 장수, 부귀영화에 그 목적을 두지 않는데, 『회삼경』「삼망편」의,

> "마땅히 복되지 못할 데에 복되면 이는 도리어 재앙이며, 마땅히 장수하지 못할 데에 장수하면 이는 도리어 욕이며, 마땅히 귀하지 못할 데에 귀하면 이는 도리어 부끄러움이니라."
> 不當福而福이면 斯反咎矣오 不當壽而壽면 斯反辱矣오 不當貴而貴면 斯反恥矣니라.114)

는 구절은 이를 잘 대변한다.

대종교의 내세관은 현세와 미래와 내세에 모두 적용되어 나타나기 때문에 현세적이며 미래지향적인 인과사상이며, 구원관은 자신 스스로의 힘만으로 이루어지는 것도 아니고, 신이나 어떠한 초월적인 힘만을 빌려서 되는 것도 아니며, 확고부동한 믿음을 갖고 하늘로부터 점지받은 자기의 권능을 최대한으로 발휘하여 하느님의 구제를 한마음으로 빌어 신에 접근하고자 힘써서 자기 스스로의 권능과 신의 권능이 하나로 뭉칠 때 진정한 구제와 구원이 이루어진다고 본다. 따라서 도교의 내단사상과는 차이가 난다.

도교의 수련과 삼법수행의 차이를 극명하게 드러내는 글은 신채호의 아래 글에서다.

> "神仙은 무엇이냐? 長生不死의 別名이다. 人間에 長生不死가 없다. 그러니 神仙도 없다. 神仙은 없지만 神仙을 배우려는 자가 있다. 그러므로

---

113) 서 일, 「회삼경」, 『역해종경사부합편』, 앞의 책, pp.198-199.
114) 「회삼경」 <삼망>, 『역해종경사부합편』, 앞의 책, pp.155-156.

人間에서 神仙 배우는 자를 强名하여 神仙이라 하나니라. 없는 長生不死術을 배우려 하니 이는 人을 欺함이 아니면 自欺라 罪가 없지 못하리로다." 孔子 가로되 "老而不死 謂之賊"이라 하니, 老하여 死치 않하여도 賊이어든, 하물며 長生不死를 求하니 이는 大賊이라, 五辟의 首罪를 씌워 斬함이 可하도다. …(중략)… 萬一 神仙을 斬하다가 목이 끊어지지 않하면 어찌 될까? 斬魔經에 가로되 狗血을 塗하고, 屠道로 斬함이 可하니라. …(중략)… 神仙이 萬一 새끼나 꼴 줄 알면 赦하려니와 그렇지 안하면 그 기나긴 歲月에 쌀만 축내려는 食蟲이니, 그 頭를 斬하여 長死不生의 地獄에 投하고 말지니라."[115]

"무릇 濁界를 버리고 淨土를 찾으려 함은 痴人의 妄想이라. …(중략)… 그러하기에 잘하는 修養은 山谷에서 안하고 都市에서 하며, 清淨으로 아니하고 進取로 하나니, 대강만 말하자면 境遇 따라 奮鬪함이 곧 修養이니라."[116]

이용태 역시 그의 역작인 『수진비록』에서,

"정성이 부족하고 게으른 사람과 신념이 서지 아니한 사람 곧 호기심(好奇心)에서 시작하는 사람 그리고 죄과(罪過)가 많은 사람들은 처음부터 수행을 시작하지 말 것이다. 어찌하여 그런가 하면 비록 수행을 한다고 하더라도 신기(神機)가 발동되지 아니함은 더 말할 것도 없거니와 도리어 재앙과 책벌(責罰)을 입어 수명(壽命)이 줄어지거나 질병을 얻는 등 해침을 받게 되기 때문이다. 설혹 눈앞에 화해(禍害)는 나타나지 아니한다고 하더라도 수행에 발전이 없고 더구나 성공이란 절대로 기약할 수 없으니 앞에 말한 바, 정성이 부족하고 게으른 사람과 신념이 서지 아니한 사람 곧 호기심에 끌린 사람과 죄과가 많은 사람은 시간과 심력을 허비하지 말고 처음부터 시작하지 말 것을 다시금 주의시켜 두는 바이다."[117]

라고 하였는데, 이는 『삼일신고독법』의,

---

115) 신채호, 「神仙의 頭를 斬하여」, 『丹齋申采浩全集(別集)』, 형설출판사, 1998, pp.325-326.
116) 신채호, 「修養은 濁界부터」, 같은 책, p.327.
117) 이용태, 「修眞秘錄(三說一錄)」, 『단암문고』, p.899.

"만일 입으로만 외고 마음은 어긋나 사특한 생각을 일으켜 함부로 함이 있으면, 비록 억만 번 읽을지라도 이는 마치 바다에 들어가 범을 잡으려 함과 같아 마침내 성공하지 못하고 도리어 수명과 복록이 줄게 되며 재앙과 화가 곧 이르고 그대로 괴롭고 어두운 누리에 떨어져 다시는 빠져 나올 방도가 없으리니 어찌 두렵지 아니하랴. 애쓰고 힘쓸지어다!"118)

라는 경구에서 벗어나지 않는다.

서 일은 『진리도설』에서,

"첫째, 마음이 착하고 기운이 맑고도 몸이 박한이는 복되고 장수하나 천하고, 둘째, 마음이 착하고 몸이 후하고도 기운이 흐린 이는 복되고 귀하나 단명하며, 셋째, 기운이 맑고 몸이 후하고도 마음이 악한 이는 장수하고 귀하나 화를 입고, 넷째, 마음은 착하나 기운이 흐리고 몸이 박한이는 복되나 단명하고 천하며, 다섯째, 기운은 맑으나 마음이 악하고 몸이 박한이는 장수하나 화를 입고 천하며, 여섯째, 몸은 후하나 마음이 악하고 기운이 흐린 이는 귀하되 화를 입고 단명한다."

고 하여 삼법의 조화를 중시하였다.119) 그리고 이들 각각의 영향은 오랫동안 쌓인 결과이며, 밖에서 구하는 것이 아닌 내 몸 안에서 찾아지는 것이라 하였다.120)

---

118) [원문] 若口誦心違하고 起邪見하여 有褻慢이면 雖億萬斯讀이라도 呂入海捕虎하여 了沒成功하고 反爲壽祿減削하며 禍害立至하고 轉墮苦暗世界하여 杳無出頭之期하리니 可不懼哉아 勗之勉之어다(극재사, 「三一神誥讀法」, 『역해종경사부합편』, 앞의 책, p.41).
119) 서 일, 「진리도설」, 『단암문고』, 앞의 책, pp.947-948.
120) 위와 같음.

Ⅳ. 맺음말

단암 이용태는 근대 대종교를 대표하는 신학자 가운데 한 사람이다. 일찍이 유교적 소양을 쌓아왔던 이용태는 대종교로 개종하여 대종교 교리 가운데에서도 윤리사상에 관심과 정열을 쏟았는데, 사회윤리와 가정윤리, 그리고 수행윤리를 정교화 하였다.

대종교의 윤리경전으로 『성경팔리(聖經八理)』가 있으나 이용태가 타계한 이후의 시기인 1970년대에 종단에 편입되었으므로 이용태는 이를 참고할 수 없었다. 대종교의 윤리사상을 정립하는데 있어서 남은 한 가지 과제라면 『성경팔리』에 대한 연구일 것이다. 단군교와 대종교가 분립되면서 단군교를 주도한 정훈모가 이를 소장함으로 인해 단군교 해체 이후 1970년대까지 대종교단 내에서는 누구도 알지 못했던 경전이다. 『성경팔리』의 내용은 인간사 366가지 중요한 생활규범과 예의범절로써 인간을 치화(治化)하기 위한 것으로서 대종교 윤리사상과 관계깊은 최고 경전임에 틀림없다. 다만, 종단 내부에서 중광시기부터 일찍 연구했더라면 대종교 윤리관 정립을 한 걸음 더 발전시켰을 것이라 본다. 아울러 이용태가 순교에 직면했던 1942년 임오년 종교박해(壬午敎變)도 종교사에서 중요한 비중을 차지하는 사건이기에 종교적 관점에서의 의미부여와 이에 관한 면밀한 분석도 필요한 것으로 파악된다.

그럼에도 불구하고 이용태가 남긴 수행윤리사상은 가톨릭의 영성신학과도 비견되는 내용이다. 이용태는 정신생활과 신앙생활이 불가결한 것으로 보아, "수양이 없는 종교는 종교로서의 가치가 없고 가치가 없는 종교는 신앙해서는 안 되므로 수양은 진리를 발현하는데 있어서 귀중한 관건이 된다"는 명언을 남겼다.

광복 후 대종교가 국내에 널리 알려지지 못한 이유를 이용태 자신이 지적한 바와 같이 종단 자체의 선전시교력(宣傳施敎力) 부족, 국내 기반을 확보하지 못한 점, 연구부족 등에서 꼽았다. 이것이 종단 교리의 종교다원주의적 성격 탓으로 인해 교세부진으로 이어지는 결과를 초래했고, 민족정신의 결여도 요인으로 보았다.[121]

　이용태가 생을 마감한 지 40년이 지난 오늘날에도 그의 정신은 오늘의 현실에도 들어맞아 생명력을 지닌다. 단암사상의 계승을 통해 보다 심도 있는 종학(倧學)운동이 촉발될 시기다.

---

121) 이용태, 「宗敎人은 正邪를 選擇하자」, 『단암문고』, 앞의 책, pp.329-330.

<u>ABSTRACT</u>

Lee Yong-Tae(Dan-Am),
Modern theologist of Daejonggyo

Cho, Jun Hee

Lee Yong Tae, Dan-Am(1890~1964) is one of the modern theologists of Daejonggyo. Because he was in charge of actual affairs of publication of the books on Daejonggyo during the age of occupation of the Japanese Empire by force, he found himself in the position to have no difficulty approaching and using the books on Daejonggyo.

The moral philosophy of Daejonggyo and that of Confucianism have much in common. Lee Yong-Tae, who had developed Confucian attainments in his early life was converted to Daejonggyo and devoted himself to formulating Theologia moralis of Daejonggyo such as social ethics, home ethics, ethics for ascetic practices. Lee Yong-Tae's tireless efforts to study Daejonggyo had continued from the 1945 Liberation of Korea till his death. Daejonggyo has 『SeongGyeongPalri』, which is the sacred book for ethics of Daejonggyo. But Daejonggyo acknowledged the sacred book as the authentic scripture of Daejonggyo in 1970, immediately after his death. As a result, it is a pity that he didn't consult 『SeongGyeongPalri』.

Nevertheless, his thought of ethics for ascetic practices exceeds Theologia spiritualis in Catholicism. Lee Yong-Tae thought that a spiritual life and a religious one are indispensible to human life and left the saying that as religion without moral training is of no value as religion and valueless religion must not be believed in, moral training is the key to the revelation of religious truth.

檀菴 李容兒의 宗敎思想

김동환(金東煥)[*]

Ⅰ. 序 論

단암 이용태는 세간에 알려지지 않은 종교사상가다. 그것은 그의 성장과 활동이 당대의 중심부가 아닌 충북 제천과 만주지역으로 국한된 점과 비밀결사적 성향이 강한 대종교 활동과 밀접하게 연관되기 때문이다. 또한 그의 사상적 요체를 담고 있는 수많은 글들이 근자에 들어 비로소 유고(遺稿)로 출판되어 알려지게 되었다는 점도 이유가 있을 것이다.

단암 이용태는 당대의 지방 선비들과 마찬가지로 어려서부터 한문수학(漢文修學)을 통하여 지식의 틀을 형성했다. 또한 그 과정에서 자연히 유교적 정서와 문화에 익숙해졌으며 그러한 가치 위에서 청년기를 보낸 인물이다. 물론 이 시기에, 유교적 원리 구명과 연결된 본격적인 저술 등이 하나도 발견되지 않음을 보아, 단암은 다만 유교적 생활인으로서 영위한 듯하다.

단암의 종교사상이 본격적으로 체계화되는 것은, 그가 대종교로 개종하면서 나타난다. 그가 스스로 찾아가 봉교한 대종교는 그의 인생 후반

---

* 사단법인 국학연구소 연구원.

기의 전부라 해도 과언이 아니며 그가 남긴 종교사상적 연구의 글 또한 대종교의 실체를 구명하려는 내용들로 일관된다. 이것은 단암의 종교사상이 곧 대종교사상임을 대변해 주는 것으로 대종교사상이야말로 단암 삶의 중심이었음을 의미하는 것이기도 하다.

한편 대종교를 중광한 홍암 나 철 대종사(大宗師)와 무원 김교헌·백포 서 일·단애 윤세복 등 종사(宗師)로 추승(追陞)된 인물들 외에, 이렇다 할 연구저술이 드문 대종교단으로서는 단암의 대종교에 대한 연구업적이 실로 지대한 것이라 아니할 수 없다. 특히 교리와 수행적 측면에서의 성과는, 향후 대종교를 접근·연구하려는 많은 식자 및 학자들에게도 중요한 지침론이 될 수 있다는 점에서 높이 평가된다. 또한 그가 남긴 기록은 질과 양으로서 뿐만이 아니라 분석의 깊이 측면에서도 심오함을 담고 있다는 것도 주목할 만하다.

그러므로 이 글에서는 단암 종교사상의 형성과정을 살펴보고 대종교사상이 주류를 이루는 단암 종교사상의 본질에 대하여 분석하고자 한다. 물론 이 논문으로 그의 다양한 종교사상에 대한 본질을 구명한다는 것이 쉬운 일은 아니다. 다만 그의 종교사상을 종교관·신관·진리관·수행관의 측면에서 개괄해 봄으로써, 단암 종교사상 연구의 실마리를 제공해 본다는 의도임을 밝혀둔다.

Ⅱ. 檀菴 宗敎思想의 形成過程

대부분의 사람들은 종교적 경험 속에서 삶을 영위한다. 그러한 종교적 경험을 평생 단일하게 간직하는 사람이 있는가 하면, 어떠한 계기(개인적 혹은 사회적)에 의해 종교적 신념을 바꾸는 경우도 있다. 또한 그러한 신념을 바꿈에는 남다른 의지가 수반된다.

구한말 우리 사회의 분위기는 서구열강의 풍운이 몰아치던 혼돈과 격랑의 시대였다. 조선조 국시로서, 우리 사회를 지탱해 오던 유교적 가치는 변화를 요구하는 우리 사회의 구성원들에게 뚜렷한 방향을 제시하지 못했다. 오히려 유교는, 공리공론과 관료적 부패 그리고 소아적 파벌주의와 소중화적 사대주의의 근본적 원인으로 지목되면서, 화합과 안정을 통해 우리 사회의 능동적 발전을 갈망하는 시대적 요구와는 거리가 먼 가치로 밀리게 된다.

가치가 와해된 당대의 지식인들의 선택 중, 우리의 전통가치를 개혁하여 변화를 모색하려는 부류와 새로운 서구가치의 선택을 통하여 삶의 방향을 바꾸려는 인물들이 많았다. 종교적으로 전자에 속하는 인물들이 유교적 경험에 비중을 두었다면 후자에 포함된 사람들은 기독교적 가치를 내세웠던 것이다.

이러한 국가적 혼돈기에 우리 사회의 자생적 에너지로, 당대 지식인들에 가장 큰 반향을 일으킨 것이 단군 이데올로기라 할 수 있다. 1909년 단군교(대종교)의 중광(다시 일어남)은 이와 같은 단군운동의 정점으로, 이후 단군운동의 구심체로서의 역할을 하게 된다. 과거의 유교적 봉건주의로부터의 탈피와 함께 반외세적 성향을 동시에 들어낸 대종교는 민족주의의 전형적인 모습을 보여줌과 동시에, 인류홍익이라는 교의(敎義)에 나타나는 바와 같이, 세계주의적 속성을 더불어 안고 출발하게 된다. 더욱이 대종교는 오랜 세월 단절된 우리 고유의 정신가치를 통하여 당 시대의 위기를 극복하고 민족의 장래를 도모하고자 한 측면에서 수많은 지식인들의 공감을 얻게 되었다.

대종교라는 민족종교의 등장은 당대 지식인들의 종교적 신념 변화에도 많은 영향을 끼쳤다. 한힌샘 주시경이나 석오 이동녕처럼 기독교에서 대종교로 개종한 것이나, 동산 최 전과 같이 승적(僧籍)을 버리고 대종교에 가담한 경우가 그렇다. 특히 전통적인 유교가치를 버리고 대종교에 참여한 경우는 대종교 중광 당시의 대부분의 인물들에게서 나타난다. 중광 교조 홍암 나 철을 위시하여 무원 김교헌, 단애 윤세복 등도 넓은 의미로 이 범주에 해당한다 할 수 있다. 대종교를 통하여 민족사의 새 지평을 개척한 박은식이나 신채호도 유교적 가치 청산을 통하여 민족주의 사학의 틀을 마련하는 것이다.

특히 박은식은 유교적 가치에서 대종교적 가치로 변화되는 과정을 단계적으로 가장 잘 보여주는 인물이다.[1] 그의 종교적 신념의 천이(遷移)는 전통유교기에서 개혁유교기 그리고 대종교기로 변하며 성숙해 간다.

먼저 전통유교기에 나타나는 박은식의 종교적 신념은 철저한 유교제일주의다. 즉 '한국의 종교는 공부자(孔夫子)의 도(道)'라고 단정한 그는, 당대의 혼란의 원인을 유교의 쇠퇴로 파악하고 유교의 유지를 강력히 주장했다.[2] 그리고 유교개혁기의 그의 사고 또한 유교적 가치의 연장선상 위에 놓여 있다. 오히려 이 시기의 박은식은 유교의 개혁을 통하여 유교를 국교적 가치로까지 승화시키기 위해 노력한다. 유교구신운동이나 양명학운동, 그리고 대동교(大同敎)의 창건이 그것이다. 박은식이 국혼(國魂)에 의한 민족적 가치를 본격적으로 드러낸 것은 대종교를 경험하면서다. 그가 대종교기에 접어들어 보여준 근본적인 변화는 전도된 가치를 올바른 민족적 가치로 돌려놓는 것이었다. 그 정신의 핵이 대종교였으며 그러한 신념 위에서 만들어진 것이 국혼사관 즉 민족주의사관이다.[3] 그리고 대종교의 경험 이전에 국교의 가치로서 그가 소중히 여겼던 유교적 가치를 오히려 반민족적 가치로 규정하고 대종교야말로 진정한 국교적 의미가 있음을 천명했던 것이다.[4]

---

1) 박은식의 종교사상적 변화에 대해서는 졸고(김동환, 「박은식 민족사학의 정신적 배경」, 『국학연구』 4, 국학연구소, 1998.)를 참고하기 바람.
2) 박은식, 「學規新論(論維持宗敎)」, 『朴殷植全書』 中卷, 檀國大東洋學硏究所, 1975, pp.29-30 참조.
3) 김동환, 「박은식 민족사학의 정신적 배경」, 앞의 책, pp.63-76 참조.

단암 이용태 역시 박은식과 마찬가지로 유교적 경험 속에 삶을 영위하다가 대종교로 개종하면서 자신의 철학적 외연을 확대해간 인물이다. 다만 박은식이 1910년대 초반에 이러한 변화의 과정을 겪는다면, 이용태는 1920년대 후반에 이러한 양상을 드러낸다는 점에 차이가 있을 뿐이다.

우선 단암 이용태가 1909년에 쓴 「화양동유람일기(華陽洞遊覽日記)」의 앞머리를 보면, 당시 그의 스승이었던 습재 이직신이 지은 다음의 한시를 인용하여 시작하고 있다.

運訖皇明猶一統	국운이 다한 명나라가 오히려 합쳐져
允成大老作儒宗	우암 선생 옳게 믿어 유학의 조종 이루게 하시니
願歸大老嚴接地	원컨대 선생께서 청한히 사시던 곳으로 돌아가
戴我皇明守舊容	명나라의 옛 모습을 찾아 살지어다.5)

이것은 습재 이직신이 당시에 동행한 제자들에게 만동묘6) 근처에 터를 잡고 살고 싶다는 포부를 밝히면서 읊은 시다. 이 시의 내용은 명나라를 흠모하는 것으로 습재 이직신의 중화적 사대주의의 가치가 잘 드러나 있다. 이 글이 나온 1909년은 단암의 나이 20세였던 때요 대종교가 중광한 해이기도 하다. 또한 이 기록에서 단암 이용태의 청년기에 끼친 종교적 가치가 무엇이었는가를 확인할 수 있다.

단암의 위와 같은 유교적 삶의 가치는 그의 나이 서른이 넘어서도 지

---

4) 박은식, 「日人束縛各敎會」, 『韓國痛史』, 『朴殷植全書』 上卷, 앞의 책, p.359 참조.
5) 이용태, 「華陽洞遊覽日記」, 『愛國志士檀菴李容兌先生文稿』(以下 『文稿』로 略稱함), 1997, 박달재수련원, p.626.
6) 萬東廟는 四大서원 중의 하나로써, 임진왜란 때 조선을 도와 준 명나라에 대한 보답으로 명나라 神宗과 毅宗을 제사지내기 위해 華陽洞에 지은 사당을 말한다. 당시 송시열은, 민정중이 북경에서 받아온 명나라 의종의 친필인 '非禮勿動'이라는 글을 화양동 석벽에 새겨 놓고 그 석벽 위에 자신이 공부하는 사당을 지었다. 이것은 조선이 명나라에 대하여 절대적인 예로써 대해야 한다는 송시열의 중화적 가치를 반영한 것으로, 만동묘 또한 이러한 가치를 계승하여 송시열의 제자 권상하가 스승의 유언에 의해 유림을 동원하여 지은 것이다.

속이 된다. 즉 단암이 1922년(당시 33세) 7월에 쓴 「애아불구(哀我不具)하야 경고아불구동포(警告我不具同胞)」라는 글을 보면, 우리 민족이 정신병에 걸린 불구자임을 한탄하는 대사회적 경고 내용이 나온다.7) 그리고 그 문제에 대한 해결책 역시 유교에서 찾고 있음을 확인할 수 있다.

즉 앞의 글과 같은 해 같은 달에 쓰여진 「조선(朝鮮)의 흥망(興亡)은 유림(儒林)에 있다」라는 논설이 이러한 삶의 경험을 잘 보여준다. 이 글에서 그는, 유교야말로 천리(天理)의 올바른 길이요 유림(儒林) 또한 국가의 원기(元氣)라고 단정했다. 그리고 우리 민족이 유사 이래로 도덕·학문·예의 그리고 문장·시사(詩詞)·서화(書畵) 등의 모든 문물을 중국으로부터 수입하여 지켜왔다고 주장하면서, 조선 문명의 모든 공적이 유교에 있음을 다음과 같이 찬양하고 있다.8)

> 조선(朝鮮)은 문명(文明)한 조선(朝鮮)이요 흥왕(興旺)한 조선(朝鮮)이었으니, 그것이 누구의 힘인가? 곧 사림(士林)의 공(功)이요 유교(儒敎)의 덕택(德澤)이라.9)

이것은 당시 단암의 가치가 유교적 사상에 얼마만큼 함몰되어 있었는가를 단적으로 보여주는 것이다. 물론 그 역시 당대의 비판적 지식인들과 마찬가지로 고루한 사림(士林)들에 대한 공박을 빼놓지 않는다.

> 도 아랑곳없고 新學問의 探究置之度外요 吾不關焉格이라. 外로는 搏鷄殺蠅의 힘도 없으면서 斥洋이니 斥倭니 尊華니 攘夷니 하는 名分論的 虛勢를 弄하고 內로는 超世安逸한 詩賦表策의 死文學을 依然崇尙하고 名分口實 惟獨 우리 朝鮮의 士林들은 盲目聾耳的인 態度로서 大勢의 變遷이나 稱託하여 同族의 膏血이나 吸取하면서 士林의 門戶를 刻刻 樹立

---

7) 이용태, 「哀我不具하야 警告我不具同胞」, 『文稿』, 앞의 책, p.336.
8) 이용태, 「朝鮮의 興亡은 儒林에 있다」, 『文稿』, 같은 책, p.340.
9) 같은 글, p.340.

하여 學派를 따지고 淵源을 캐며 族譜자랑을 일삼아 政爭의 溫床이 되고
時色의 變動을 怨恨하면서 내일이나 모레면 三代의 熙皞가 到來할 것으
로 妄想하면서 墨守完固로 舊規形式制禮만 不可不守라 하니 이에서 民
衆은 지난날 崇拜師事하여 본을 받던 某先生·某兩班이 이러하니 우리
들은 어찌 감히 따르지 아니하랴 해서 二千萬 民族의 守舊病과 完固癖을
養成케 하고 말았다.10)

　이것은 단암도 유교적 병폐에 대해 심각하게 인식하고 있었음을 보여
주는 부분으로써, 그는 반만년의 역사를 끊어지게 한 것도 유림(儒林)의
죄과로 규정했고 민중을 가난하게 만든 것도 유림의 죄로 보았으며 풍속
이 고루해지고 윤리기강이 무너진 것 역시 유림의 폐단으로 몰아 세웠
다.11) 그러나 당시의 단암은 이러한 정신적 질곡으로부터의 돌파구 역시
유교에서 다시 찾으려 하고 있음을 다음과 같이 확인할 수 있다.

　一治一亂은 國家民族의 大運에 係한 바요, 盈虛盛衰의 正理라. 모든
儒林은 前轍의 過誤를 다시 밟지 아니하기 爲해 大悟悔改하여서 自身의
앞날에 닥쳐올 悲慘을 免하고 나아가서는 民衆의 貧窮을 濟度하고 民族
的 國家的인 恥辱은 雪하고 社會의 腐敗를 甦生케 할지어다. 一方으로는
由來의 儒敎를 振興하여 時宜의 特殊性을 鑑하여 民族的 倫理를 再闡明
하고 全體同胞로 하여금 德性을 涵養케 함으로써, 固有의 精神文化를 發
揚하고 一方으로는 新敎育이 後援體가 되어 現下 二十世紀의 西歐的物
質文明에 沐浴한 有能한 靑年子弟를 養成함으로써 將次 國家의 棟樑을
길러 내기에 全心全力 發奮努力할 것을 絶叫할 뿐이로다.12)

　이 글에서 단암은 유교의 재건을 통하여 민족적 윤리의 재천명을 주
장하고 있으며, 심지어 그는 유교를 우리 고유의 정신문화로 인식하고
있음이 발견된다. 이렇듯 30대 초·중반까지의 단암의 정신을 철저하게

---

10) 같은 글, pp.341-342.
11) 같은 글, p.342.
12) 같은 글, pp.343-344.

지배하고 있던 것이 유교였음을 확인할 수 있다.

그러므로 역사인식 방면에서도, 이 당시(1922년)까지의 단암은 단군(檀君)의 의미를 깨닫지 못하고 우리 민족을 기자(箕子)의 후손으로 파악한 중화사관(中華史觀)의 입장을 다음과 같이 드러내고 있다.

> 슬프다! 말과 생각이 이에 미침에 모골이 송연하고 온 몸이 아프도다. 역사가 있는 민족이요, 성인 기자의 뒤를 이은 백성으로서 어찌하여 이 지경에 이르렀는가?[13]

이러한 단암의 인식은 백암 박은식이 대종교를 경험하기 이전에 보여 준 역사인식과 궤적을 같이 하는 것이란 점에 주목된다. 즉 대종교 경험 이전의 박은식 또한 단군의 의미를 확인하지 못했으며, 그 역시 우리 민족 예의풍속의 근원을 기자에 두었다.[14] 또한 우리나라를 군자국이라 칭함의 근원도 성인(聖人) 기자의 팔조(八條)에서 찾고 있음이 발견된다.[15] 그러나 대종교를 경험한 이후의 박은식은 이러한 역사인식 자체를 근본적으로 바꾸고 있다. 즉 박은식은 「대동고대사론(大東古代史論)」에서 기자를 중화인(中華人)으로 간주하고, 우리 민족이 단군혈통과 기자혈통이 섞여있지만 주체족(主體族)인 단군의 후예가 객족(客族)인 기자의 후예를 혼혈·동화하여 후세에는 모두 단군혈통으로 일원화되었다는 주장으로 바뀐 것이다.[16]

단암 이용태 또한 기자중심의 역사관을 후일 바꾸고 있다. 즉 1928년 1월에 쓰여진 다음과 같은 기록이 보인다.

---

13) 이용태, 「鳳陽面小作人會發起趣旨書」, 『文稿』, 같은 책, p.450.
14) 박은식, 「興學說」, 『謙谷文稿』, 『朴殷植全書』 中卷, 앞의 책, p.402.
15) 박은식, 「宗教說」, 『謙谷文稿』, 같은 책, p.417.
16) 박은식, 「大東古代史論」(프린트영인본), 『韓國學報』 67, 1992, p.240.

　　　　우리 단군께서는 지금으로부터 4385년 전에 하늘에서 나리신 신성한
　　황조이시다. 무릇 우리 이천만 동포형제자매가 황조의 후손으로서, 神族이
　　아니며 예의와 문화가 날로 쓰이는 온갖 제도에 어느 것인들 황조의 신성
　　한 교화가 아니리요. …(중략)… 은나라의 기자는 교화를 사모하여 이 나
　　라에 찾아와서 대대로 정성을 쌓고 독실하게 받든 덕택으로 41대를 누릴
　　왕업의 터전을 열었고 …(후략)….17)

　　실로 6년 사이에 기자를 축으로 하는 역사관이 단군 중심의 역사인식
으로 전도된 것이다.

　　한편 단암 이용태의 바뀌어진 역사인식의 바탕에는 종교적 경험의 변
화가 깔려 있음이 주목된다. 단암은 종교적 방면에서도 같은 시기를 두
고 유교에서 대종교로 변화되는 모습을 보여 주는 것이다. 즉 1928년 초
에 쓰여진 「신년사」 마지막 부분을 보면,

　　　　宗敎를 새롭게 하여야 합니다. 우리는 우리의 시조인 三神上帝 檀君
　　한배를 崇奉하여서 數千年 背本한 罪惡을 벗고 새로운 光明의 福祿을
　　받는 同時에 其他 濫荒迷信은 一切 打破합시다.18)

라는 종교적 신념의 변화를 분명히 드러내고 있다.

　　또한 그가 대종교로 개종한 이유는 우선 조선정신을 회복하고자 함에
있음을 내세웠다. 그는 조선정신이 상실된 원인을, 과거에는 유교로 인
해, 금일에는 직·간접적인 서구문명 때문이라고 진단했다.19) 그는 지난
날 우리의 정신문화를 지배한 유교로 인해 조선혼이 말살되었고 금일의
서구문명이 조선정신을 좀먹고 있다고 본 것이다. 단암이 대종교를 선택
한 보다 구체적인 이유를 볼 수 있는 부분은, 후일 그가 일제에 의해 검
거·투옥되었을 당시의 아픔을 기록한 아래의 글을 보면 더욱 확연하다.

---

17) 이용태, 「建築三神殿發起文」, 『文稿』, 앞의 책, p.452.
18) 이용태, 「新年辭」, 『文稿』, 같은 책, p.498.
19) 이용태, 「朝鮮民族의 信仰心 統一을 期하자」, 『文稿』, 같은 책, p.348.

　　本人이 大倧敎總本司에 들어가서 獻身的으로 活動奉仕하려고 한 根本
目的은, 半萬年 悠久한 歷史가 永遠히 絶滅될 리가 萬無함은 自然의 公
法이요 이 歷史를 更生케 함은 民族의 精神이요 民族의 精神을 發揮케
함은 오직 國家를 自主하고 民族을 團結하고 文化를 繼承·傳受하는 大
倧敎의 精神이 아니면 時間 遲速은 且置하고서라도 前途의 生生한 命脈
을 維持·培養할 길이 없음을 自覺하였던 바 …(후략)….20)

한마디로 단암이 대종교를 선택한 이유는, 반만년 민족사의 부활을 통
해 민족문화를 계승·전수하는 것과 민족 내일의 생존을 기약함에, 대종
교 정신이 아니면 안 된다고 생각했던 것이다. 이것은 역사인식의 면에서
도, 단암이 기자중심의 중화사관을 버리고 단군으로부터 이어지는 민족사
관으로 변모된 의문에 대한 해명이기도 하다. 그의 「행년략기(行年略記: 1928
년)」에 나오는 개종에 대한 갈등 어린 심회 또한 이를 뒷받침한다.

　　세월이 바뀌면 인심도 변천될 것이다. 그러나 내가 종교에 들어간 것이
이 무슨 망령된 행동인가. 진실로 그 그릇됨을 알지 못함이 아니로되, 만
약 혹시 홀로 그 몸만을 닦는다고 하면 죽고 나면 그만이니 儒道가 그렇
다. …(중략)… 대종교에 이르러서는 우리나라의 백성들을 처음 나오신
시조를 숭봉함이라. 그 교화로 말하면 사천년 동안 내려온 고유의 문화다.
유교로서 비길 때 얼마간의 모순도 있으나 오늘날의 사세가 유교로써 국
혼을 진흥하기 어려운 까닭에 비록 유가에 이끌림이 있다고 하나, 그 교
의 종지는 인륜도덕에 벗어남이 없고 불교나 서양의 기독교와는 스스로
다른 한계가 있고 유교와는 조금도 다른 점이 없으니, 이와 같이 급한 일
을 함에 비록 나를 그르다고 나를 죄주려는 사람이 있다면 시국형세가 어
떻게 돌아감을 잘 살피어 꾸짖든가 칭송하든가 함이 옳을 것이다.21)

한편 단암 이용태가 어떠한 영향에 의해서 대종교에 입문하는가 라는
점도 흥미롭다. 그가 남긴 기록을 살펴보면 20년대 초반(유교적 신념기)에

---

20) 이용태, 「拘禁苦況」, 『文稿』, 같은 책, pp.357-358.
21) 이용태, 「行年略記(戊辰·1928)」, 『文稿』, 같은 책, p.1019.

서 20년대 말 대종교입교 과정에 육당 최남선이 등장하기 때문이다. 물론 단암이 육당을 직접 만난 기록은 없다. 다만 단암이 대종교를 알게 되고 입교하려는 마음을 먹게 된 것이 육당의 글과 연결됨은 확실한 듯하다. 단암이 1927년 육당에게 쓴 다음의 서한이 이를 대변해준다.

> 昨夜에 小說을 좀 보옵다가 燈下에 成寢하온 바, 忽然히 一老人이 夢中에 말씀하시기를 너의 네 몸 생긴 本源을 알려거든 京城에 崔先生이 계시니 至誠으로 祈禱하라고 吩咐하시기로, 感謝의 敬意를 表하옵고 夢覺한 今日에 廉恥를 不顧하고 數語로 敎訓을 仰受코자 하오니 自作한 聾盲의 罪를 寬恕하시고 詳細히 下敎하옵시면 冷却된 胸中의 血点이 更히 熱度로 向하게 되는지도 모르옵고, 二千萬의 一人이나마도 自我의 歷經한 本源을 講究하여 不忘本의 大我를 扶하야 來頭子孫의 進路를 開拓하게 하여주소서.22)

위의 내용을 보면 단암이 현실의 혼란 속에 스스로 고민하다가 육당 최남선의 어떠한 글(혹은 책)을 읽고 단군에 대한 인식을 새롭게 하고 대종교를 알게 된 것으로 판단할 수 있다. 이러한 판단을 가능케 해 주는 시대적 정황은, 육당이 단군과 관련된 글을 집중적으로 발표하는 시기가 1925년에서 1928년 사이라는 점이다. 그는 1925년 11월 16일 『동아일보』에 「개천절」이라는 사설을 시작으로 해서 1928년 11월5일 『신생(新生)』에 「개천절」이라는 글을 발표하기까지 수많은 단군 관련의 글을 내놓는다.23) 아마도 단암은, 비록 문화의 중심부에서 생활한 것은 아니지

---

22) 이용태, 「上六堂崔南善氏書」, 『文稿』, 같은 책, pp.519-520.
23) 「年譜」 『六堂崔南善全集』 15, 玄岩社, 1975, pp.277-278 참조.
　　이 시기에 최남선이 발표한 단군에 관한 대표적인 글들을 보면 다음과 같다.
　　1925. 11. 16, 「開天節」(동아일보사설).
　　1926. 2. 11~12, 「壇君否認의 妄」.
　　1926. 3. 3~7. 25, 「壇君論」(동아일보에 77회 연재).
　　1926. 7. 28~, 「白頭山觀參記」(동아일보에 연재).
　　1926. 11. 7, 「開天節」(동아일보사설).
　　1926, 「상달과 開天節의 宗敎的 意義」.

만, 이러한 육당의 글을 접하면서 단군신앙에 접하게 되었다고 할 수 있을 것이다.

한편 육당이 단암의 서한을 받고 어떠한 경로로 대종교를 소개했는지는 분명하지 않다. 다만 1927년 12월에 단암이 당시 대종교 남도본사의 중심 인물이었던 호석 강 우[24]에게 보낸 다음의 편지 내용을 통해 유추해 볼 수 있다.

> 다행하옵게도 우편을 통하여 존함을 받자와 읽고 난초 향기가 가득 차고 황홀한 기운이 몸을 감싸는 듯 하옵고 간절하고 두터우신 가르치심은 한 자리에 뫼시고 가르치심을 들음과 다름이 없사옵고 선생님께옵서 다다르심과 같아 기쁜 마음을 이길 길이 없사온데, 다시 엎드려 살피옵건대 섣달의 추위가 매우 심하오니 도체후 만강하옵시고 교당의 여러 형제님들도 모두들 평안하시온지 구구하온 마음을 걷잡기 어려워 오직 빌 따름이옵니다.[25]

물론 호석 강 우가 단암에게 보낸 편지가 남아 있다면 당시의 상황을 쉽게 판단할 수 있겠지마는 관련 기록들이 없는 것이 아쉽다. 까닭에 위의 내용으로만 추측하건대, 단암의 서한을 육당이 받고 육당은 단암에게 당시 경성의 대종교 남도본사의 중심인물이었던 강 우를 소개했을 가능

 1926. 12. 9~12, 「壇君께의 表誠」.
 1927. 8, 「不咸文化論」(日語로 발표).
 1927. 11. 11~12, 「開天節」(동아일보사설).
 1928. 1. 1~2. 28, 「壇君神典의古義」(동아일보에 39회 연재).
 1928, 「壇君神典에 들어 있는 歷史素」.
 1928, 「壇君及其研究」.
 1928. 8. 1~12. 16, 「壇君과 三皇五帝」(동아일보에 72회 연재).
 1928. 11. 5, 「開天節」('新生'사설).

24) 湖石 姜虞는 1909년 대종교가 중광할 당시부터 참여하여 대종교의 요직을 두루 거친 인물이다. 특히 그는 홍암 나 철과 마찬가지로 修行과 祈禱를 體行實踐했던 인물로, 1921년 겨울부터는 폐쇄되었던 대종교의 국내거점(남도본사)을 復設하고 책임을 맡기도 했다.
25) 이용태, 「答姜湖石虞書」, 『文稿』, 앞의 책, p.521.

성이 크다. 이러한 추측을 뒷받침하는 또 하나의 근거는, 육당 역시 1910년에 설립된 '조선광문회' 활동을 주도하면서 대종교의 중심인물들과 불가분의 관계를 맺는다. 당시 '조선광문회'에 참여한 중심인물들을 보면 최남선·박은식·류 근·김교헌·이인승·주시경·김두봉 등26)과 같이 대부분이 대종교 신자였다는 점이다. 까닭에 '조선광문회'를 대종교적 구국이념을 받드는 인물들이 중심이 된 '대종교공동체'로 지적하면서, 한국의 역사와 언어 및 전통을 중시하는 문화적 민족주의자들의 집합소로도 평가하는 것이다.27) 그러므로 최남선도 후일 만주 동경성을 찾아 단애 윤세복(당시 대종교의 교주)을 만난 자리에서 다음과 같이 고백하고 있다.

> 海外에서 큰 責任을 지고 계신 先生님(단애 윤세복 : 필자 註)을 이처럼 뵈옵고 보니 平素에 하고 싶던 많은 말씀은 다 간 데 없고 그저 惶感할 뿐입니다. 저도 일찍이 金茂園 宗師(김교헌 : 필자 註)와 柳石儂 先生(류 근 : 필자 註)의 傳統的 訓導를 받은 大倧敎 崇奉者이오나 外面으로는 佛敎信者로 행세하면서 檀君論을 世上에 文獻으로 밝히려는 一片丹心에서 全生涯와 力量을 다 바치려고 犧牲的·侮辱的 이용을 당하면서 또한 어떠한 의심을 받더라도 目的한 바 成功되는 날 저의 使命이 다 할 줄 압니다.28)

이것은 최남선이 평소에 가지고 있던 대종교적 신념을 드러내는 말로서, 육당이 당대의 대종교지도자였던 김교헌과 류 근의 가르침을 크게 받았음을 알려주는 것이며 육당의 대종교에 대한 애착을 확인할 수 있는 근거이기도 하다. 또한 단군연구를 통해 대종교 사업에 일조하고자 했던 육당의 심회를 엿볼 수 있는 부분이다.

---

26) 『每日新報』, 1915년 9월 16일자 참조.
27) 오영섭, 「朝鮮光文會硏究」, 『韓國史學史學報』 3, 韓國史學史學會, 2001.
28) 이현익, 「大倧敎人과 獨立運動淵源」, 『大倧敎報』(개천 4457년 가을호), 대종교 총본사, 2000, p.49.

한편 단암이 그 당시 대종교에 입교하면서부터 적극성(교단참여 및 연구)을 나타낸 것은 아니다. 앞에서도 암시된 바와 같이, 그는 대종교와 유교적 가치가 혼재된 반유반종적(半儒半倧的)인 삶으로 상당 기간을 보낸 듯하다. 이러한 판단은 그가 50세가 되는 1939년 10월15일에 경성의 경학원(經學院) 주최로 열린 전조선유도대회(全朝鮮儒道大會)에 군대표(郡代表)로 천거되어 참석하는 것을 보더라도 알 수 있다. 단암은 아이러니컬하게도 이 유교 행사에 참가했다가 실망하여 본격적으로 대종교 활동에 뛰어 들게 된다. 즉 반유반종의 삶에서 탈유매종(脫儒邁倧)의 삶으로 탈바꿈하는 것이다. 다음의 기록이 이를 확인해 준다.

> 10월 15일에 經學院 주최로 全朝鮮儒道大會를 개최함에, 郡으로부터 대표로 천거되어 상경하여 참석하였는데, 모든 논의가 대부분 순서와 질서가 없고 소위 儒林의 낡아빠진 모습을 형언하기 어렵더라. 그 길로 북만주행 길에 올라 동경성에 도착하여 대종교총본사에 들어가 외람되게도 단애도형(당시의 교주 윤세복: 필자 註)의 애호하심을 받고 經閣에 머물러 고락을 같이 겪으면서 天神大道(대종교: 필자 註)에 몸을 바친 것이 이 때로부터 시작되었다.[29]

그러므로 단암이 대종교의 교리연구를 본격화한 것도 그의 나이 50세 이후에 이루어졌다. 그가 남긴 수십 편의 대종교 교리연구의 글 중, 「천부경도석주해(天符經圖析註解)」와 「천부경도석여의(天符經圖析餘意)」 등을 제외한 모든 글들이 50세 이후에 쓰여진 것을 보더라도 알 수 있다.

이렇듯 단암 이용태는 그의 청년기인 1920년대의 초·중반까지 유교적 정서를 벗어나지 못한 평범한 향사(鄕士)였다. 그러던 그가 1920년대 후반에 들어 사회적 모순에 고민하다가 육당 최남선의 글을 접하고 스스로 대종교를 찾는 것이다. 그러나 상당 기간 유교적 가치를 완전히 떨치

---

29) 이용태, 「行年略記(己卯·1939年)」, 『文稿』, 앞의 책, p.1046.

지 못하고 유교와 대종교의 가치가 혼재된 삶을 산다. 그리고 1939년 이후 대종교적 신념을 확고하게 보여주면서, 적극적인 교단참여와 교리연구에 헌신하게 된다.

Ⅲ. 檀菴 宗教思想의 本質

단암의 종교사상은 한마디로 대종교사상이라 할 수 있다. 젊은 시절 유교적 정서 속에서 생활한 적이 있지마는 유교사상에 대해 본격적인 연구 및 집필을 한 것은 아니다. 그가 종교사상에 대해 적극적인 관심을 갖게 된 것은 대종교를 접한 후이며, 특히 50세 이후 만주 동경성 대종교총본사에서 생활하면서 본격화된다. 종교에 관한 그의 수많은 글이 1930년대 이후, 특히 1940년대를 넘어서 집중되고 있음이 이를 반증하는 것이다.[30] 그러므로 여기서는 대종교사상 속에서 성숙된 단암의 종교관을 통해 종교의 일반적 관점을 살펴보고, 나아가 신관과 진리관 그리고 수행관을 중심으로 전개하고자 한다.

---

30) 단암 이용태가 종교사상과 관련하여 쓴 글들을 연대별로 정리해 보면 다음과 같다.
　　1930년대 – 「天符經圖析註解」, 「天符經圖析餘意」, 「宗教說」, 「환·불本義를 同胞에게 訴함」
　　1940년대 – 「迷悟判途」, 「改過遷善」, 「大倧教란 어떠한 宗教인가」, 「大倧教는 朝鮮固有의 宗教다」, 「善福惡禍」, 「患難相救」, 「大倧教에 對하여」, 「大倧教에서 본 眞理」, 「開天節慶祝所感」, 「政治力과 感化力」, 「敬天愛人」, 「拘禁苦況」, 「政教略說」, 「修養圖說」, 「先後天圖說」, 「復衍三之三原圖」, 「誠修正養說」, 「倧道體系圖」, 「同證魔業圖」, 「天神圖」, 「信仰同異圖」, 「人神同樂圖」, 「衆人墮苦圖」
　　1950년대 – 「倧冠倧衣新案圖說」, 「天符經圖析註解序」, 「新文化는 東方에서 싹튼다」, 「大倧教에서 본 倫理의 概念」, 「宗教人은 正邪를 選擇하자」, 「聖地 摩尼山의 史的 考察」
　　1960년대 – 「檀君文化와 眞理問答」, 「修眞秘錄(三說一錄)」, 「福果眞訣」, 「先宗師의 理念을 再認識하자」
　　(이것은 앞의 책, 『文稿』에 실린 글들을 토대로 필자가 정리한 것임.)

1. 宗教觀

단암 이용태는 종교를 인류 역사와 기원을 같이한 것으로 파악하고,31) 종교를 인생을 주장하여 가르치는 교화라고 정의하고 있다.32) 먼저 그는 인간의 삶이 종교와 불가분의 관계를 갖고 있음을 말하면서, 인간을 종교적 인간(Homo Religiosus)33)에 가깝게 다음과 같이 접근시키고 있다.

> 人間으로써 古今을 通하여 信仰生活을 하지 않는 者 없으니, 原始時代나 現今이나 또 未來에도 同一하게 信仰生活은 繼續될 것이다. 哲學的이니 科學的이니 非科學的인 迷信이니 正信이니 할 것 없이 信仰은 信仰이니, …(중략)… 原始時代에는 天神・地神・日月星辰・山川・巨樹・奇巖怪石 等을 各各 對象으로 信仰하여 精誠을 다하면 信力의 眞假에 따라 報應을 받고 誠力의 厚薄에 따라서 成就되어 얻었었고, 中古 以後 現在까지도 無識層 特히 婦女들은 一貫的으로 繼續 信仰하여 오거니와, 所謂 知識層은 어떠한가? 神에 對한 信仰은 非科學的이라 하여 神에 對한 觀念을 理氣로 代置하고 直接 人間을 信仰하게 되어 東西洋을 通하여 有名한 聖人과 偉人들, 곧 釋迦・老子・孔子・耶蘇・소크라테스・마호메트 等을 爲始하여 共産社會에서는 레닌・쿠로포토킨까지, 또 其他各種 巫覡까지를 信仰하지 않는 者 그 몇 사람이며, 其他 陰陽・五行・卜筮 等 東洋的 術數信仰과 家族・黨派・團體 等 社會的 信仰이 없는 者 몇 사람이나 될 것인가?34)

---

31) 이용태, 「政敎略說」, 『文稿』, 앞의 책, p.368.
32) 이용태, 「大倧敎에 對하여」, 『文稿』, 같은 책, p.262.
33) 종교적 인간(Homo Religiosus)이라는데 주목한 학자는 멀치아 엘리아데(Mircea Eliade 1907~1986)이다. 엘리아데는 그의 저서 『聖과 俗—종교의 본질』을 통하여, 성스러운 것은 인류의 신화시대부터 전근대사회에 이르기까지 인류의 생존 전체에 나타난 종교적 가치이며 이러한 성스러움을 神聖顯現(Hierophanie)이라고 불렀다. 그러나 인류가 근대사회 이후에 그 모습을 감추려 하고 있다고 지적한다. 엘리아데는 바로 이러한 성스러운 현상을, 현대사회로 대표되는 세속적 세계와 대비시켜 '종교적 인간'이라는 가치로 부각시키려 했다[M. 엘리아데(李東夏譯), 『聖과 俗—종교의 본질』, 학민사, 1983, pp.11-16 참조].
34) 이용태, 「大倧敎란 어떠한 宗敎인가」, 『文稿』, 앞의 책, pp.241-242.

까닭에 단암은 인류세계에 종교가 없으면 인간은 동물과 다름이 없고, 인류의 최고 가치는 종교적 교화로써 인격을 완성해 가는데 있다고 이해한다.35) 또한 인간 이외의 동물은 선천적으로 지혜가 부족하여 어떠한 교육도 없다는 것이다. 그러나 인간은 윤리·정치·경제 및 모든 문화가 이러한 교화로 인하여 생활을 경영하고 질서를 유지한다고 말하면서, 만일 인간에게 인간다운 교화가 없으면 인간이라는 가치를 표현할 방법이 없다고 단언하고 있다.36) 아마도 단암의 이러한 주장은 대종교의 교리에 근거한 것이라 할 수 있는데, 「삼일신고(三一神誥)」 '진리훈(眞理訓)'의 서두에 나오는 다음의 내용과 밀접하다 할 것이다.

> 사람과 만물이 한 가지로 세 참함을 받나니, 가로되 성품과 목숨과 정기라. 사람은 온전[全]하고 만물은 치우치[偏]니라(人物同受三眞 曰性命精 人全之 物偏之).37)

즉, 인간은 하늘의 권능을 온전히 받았지마는 여타 만물은 그것을 치우치게 받았다는 말이다. 이것은 종교현상이 인간에게만 있을 수 있다는 근거와 함께, 단암의 위의 주장을 뒷받침하는 교리적 배경이 된다고도 할 것이다.

다음으로 단암은 비록 만 가지의 종교가 있어도 주장하는 바는 하늘이라고 말하고, 그 만 가지가 모두 다르더라도 돌아가는 바는 하나요, 만 가지의 법이 있다 하더라도 공경하는 바는 하느님[神]이라고 밝혔다.38) 또 다른 글에서는 다음과 같이 주장한다.

---

35) 이용태, 「政敎略說」, 앞의 글, p.368.
36) 이용태, 「大倧敎에 對하여」, 앞의 글, p.262.
37) 大倧敎倧經倧史編修委員會 編, 「三一神誥(眞理訓)」, 『譯解倧經四部合編(全)』, 大倧敎總本司, 1968, p.27.
38) 이용태, 「宗敎說」, 『文稿』, 앞의 책, p.203.

> 各 教門의 宗旨는 다르다고 하나 그 歸結點은 天神 하나로 歸着되니,
> 方法은 달라도 眞理는 하나인 것입니다.[39]

　이러한 만교일본적(萬敎一本的) 주장들은 단암의 대아적 종교관을 확인할 수 있는 대목으로, 대종교의 목적이 홍익인간이라고 단암 스스로 밝힌 바와 같이, 대종교의 교의(敎義: 홍익인간)와 부합되는 것이다. 그리고 대종교의 교리가 민족적이고 폐쇄적인 가르침이 아닌 인류적이고 개방적 가치라는 점과도 일맥한다. 또한 대종교단에 전래되어 오는 「봉교과규(奉敎課規)」라는 글 속에도 외국인이나 타종교의 교인도 동등하게 대하라는 대목이 발견되고[40] 대종교의 「오대종지(五大宗旨)」속에 포함되어 있는 '애합종족(愛合種族: 사랑으로 인류를 합할 것)'의 강령과 철저하게 부합되는 것이다. 더불어 대종교 중광교조인 홍암 나 철의 유시(遺詩)인 「중광가(重光歌)」에서도 이와 동일한 가르침이 발견된다는 점[41]에서 상충됨이 없음을 확인할 수 있다.

　또한 단암은 종교적 신앙에 있어 정신(正信: 올바른 믿음)을 철저하게 내세운다. 그는 모르고 믿는 것을 맹신(盲信)이라 하고 바르지 못한 믿음을 미신(迷信)이라고 규정했다.[42] 까닭에 그는 신앙의 자유 또한 정당한 믿음을 전제로 한 허용을 다음과 같이 주장한다.

---

39) 이용태, 「檀君文化와 眞理問答」, 『文稿』, 같은 책, p.839.
40) 「奉敎課規」, 『大倧敎重光六十年史』, 大倧敎總本司, 1971, pp.101-102 참조.
41) 「重光歌」는 대종교 중광 교조인 홍암 나 철이 순교하기 직전에 남긴 遺詩로써, 전체 52장(각장 4언시)으로 엮어진 홍암사상의 眞髓를 담은 기록이다. 이 글에서 홍암은 대종교의 내력과 교리·풍속 등을 간략하고 명쾌하게 보여줌으로써, 대종교를 연구하려는 많은 식자들에게 절도있는 방향을 제시하고 있다. 특히 이 글에 나타나고 있는 萬敎一源·萬敎合一의 정신과 一體愛合·天民同樂의 가치는 홍익인간의 진정한 의미가 무엇인가를 보여준다는 점에서 주목된다.
　　(나 철, 「重光歌」, 『大倧敎重光六十年史』, 앞의 책, pp.223-245 참조)
42) 이용태, 「信仰의 必要性」, 『文稿』, 앞의 책, p.837.

> 一般的인 自由와 마찬가지로 信仰의 自由도 正當의 自由가 許容된 것
> 이지 迷信과 邪信을 許容한 것은 아니다. 眞正한 信仰은 永久히 全世界
> 를 包容施展할 것이나, 邪曲한 信仰은 霎時的 小數의 攝取로 幻滅이 卽
> 至하니, 信仰하는 사람이 操心할 바 크다.[43]

이러한 주장은 변태적 신앙에 강요당하거나, 혹세무민으로 믿음을 왜곡시키는 현금 일부의 신앙행태에도 시사하는 바 크다.

그러므로 단암은 정신(正信)의 첩경으로, 성신감응(誠信感應)을 전제로 한 네 가지의 다음 요건을 내세운다. 먼저 심신안정(心身安靜)으로 괴로움을 벗어야 한다는 것이고, 다음으로 근로(勤勞)의 소신을 통해 육체를 함양해야 함을 강조하는 것이다. 그리고 선복악화(善福惡禍)에 따른 후대의 인과응보를 경계하고, 끝으로는 진리자각(眞理自覺)을 통해 인간 계몽에 힘써야 한다고 권하고 있다.[44]

나아가 단암은 종교와 더불어 정치의 중요성을 누구보다도 강조하는데, 그는 정치가 인민을 지도하는 것이라면 종교는 감화를 통하여 교화하는 것이라고 말한다. 그리고 정치의 후원 없이는 종교가 발전하기 어렵고 종교의 감화력이 아니면 완전한 정법(政法)의 시행과 민중의 평화를 기하기 어렵다고 밝혔다. 특히 그는 종교적 감화력이야말로 인류평화의 기초이며 인격완성에 미치는 신앙의 힘은 절대적이라고까지 주장했다.[45]

한편 단암은 대종교를 종교 가운데 종교라고 주장하면서, 대종교의 가르침이 천지자연의 바른 진리로서 만고에 바뀔 수 없는 대도(大道)이며, 인물이 본시부터 받은 바른 길에 대한 가르침이 대종교이고, 그것은 동서양을 통해 처음 열린 교화로서 유일무이한 대법(大法)이라고 생각했

---

43) 이용태, 「宗教人의 正邪를 選擇하자」, 『文稿』, 같은 책, p.329.
44) 이용태, 「檀君文化와 眞理問答(信仰의 必要性)」, 앞의 글, pp.837-838 참조
45) 이용태, 「政教略説」, 앞의 글, pp.379-380 참조

다.[46] 그의 이러한 인식은 이신설교(以神設教)의 주체가 단군이고, 삼신일체의 신도(神道)가 종교의 기원이며 교화의 기본이라는 또 다른 그의 논리[47]에 근거를 둔 듯하다. 그의 신도(神道)에 대한 다음과 같은 인식이 이를 뒷받침한다.

> 有史以前에도 神道 뿐이요 有史以後에도 오직 神道뿐이나, 한배검께서 化降하시기 以前에는 人間이 妄途에 迷沈하여 깨닫지 못하였고 한배검께서 化降하신 以後에는 九夷의 種族이 모두 한배검의 敎化를 받아서 地域的으로 다 神化를 發展시킨 바이므로, 오늘날 世上에 二十億이 넘는 人間들이 모두 倧道(神道와 동일 : 필자 註) 중에서 生活하면서도, 그 道의 根源을 仔細히 알지 못할 뿐이며 이 倧道가 半萬年에 걸친 長久한 歷史를 가졌으나, …(후략)…[48]

더불어 종교적 교화의 이념을 그는 홍익인간의 이념을 펴는 것과 동일하게 이해했다. 즉 홍익인간이란 단군강세의 이념으로써 천하를 이치로 다스리는 의미라고 말하는 것이다. 또한 이러한 감화에 귀화하는 무리가 저자거리의 장꾼과 같아 신시(神市)라 일컫게 되었다고 설명하기도 한다.[49]

2. 神 觀

단암 이용태의 신관념(神觀念) 역시 대종교의 교리에 근거를 둔다. 먼저 그는 신의 의미와 권능에 대하여 다음과 같이 말하고 있다.

> 宇宙間에 萬物이 있으면 반드시 그 主宰가 있고, 主宰함이 있으면 반드시 그 智能이 있을 것이다. 그러므로 그 萬物의 背後에서 大自然을 主

---

46) 이용태, 「宗教說」, 『文稿』, 앞의 글, p.205 참조.
47) 이용태, 「檀君文化와 眞理問答」, 『文稿』, 같은 책, p.835.
48) 이용태, 「敬天愛人」, 『文稿』, 같은 책, pp.291-292.
49) 이용태, 「檀君文化와 眞理問答」, 앞의 글, p.836.

宰함을 일컬어 神이라 이름하고 智能을 말하여 三大라 하니, 三大는 곧 德과 力과 慧를 가리킴이다.50)

　그는 신을 대자연의 주재자로 보고 덕·혜·력을 신의 권능으로 파악하는 것이다. 또한 단암은 신의 무한한 인자(仁慈)의 덕에 의해 만물이 생성되었으며, 무량한 광명의 지혜를 품수하여 만물의 지각운동이 이루어졌고, 하염없는 힘의 지배에 의하여 만물의 생존변환이 나타난다고 하였다. 그리고 없음에서 있음이 나타나고 있음이 다시 없음으로 환언함은 인간과 만물이며, 그러한 유무생환을 주재하는 전능자를 신으로 본 것이다.51) 이것은 대종교경전 「삼일신고」 '신훈(神訓)'에 나타나는 신관념에 철저하게 기초하고 있음이 확인된다.52) 또한 서 일이 덕·혜·력을 하느님의 본능으로 파악하고 우주를 창조하는 원동력으로 이해한 것과 동일하다.53)

　한편 단암은 신이 만물을 만드는[生] 이치를 다음의 논리로 제시하고 있다. 즉 신은 신령함[靈]이요 신령함은 빈 것[虛]이라 했다. 그리고 빈 것은 곧 하늘이요 하늘은 곧 이치[理]라고 말한다. 나아가 이치는 아득함[玄]이요 아득함은 곧 오묘함[妙]이며, 그 오묘함이 바로 낳음[生]이라는 것이다.54) 그리고 또 다른 글에서는 하늘을 허공체(虛空體)로 보고, "無言無爲이나 盡在盡容이며, 神도 無形無質한 照靈體로 無言無爲이

---

50) 이용태, 「善福惡禍」, 『文稿』, 같은 책, p.251.
51) 같은 글, pp.251-252 참조.
52) 「三一神誥(神訓)」, 『譯解倧經四部合編(全)』, 앞의 책, p.17.
　　[原文] 神在無上一位 有大德大慧大力 生天 主無數世界……(하느님은 그 위에 더 없는 으뜸 자리에 계시사, 큰 덕과 큰 슬기와 큰 힘을 가지시고 하늘을 내시며 수 없는 누리를 주관하시고……)
53) 서 일, 「會三經(三神-講)」, 앞의 책, p.114.
54) 이용태, 「隨感錄(上)」, 『文稿』, 앞의 책, p.769.
　　[原文] 神是云何 曰靈 靈是云何 曰虛 虛是云何 曰天 天是云何 曰理 理是云何 曰玄 玄是云何 曰妙 妙是云何 曰生.

나 主宰萬有하여 創造・活動・統治의 實積이 顯著하다. 唯物論者들은 大自然으로 名稱하고 神을 否認하나, 大自然을 自然케 함이 누구이며 무엇이냐?"[55]라고 밝힘으로써, 천리(天理)와 신리(神理)를 동일 개념으로 파악하고 있다.[56] 이러한 인식은 그가 직접 주장한 다음의 구절을 보면 확실해진다.

天道와 天理는 모두 神道와 神理를 가리킴이다.[57]

아마도 이러한 주장의 배면에도, 앞에서 언급한 「삼일신고」 '신훈'의 내용과 '천훈(天訓)'의 가르침,[58] 그리고 홍암 나 철의 「신리대전(神理大全)」의 논리가 깔려 있는 것으로 이해할 수 있다. 「삼일신고」의 가르침을 보면, 하늘은 우주 그 자체이면서, 지대(至大)의 팽창과 지미(至微)의 축소를 동시에 행하고 이공(理空)과 체허(體虛)의 묘역(妙域)으로써 무소부재(無所不在)의 물상(物像)으로 항존(恒存)하는 것이다. 특히 「신리대전」의 "하느님의 도는 모습없이 모습하며 말씀없이 말씀하며 행함없이 행하나니, 모습

---

55) 이용태, 「新文化는 東方에서 싹튼다」, 『文稿』, 같은 책, p.311.
56) 한국종교사에서도 天과 神을 동일한 의미로 이해한 경우가 많다. 이것은 중국의 天신앙과 우리의 하느님 신앙이 커다란 알력 없이 일치 된 것과 연관된다. 즉 고대 우리 선인들이 天과 道, 그리고 인격성이 강한 帝를 동일한 의미로 바라보 았다는 것과 밀접하다는 것이다. 도교적 제례인 靑詞에 나타나는 天도 한국과 중국에서 공유되어온 전통적 最高神으로 보아도 무방하다는 논리도 이를 뒷받침 한다(김승혜, 「≪東文選≫ 醮禮靑詞에 대한 宗敎的 考察」, 『道敎와 韓國思想』, 韓國道敎思想硏究會, 1987, pp.118-119 참조). 또한 C. G. 융도 道를 神으로 번 역하는 것에 일리가 있음을 밝힘으로써, 道와 帝가 동일체라는 의미에 동조하고 있다(이부영, 「老子의 ≪道德經≫을 中心으로한 C. G. Jung의 道槪念」, 『道敎 와 韓國思想』, 같은 책, p.226 참조).
57) 이용태, 「善福惡禍」, 앞의 글, p.252.
58) 「三一神誥(天訓)」, 『譯解倧經四部合編(全)』, 앞의 책, p.13.
　　[原文] 蒼蒼非天 玄玄非天 天無形質 無端倪 無上下四方 虛虛空空 無不在 無 不容(푸른 것이 하늘 아니며 가마득한 것이 하늘 아니니라. 하늘은 얼굴과 바탕 도 없고 처음과 끝도 없으며, 겉도 속도 다 비고 어디나 있지 않은 데가 없으며 무엇이나 싸지 않은 것이 없느니라.)

함에 힘입어서 나지 않음이 없고 말씀함에 힘입어서 되지 않음이 없고 행함에 힘입어서 이루지 않음이 없느니라.(神道 無形形 無言言 無爲爲 形而 莫不資生 言而莫不資化 爲而莫不資成)"라는 기록59)은 신도의 삼일철학적 의미를 가장 극명하게 나타낸 것이라 할 수 있다.

또한 「삼일신고」 '천궁훈(天宮訓)'에 언급되는 "하늘은 하느님의 나라라, 하늘집이 있어 온갖 착함으로 섬돌하고 온갖 덕으로써 문을 삼았느니라(天神國有天宮 階萬善 門萬德)"60)라는 기록을 통해, 대종교에서의 천(天)과 신(神)의 관계가 내포적으로 일치함을 암시하고 있다. 즉 단암이 말하는 신성분자(神性分子) 또한 하늘과 같이 무소부재할 수 있음을 나타내는 것이다. 이것은 앞에서도 언급했지마는 '인간과 만물이 하늘의 본성(필자는 이것을 '神性分子'와 동일시 하고자 함)을 동일하게 받는다'는 대종교의 교리관61)으로도 뒷받침된다. 다만 인간은 하늘의 본성(신성분자−성·명·정)을 온전하게 받으나 만물은 치우치게 받는다는 차이가 존재할 뿐이다. 따라서 인간이나 만물도 초월적 신성을 내재화시키고 있음을 알 수 있고 그 신성 발현을 완전과 불완전의 차이는 있으나 창발적으로 진행시킬 수 있다는 말이 된다.

단암 혹은 대종교의 위와 같은 신관념은 유일신이나 범신론적인 가치를 넘어 범재신론(汎在神論 Panenthiesm)62)에 가깝다고 할 수 있는 것으로,

---

59) 나 철, 「神理大全(神道)」, 『譯解倧經四部合編(全)』, 앞의 책, pp.58−60.

60) 「三一神誥(天宮訓)」, 같은 책, p.20.

61) 註 37) 참조.

62) 汎在神論(Panenthiesm)의 어원적 의미는 그리스어에서 찾아볼 수 있다. 그리스어로 'pan'이란 '모든 것(汎)'을 뜻하고, 'en'이란 '속에 있다(在)'라는 의미이며, 'theism(神論)'은 神을 뜻하는 테오스에서 유래된 말이다. 한편 범재신론이라는 용어를 처음 사용한 학자는 A.N. 화이트헤드의 영향을 받은 C. 하스혼(Charles Hartshorne)이다. 하스혼은 과정신학을 체계화한 인물로서 범재신론을 인류 고등종교의 최고단계에서 나타나는 신관념으로 보았다. 또한 그는 전통신학의 신관념을 거부하고 '이중적 초월의 원리'를 제시한다. 즉 하느님이라는 존재는 절대와 상대, 유한과 무한, 시간과 영원, 우연과 필연, 육신과 영혼 등의 양극적 성격을 지닌다는 것이다(찰스 하스혼(홍기석·임인영 外 옮김), 『하나님은 어떠한 분이신

이러한 신관념에서의 신은 초월적이면서 내재적이라는 지적[63]을 보면 더욱 확실해진다. 이것은 단암이 인간의 정신이 우주를 주재하는 하느님의 일분자(一分子)라고 내세우면서,[64]

> 사람도 다 各己 神의 一分子이므로 子孫을 繁殖하고 物件을 創作하는 덕[德]이 있고 子孫을 敎訓하며 鳥獸를 길들이는 슬기[慧]가 있고 産業을 增進하며 生活을 維持하는 힘[力]이 있다.[65]

라고 주장함을 보더라도 알 수 있다. 한 마디로 인간이 하늘 혹은 신의 능력을 부릴 수 있다는 의미다. 「삼일신고」 '신훈'의 다음 기록을 보면 초월과 내재가 조응되는 대종교의 신관이 더욱 확실해진다.

> 하느님은 그 위에 더 없는 으뜸 자리에 계시사, …(중략)… 원해도 친히 나타내 보이지 않으시지만 스스로의 본성에서 하느님의 씨알을 찾아보라 너의 머릿속에 내려와 계시느니라(神在無上一位…(中略)…絶親見 自性求子 降在爾腦).[66]

지배하고 군림하며 단절되어 있는 하느님이 아니라, 초월과 내재가 공존하며 대화하는 하느님의 모습이 우리 고유의 하느님이며 단암의 하느님이다.[67] 이것은 테이야르 드 샤르댕(1881~1955)이, 단순히 신을 보는

가』, 한들, 1995, pp.72-79 참조). 한편 한국 기독교계에서도, 일찍이 다석 유영모와 같은 인물들이 찾고자 한 신관념이 이러한 범재신론과 흡사했다는 주장도 흥미를 끈다(김경재·김상일 편저, 『과정철학과 과정신학』, 전망사, 1988, pp.175-176 참조). 특히 이러한 신관념은 대종교의 신관 속에 이미 체계화된 논리로 제시되고 있다는 점에서 향후 본격적인 연구가 기대되는 부분이다.

63) 김경재·김상일 편저, 『과정철학과 과정신학』, 앞의 책, p.171.
64) 이용태, 「新文化는 東方에서 싹튼다」, 앞의 글, p.311.
65) 이용태, 「政敎略說」, 앞의 글, p.375.
66) 「三一神誥(神訓)」, 『譯解倧經四部合編(全)』, 앞의 책, p.17.
67) 근자에 들어 한국의 기독교단 내에서도 종교다원주의를 추구하는 학자들을 중심으로 범재신론에 대한 관심이 고조되고 있다. 즉 절대자로서의 하느님·초월자

정도가 아니라 신이 자신을 감싸고 속으로 스며오도록 자신을 내맡겨야
한다고 말한 것과 의미 상통하는 것이다.[68] 이러한 범재신론은 초월을
부정하고 내재만을 내세우는 범신론(Panthiesm)과는 다른 것으로, 하느님이
만물에게 품수한 삼진(三眞 : 性·命·精)을 토대로, 인간과 끝없이 교감하
고 자연과도 하염없는 진화관계를 유지해 가는 논리를 제공하기도 한다.
카톨릭 신부였던 샤르댕이 간절하게 외쳤던 다음의 확신은, 서구의 종교
가 갈망하는 신관이 무엇인가를 분명하게 드러내 준다.

> 상승 방향의 신앙이 초월 쪽으로 향하고, 앞으로 밀어주는 신앙이 내재
> 쪽으로 향하게 하는 새로운 신앙. 땅의 모든 강렬한 열정들이 神化함으로
> 써 서로 결합하게 하는 새로운 愛德. 이 방향이 아니면 쇠진할 수밖에 없
> 는 절박성을 가지고 세계가 애타게 기다리고 있는 것은 바로 이것임을 나
> 는 지금 보았고 그것은 언제까지나 변치 않을 것이다.[69]

또한 이것은 초월과 내재가 고립·단절된 일(一)도 아니요, 대립·갈
등하는 이(二)도 아니며, 조화·공존하는 삼(三)의 논리로써, 범재신론 또
한 삼일철학의 선상 위에서 해석될 수 있음을 보여주는 것이다. 『주역
(周易)』에서도 음양을 측량할 수 없는 존재가 신(神)이라고 한 것이나,[70]

로서의 하느님·隔絶者로서의 하느님이 아니라, 상대·내재·교감하는 하느님
의 모습을 발견하고자 하는 노력이다. 이러한 하느님에 대한 관념의 변화는 절대
유일신적 신앙에 훈련된 전통 기독교인들에게는 놀라움을 넘어 충격으로도 비춰
진다. 마커스 보그가 밝힌 바와 같이 그것은 일찍이 '우리가 경험하지 못한 하느
님'이요 '내가 한 번도 안 적이 없었던 하느님'이며 '새로 만난 하느님'이기 때문
이다(마커스 보그(한인철 옮김), 『새로 만난 하느님』, 한국기독교연구소, 2001 참
조). 한편 이와 같은 전통적 기독교의 신관념, 즉 절대자로서의 하느님·전지전
능자로서의 하느님·영원불멸자로서의 하느님·완벽자로서의 하느님에 대한 C.
하스혼의 비판도 주목을 끈다[찰스 하수혼(홍기석·임인영 外 옮김), 『하나님은
어떤 분이신가』, 앞의 책, pp.15-72 참조].
68) 테이야르 드 샤르댕(이병호 옮김), 『물질의 심장』, 분도출판사, 2003, p.102.
69) 같은 책, p.103.
70) 『周易』, 繫辭上傳.
　(原文) 生生之謂易 成象之謂乾 效法之謂坤 極數知來之謂占 通變之謂事 陰陽不

신(神)은 방소(方所)가 없음을 말한 것도 유사한 맥락에서 이해할 수 있다.[71] 또한 서 일이 천지화합에 의해 나타나는 신성분자(성·명·정)를 "하늘과 땅이 이치로써 서로 느끼어[感] 만물이 성품[性]을 받고, 하늘과 땅이 기운으로써 서로 숨쉬어[息] 만물이 목숨[命]을 얻으며, 하늘과 땅이 고동[機]으로써 서로 부딪혀서[觸] 만물이 그 정기[精]를 타게 된다."[72] 는 이치로 설명한 것도 참고할 만하다. 기독교도로서 전통적 기독교 신관을 부정했던 다석 유영모가 외친 다음의 신관념도 우리에게 시사하는 바가 적지 않다.

> 신이라는 것은 어디 있다면 신이 아니다. 언제부터 있었다고 하면 신이 아니다. 언제부터 어디서 어떻게 생겨 무슨 이름으로 불려지는 것은 신이 아니다. 상대 세계에서 하나라면 신을 말하는 것이다. 절대의 하나는 신이 다. 그래서 有神論이라고 떠드는 소리가 무엇인지 모르겠다. 무엇이 있는지 없는지를 알고 있는지 모르겠다.[73]

그러므로 단암은 인류의 기원을 말함에 있어서도 창조론이나 진화론이 아닌 독특한 신화론(神化論)을 다음과 같이 주장하고 있다.

測之謂神
71) 같은 책.
   (原文) 範圍天地之化而不過 曲成萬物而不遺 通乎晝夜之道而知 故神无方而易无體
72) 서 일, 「會三經(三神)」, 앞의 책, p.123.
   (原文) 天地 以理相感而萬物 稟其性 天地 以氣相息而萬物 稟其命 天地 以機相觸而萬物 稟其精
73) 유영모, 『多夕語錄-죽음에 생명을 절망에 희망을』, 홍익재, 1993, p.98.
   다석은 하느님은 없다고 말한 인물이다. 그리고 하느님을 모른다고 말한 사람이 다. 그러나 사람이 머리를 하늘에 두고 사는 것을 아는 까닭에 사람의 마음이 절대를 그린다는 것이다. 그리고 이 사실을 알기에 하느님을 믿는다고 말했다. 그러므로 우리 마음이 흠모하는 거룩한 존재, 그 거룩한 존재를 다석은 하느님이 라고 불렀다.
   (강돈구, 「유영모 종교사상의 계보와 종교사상적 의의」, 『동양사상과 신학』, 솔 출판사, 2002, p.355 참조)

　　人類의 起源을 普通 動物의 進化니 變化니 하고 說明하는 것이 通說
이나, 나는 各地域에 原始的인 神으로 化한 特殊動物로서 各各 繁殖되
었다고 主張한다. 萬物의 創造를 神이 하셨으니 神化가 分明하고 사람의
能力이 神과 同一하니 神化가 分明하다. …(중략)…
　　人類의 精神이 곧 天神의 神이며 生命이 있는 普通動物의 神도 亦是
神의 一分子이나, 普通動物들은 三眞(性・命・精: 필자 註)이 具備치 못
하고 人間만이 三眞을 具備한 關係로 靈長이 되는 것이다.[74]

　이것은 조물(창조)과 피조물(피창조)로 철저하게 단절된 창조론의 독단
도 아니요, 인간과 자연의 계급론을 전제로 우열관계・지배관계로 나타
나는 진화론을 넘어설 수 있는 가능성을 제시하는 것이기도 하다. 또한
인간이 만물의 영장이 되는 이유와 종교적 동물이 될 수밖에 없는 까닭
에 대해서도 언급했다. 즉 성・명・정이 종교적 완성을 위한 필요충분
조건이 됨을 말한 것으로, 신과 인간과 여타사물의 관계에 대해 서 일
의 논리[75]를 도식화한 다음의 [표 1]을 보면 더욱 수긍이 간다.

[표 1]

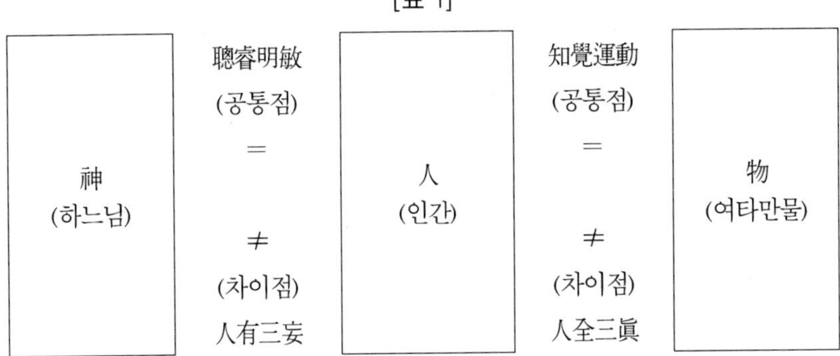

─────────────

74) 이용태, 「新文化는 東方에서 싹튼다」, 앞의 글, p.314.
75) 서 일, 「會三經(三神)」, 앞의 책, p.125.
　　(原文) 聰睿明敏　人神無二　人有三妄　是故　或迷　知覺運動　人物無間　人全三眞
　　是故　能悟

이러한 논리에서는 하느님과 인간과 자연 사이에서 지금도 끝없는 신화가 지속되고 있다고 할 수 있다.[76] 그리고 인간도 삼망(三妄)을 버리면 하느님과 하나가 될 수 있고 삼진(三眞)을 망각하면 동·식물만도 못할 수 있음을 일깨워준다. 그 연결 고리가 바로 단암이 말하는 신성분자(神性分子)로 나타나는 것이다. 이것은 "신은 절대적으로 풍부한 가능태의 무제한적인 개념적 실현(conceptual realization)으로, 모든 창조에 앞서 있는 것이 아니고 모든 창조와 더불어 있다."라는 A. N. 화이트헤드의 주장[77]과도 일치하고 있음이 발견된다. 또한 화이트헤드는 "창조성(Creativity)[78]은 그 피조물을 떠나서 무의미하며, 신은 그 창조성과 시간적 피조물을 떠나서 무의미하고, 시간적 피조물은 창조성과 신을 떠나서 무의미하다."고 함으로써,[79] '계속되는 신화'를 뒷받침하고 있다. 우리를 위해서는 태어나는 것

---

76) 신과 자연(혹은 물질)과의 관계에서 나타날 수 있는 神化의 작용문제 또한 새로운 화두다. 단순한 물리학적 관점에서의 자연작용은 에너지의 질적 쇠퇴, 즉 시간의 흐름에 따른 무질서로만 진행된다는 것이다. 그러나 이러한 열역학 제2법칙(엔트로피법칙)도 근자에 들어 상당한 의문을 던져 준다. 현대의 양자물리학계에서 깊이 연구하면 할수록 물질의 본질이 무엇인가를 혼돈하게 된다는 것이 그것을 암시한다. 즉 현대 첨단과학의 끝이 물질이 아닌 정신으로 회귀하고 있다는 증거가 될 수 있다. 우리에게 『물질의 심장』과 『인간의 현상』으로 널리 알려진 피에르 테이야르 드 샤르댕이 지적한 바와 같이 물질의 진화가 엔트로피 법칙에 대항할 수 있는 이유는 사물 속에 '얼(정신: Esprit)'[본문의 논리로 본다면 神性分子와 통하는 것임: 필자 註]이 존재하기 때문이라는 주장에 주목할 필요가 있다.

77) A. N. 화이트헤드(오영환 譯), 『과정과 실재(Process and Reality)』, 민음사, 1991, p.591.

78) A. N. 화이트헤드는 인격적인 神이 스스로 어떤 특정 성격을 가지게 된다면, 그 특성으로 인해 장애를 받게 됨으로, 그 신은 이미 이 세상에 대하여 완전한 존재가 되지 못한다고 말한다. 따라서 모든 존재가 가지고 있는 '제 자신만의 특징이 없는(without a specific charactor of its own) 존재자체'를 그는 인격적인 신과 구별하여 비인격적인 '창조성Creativity'이라 명명했다. 한편 화이트헤드에 있어서의 창조성은 우주의 밑바닥에 놓여 있는 궁극적인 에너지로서 부분이 전체가 되고 전체가 다시 부분이 되는 작용을 특성으로 한다. 이것은 전포괄적이며 그 자체가 만물 속에 나타나지 않으나 만물의 근저가 되어 작용하는 작용 그 자체를 지칭한 M. 하이데거의 대존재(Being)의 의미와 비슷한 것으로, 이 또한 대종교의 삼일철학의 논리와 유사하다는 점에서 주목된다.

79) 같은 책, p.410.

을 결코 멈추지 않는 하느님, 우리의 경배를 위해 진화의 추진자이며 동시에 진화하는 분으로서 자신을 제시하는 하느님이라고 찬양한 샤르댕의 기도도 다를 바가 아니다.[80] 또한 '진화를 통한 창조'를 옹호하면서, 신도 진화한다고까지 주장한 C. 하스혼의 다음과 같은 논리도 이러한 내용과 일맥하는 것이다.

> 신에게 있어서도 실재는 계속 발달하고 인간에게서와 마찬가지로 신에게 있어서 그 발달의 끝은 아직 오지 않았다. 실제로 인류의 마지막이나 우주의 마지막이 있을지라도 신과 피조물의 관계는 끝이 없을 것이다. …(중략)… '세계가 없는 신'은 터무니없는 생각이라는 말은 신이 아니면서도 영원한 개체가 있다는 것을 의미하지는 않는다. 세계는 개체들로써 이루어진다. 그러나 물리적·공간적 전체로서의 그 개체들의 종합은 신의 몸이며, 신의 몸의 정신이 곧 신이다. 따라서 신과 경쟁할 수 있는 영원한 개체는 없다. …(중략)… 따라서 어떤 의미에서는 신도 진화한다. 그러나 분명히 초월적이고 신적인 의미에서이다.[81]

3. 眞理觀

단암 이용태의 진리관 역시 대종교의 삼일철학(三一哲學)에 철저하게 기반을 두고 있다. 대종교의 교리체계가 일(一)·삼(三)·삼(三)·일(一)의 원리, 즉 일이분삼(一而分三)·회삼귀일(會三歸一 혹은 執三合一)의 이치로 엮어져 있다는 사실이다. 이것은 대종교의 주요경전인 「천부경」이 '一始無始一 析三極 …(중략)… 人中天地一 一終無終一'로 쓰여진 바와 같이 삼일철학의 원리로 짜여져 있을 뿐만 아니라, 「삼일신고」와 「신리대전(神理大全)」, 그리고 「회삼경(會三經)」·「삼법회통(三法會通)」 등이 모두 일(一)·삼(三)·삼(三)·일(一)의 원리에 의해 운용되고 있음이 이를 뒷받침한다. 그러므로 삼일신사상(三

---

80) 테이야르 드 샤르댕(이병호 옮김), 『물질의 심장』, 앞의 책, p.111.
81) 찰스 하스혼(홍기석·임인영 外 옮김), 『하나님은 어떤 분이신가』, 앞의 책, pp.131-132.

一神思想)이야말로 대종교사상의 핵심이라 는 주장82)도 이러한 이치에서 성립되는 것이다. 단암의 진리관은 다음의 글귀에 잘 요약되어 나타나 있다.

> 大倧敎의 眞理는 三一이다. 곧 一生三하고 歸三一함으로 一神께서 造化로써 天·地·人을 낳으심에, 天·地·人의 最後에 다시 神의 자리로 돌아간다는 말이다. 無形한 자리에서 有形한 三極이 되고 도로 無形한 根本으로 돌아감이 三極一本이요, 一神께서 敎化로써 性·命·精을 賦與하심에 인물은 다시 心·氣·身으로 變遷하였다가 다시 性·命·精을 모아 一神께 돌아감이 三眞歸一이요, 一神께서 治化로써 萬物에게 能力과 權技를 주어 相殺相害의 弊가 없이 고루 살게 하신 바 萬物은 神生·體生·均生의 三生一致로 報本의 길을 다함이니, 神의 主體는 一이나 用은 造化·敎化·治化의 三이니, 이것을 分三合一 즉 三神一體라고 神의 자리를 말하고 人間的으로는 君도 되고 師도 되고 父도 되시니 三宗一統이라고 神人의 大本을 말하고, 敎法으로는 儒家의 率性과 仙家의 鍊性과 佛家의 見性을 竝行하니 三敎包一이라 하고, 敎法은 一로써 三을 起하여 萬으로 變하고 萬으로 化하되 마침내는 一에 歸하니 쌓여서 無限한 것이 一이요 나누어서 無盡한 것이 三이라, 一이 三이 되고 三이 九가 되고 九가 마지막 얻은 數가 八十一인 故로 三用一體가 宇宙萬有의 眞理가 되느니라.83)

이 글에서 단암은 대종교의 진리를 삼일이라고 단정하며 시작하고 있다. 이러한 단정의 배경에는 대종교 중광조인 홍암 나 철이 대종교의 근원이 삼일(三一)임을 밝힌 것84)과 "대종의 이치는 삼일일 뿐이다.(大倧之理 三一而已)"85)라고 천명한 것과 직결된다.

이러한 이치를 토대로 단암은 일신에서 만유(萬有)가 운용되고 다시 일신의 근본 자리로 돌아가는 삼극일본(三極一本)의 조화원리를 밝힘과 함

---

82) 이을호, 「韓國傳統思想의 現代的 理解」, 『韓中傳統思想學術會議論文集』, 韓中文化協會, 1978, pp.48-49 참조.
83) 이용태, 「大倧敎란 어떠한 宗敎인가」, 앞의 글, pp.239-240.
84) 나 철, 「慶賀辭」, 『대종교중광육십년사』, 앞의 책, p.172.
85) 나 철, 「神理大全(神敎)」, 앞의 글, p.65.

께, 하느님이 품수하신 삼진(三眞: 성·명·정)을 온전히 하여 하느님께 돌아가는 삼진귀일(三眞歸一)의 교화진리를 설명함은 물론, 하느님의 권능을 삼생(三生)의 이치로 고루하여 일신보본(一神報本)하는 삼생일치(三生一致)의 치화이치를 제시하고 있다. 또한 하늘에 있어서는 조화·교화·치화의 삼신일체의 권능으로 자리하고, 인간에 있어서는 신인(神人)으로서 군·사·부의 삼종일통(三宗一統)으로 나타남을 말하는데, 이것은 홍암 나 철의 신리(神理)86)를 그대로 수용하고 있는 것이다.

한편 단암은 위의 인용문에서 대종교의 사상이 삼교합일적 성격을 띠고 있음을 수행적 측면에서도 설명하고 있다. 즉 유교의 수신(修身)을 통한 솔성(率性: 대종교의 수행으로 본다면 禁觸法)과 도교의 양기(養氣)를 통한 연성(鍊性: 調息法) 그리고 불교의 명심(明心)을 통한 견성(見性: 止感法)이 대종교의 교법 속에 포함되어 있다는 것이다. 이것은 물론 『삼국사기』 「신라본기」 '진흥왕 37년'의 기록에 나타나는 고운 최치원의 「난랑비서(鸞郎碑序)」의 현묘지도(혹은 풍류도)와 일맥하는 것으로, 이 또한 나 철의 주장87)과도 접맥된다고 할 수 있다.

단암은 또한 대종교의 삼일철학을 수리적 운용을 통하여, 일(一)이 곧 삼(三)이요 삼이 곧 구(九)이며 구가 곧 만유무진(萬有無盡)의 원리인 팔십일(八十一)로 완성되고, 다시 일로 돌아가 질서순행(秩序循行)을 계속하는 것을 삼용일체(三用一體)의 진리라고 말한다. 이것은 대종교의 체경(體經)이라 할 수 있는 「천부경」의 이치와 철저하게 부합되며 용경(用經)으로 나타나는 「삼일신고」의 운용질서와도 유관하다. 그러므로 단암은 「천부경」을 설명함에 있어서도 「삼일신고」와 연결시켜, 다음 [표 2]와 같이 해석하고 있는 것이다.88)

---

86) 나 철, 「神理大全(神教)」, 『譯解倧經四部合編(全)』, 앞의 책, p.64.
  [原文] 天之三神 人之三宗 其義一也.
87) 나 철, 「樂章文」, 『大倧教重光六十年史』, 앞의 책, p.191.
  [原文] 主宰唯一이나 作用有三이로다. 眞理微妙하시니 萬有包涵이라.

[표 2]

天符經原文	三一神誥連結解釋內容
一始無始一	'一神在無上一位'를 증명함
析三極無盡本天一一地一二人一三	'人物同受三眞'을 증명함
一積十鉅無匱化三天二三地二三人二三	'三妄着根'을 증명함
大三合六	'眞妄相對'를 증명함
生七八九運三四成	'作三途轉成十八境'을 증명함
環五七	'上界下界明暗苦樂'을 증명함
一妙衍萬往萬來用變不動本	'從境途任走'를 증명함
本心本太陽昂明	'一意化行'을 증명함
人中天地一	'大發神機'를 증명함
一終無終一	'卽一歸神'을 증명함

그리고 단암은 대종교의 진리관을 좀더 구체화시켜서 다음과 같이 접근하고 있다.

大倧敎의 眞理는 三眞歸一이다. 三眞은 眞性과 眞命과 眞精을 이름인데, 사람이 사람으로 태어나지만 一神 곧 한얼로부터 이 세 가지 感應을 먼저 받고 父精母血에 의지하여 世上에 出生하게 되는 것이다. 여기서 眞性이라고 하는 것은 靈覺의 理致를 完全히 具備하여 圓滿自在한 天體의 ○ 곧 圓妙가 있고, 眞命이라고 하는 것은 生存의 理致를 完全히 具備하여 滋養萬物하는 方正直大한 地平의 □ 곧 方妙가 있고, 眞精이라고 하는 것은 運動의 理致를 完全히 具備하여 千差萬別의 角度인 物形의 △ 곧 角妙가 있는 形而上의 三妙眞理이다. …(中略)…

歸一이라 함은 그 妙法과 眞諦는 다 말하기 어려우므로 그 大綱만 밝히려 하는데, 사람마다 各各 하늘로부터 받은 바 性·命·精을 그대로 닦아서 性은 善惡이 없는 地境에까지, 命은 淸濁이 없는 地境에까지, 精은 厚薄이 없는 地境에까지 이르도록 修養하면 이것이 곧 返妄卽眞으로 性通功完하여서 一神에로 돌아간다 함인데, 그 方法으로는

---

88) 이용태, 「天符經圖析註解」, 『文稿』, 앞의 책, pp.811-822 참조.

三十六種妙化相이 있으나 이를 아무리 妙한 方法으로 말과 글로 形容
하여 表現한다 하더라도 實際로 體驗이 없으면 到底히 그 眞境을 엿볼
수가 없다.[89]

여기서 단암은 대종교사상의 철학적 토대인 삼일을 삼진귀일로 구체
화했다. 삼진은 하느님으로부터 받은 참된 성품과 참된 목숨 그리고 참
된 정기라고 밝히면서 대종교의 삼묘(三妙)인 원(圓·○)·방(方·□)·각
(角·△)의 철리(哲理)와 연결시킨 것이다. 이러한 원(○)·방(□)·각(△)을
대종교의 삼진과 연결하여 처음으로 해석한 인물은 고구려 국상(國相) 임
아상으로 기록되어 있다.[90] 그는 참[眞]이란 유일무이한 것으로 성(性)은
○이요, 명(命)은 □이요, 정(精)은 △이라고 정의한다. 대종교의 종교적
휘장이요 진리의 상징인 천기(天旗)가 원(○)·방(□)·각(△)으로 이루어져
있음도 이에서 기인하는 것이다.

한편 이러한 원(○)·방(□)·각(△)의 진리에 대해, 신리(神理)와 수리(數
理)로써 체계적 해석을 시도한 인물이 백포 서 일이다. 서 일은 원(○)·방
(□)·각(△)을 만상(萬象)의 근원으로 보고 모든 수가 여기서 기인한다고 하
였다. 그는 체수(體數)로서 원(○)·방(□)·각(△)이 각각 육(六)·사(四)·삼
(三)이요, 용수(用數)로서 원(○)·방(□)·각(△)이 육(六)·팔(八)·구(九)로 사
용되며, 약수(約數)로서 원(○)·방(□)·각(△)이 일(一)·이(二)·삼(三)이므로,
이 수리의 묘합(妙合)에 의해 태원수(太元數)인 36이 나타남을 밝히고 있다.
서 일은 선천수(先天數)와 후천수(後天數)의 묘리(妙理)도 이것에 의해 나타남
을 말하면서, 이를 토대로 소회수(小會數)인 72가 만들어지고 중회수(中會數)
인 216이 엮어지며 대회수(大會數)인 360이 이루어진다는 것이다. 그리고
신강(神降: 開天이라 해도 무방)은 대회(大會)에 부합되며, 반어(返御: 御天이라
해도 무방)는 중회(中會)와 만나고, 중광(重光: 대종교 다시 빛남)은 소회(小會)와

---

89) 이용태, 「大倧教에서 본 眞理(Ⅰ)」, 앞의 글, pp.266-268.
90) 임아상, 「三一神誥(註)」, 『譯解倧經四部合編(全)』, 앞의 책, p.27.

조응한다고 했다.91) 그러므로 단암 또한 이 원(○)·방(□)·각(△)이 천체(天體)·지평(地平)·물형(物形)의 삼묘(三妙)가 담긴 형이상의 진리라고 말한 것이다.92)

또한 단암이 말하는 귀일(歸一)이란 반진일신(返眞一神)을 말하는 것으로 대종교 진리에 핵을 이루는 부분이라 할 수 있다. 그것은 한 마디로 하늘로부터 받은 삼진(三眞 : 性·命·精)을 온전히 하여 무선악(無善惡)·무청탁(無淸濁)·무후박(無厚薄)의 경지에 도달하는 것이다. 이것이 곧 반망즉진(返妄卽眞 : 거짓을 돌이켜 참으로 나감)이요 성통공완(性通功完 : 성품을 트고 공적을 완성함)으로, 인간의 참본성인 하느님께 귀일하는 첩경이 된다는 것이다. 그 과정의 핵심이 뒤 절에서 상론할 수행관(修行觀)과 연관이 되는데, 그 방법으로 단암은 백포 서 일의 삼십육종묘화상(三十六種妙化相)을 제시하고 있다. 즉 서 일은 천지(天地) 간의 변화가 수(水)·화(火)·풍(風)·전(電)으로 나타나며 성품[性]과 몸[身]이 되어 감은 명(命)·정(精)·심(心)·기(氣)일 뿐이라고 한다. 그리고 전자의 여섯 요소(天·地·水·火·風·電)와 후자의

---

91) 서 일, 「會三經(三會)」, 『譯解倧經四部合編(全)』, 같은 책, pp.227-234.
92) 단암은 이 三妙(○□△)의 設果를 통하여 인간세의 길흉화복을 진단하는 글인 「福果眞訣」을 완성했다. 이것은 일종의 筮卜秘訣書로 중국의 「周易」을 연상케 하는 글이다. 그 방법을 간략히 보면, 먼저 대종교에서 三妙(○□△)가 갖는 각각의 종교사상적 의미를 부여하고 三妙(○□△)의 운용으로 나타날 수 있는 경우의 수, 즉 여든 한자리[八十一果]를 設果한다. 그리고 설과된 여든 한 자리에 대한 인간사에 나타나는 길흉화복의 의미를 비유와 상징을 통해 각각 果事했다. 한편 그 果를 뽑는 도구로서는 檀木을 사용하였는데, 三妙(○□△)의 數理的 대응수인 一·二·三을 단목으로 만든 神木九枝에 각각 세 개씩 새겨 넣는다. 이 神木九枝 중 정성껏 병렬적으로 네 개를 뽑아, 八十一果에 해당하는 果事를 얻는 방법이다. 한편 이 「福果眞訣」이 「周易」과 다른 것은, 「周易」이 二數分化의 전형인 陰陽論을 토대로 64卦를 얻어 이것을 해석하고 응용하는 원리라면, 「福果眞訣」은 三數分化의 원리인 三妙論을 바탕으로 81果를 도출하여 이것을 적용하고 운용하는 生活學이라 할 수 있다. 특히 단암은, 이 「福果眞訣」의 공효를 말함에 있어, 무엇보다도 誠修靈性(三法修行)이 없이는 감응하지 않음을 강조하고 있는 것이다.
(이용태, 「福果眞訣」, 『文稿』, 앞의 책, pp.918-926 참조.)

여섯 요소(性·身·命·精·心·氣)가 서로 움직이는 고동[機]에 의해 다음의 그림(三十六種妙化相圖: 표 3)[93]에 나타나는 서른 여섯 가지의 하늘과 사람의 길이 만들어진다고 했다.[94]

[표 3]

	天	火	電	水	風	地
天	合德 通性	盡性 考命	存性 勵精	見性 明心	煉性 養氣	率性 修身
火	信命 修性	合慧 知命	順命 鍊精	俟命 斂心	延命 益氣	立命 安身
電	會精 養性	藏精 安命	合力 保精	蓄精 潛心	引氣 導精	固精 定身
水	舒心 寬性	操心 護命	淡心 萃精	心平 止感	鎭心 靖氣	恬心 潤身
風	調氣 衍性	順氣 正命	抑氣 揚精	精氣 寬心	氣和 調息	凝氣 端身
地	實身 虛性	養身 守命	攝身 健精	持身 靜心	束身 整氣	身康 禁觸

더불어 서 일은 밝은이[哲人]가 도를 닦음에 있어서도 반드시 이 여섯 요소(天·地·水·火·風·電)의 이치를 헤아려 취사(取捨)해야 함을 강조하고 있다.[95] 까닭에 단암은 인간의 탄생이 위의 여섯 기질(天·地·水·火·風·電)의 요소와 신리(神理)의 원소가 합성되어 일어남을 다음과 같이 제시한다.

---

93) 서 일, 「會三經(三會)」, 앞의 글, p.245.
94) 같은 글, p.236.
　　[原文] 天地間變化 水火風電而已 性身中變遷 命精心氣而已 有此動機 所以行天人之道也
95) 같은 글, p.237.

> 性은 虛靈한 理요 命은 生存의 氣요 精은 元素의 核의 힘이다. 人間
> 이 한 사람 出生하려면 神理의 元素와 氣質의 要素가 合成되어야 한다.
> 神理의 元素로 父母의 性感이 일어나는 同時에 三眞을 받고 父母의 善
> 惡因果와 祖先의 善惡報應과 宿命의 善惡變幻이 그 하나요, 氣質의 要
> 素는 父母의 精血이 氣胞되며 天·地·水·火·風·電의 氣候와 山
> 川·草木·巖石·平野의 모든 環境의 感情과 氣品이 連結함이 그 둘
> 이다.96)

단암은 나아가 신리를 천연(天然)의 순진(純眞)으로 보고 기질을 선악
(善惡)·청탁(淸濁)·후박(厚薄)이 서로 뒤섞이는 것으로 파악했다. 이 또
한 「삼일신고」 '진리훈'에 기록된, 마음이 성품에 의지하여 선악으로
나타나고 기운이 목숨에 의지하여 청탁으로 드러나며 몸이 정기에 의
지하여 후박으로 표현된다는 내용에 근거를 둔 것이다.97) 대종교에서는
마음[心]과 기운[氣]과 몸[身]을 세 가달[三妄]이라고 하는데, 이것은 세
참함[三眞 : 성품·목숨·정기]의 상대적 표현으로 수행을 통해 물리쳐야
할 요소다. 마음은 길흉(吉凶)의 집이요 기운은 생사(生死)의 문이며 몸
은 정욕(情慾)의 그릇이라는 선철(先哲)의 가르침과,98) 마음에는 호생오
사(好生惡死)가 상정(常情)하고 기운은 흡청호탁(吸淸呼濁)이 상례(常例)이
며 몸은 혹후혹박(或厚或薄)이 원칙이라는 단암 스스로의 지적99)이 이를
뒷받침한다.

단암은 이것을 보다 구체화하여 참[眞]의 반면에는 가달[妄]이 있고 가
달[妄]의 이면(裡面)에는 참[眞]이 있는데, 참이라 함은 형이상의 존재요
가달은 형이하의 표현이라고 말하고 있다. 즉 참된 성품과 목숨과 정기

---

96) 이용태, 「新文化는 東方에서 싹튼다」, 앞의 글, pp.314-315.
97) 「三一神誥(眞理訓)」, 앞의 글, pp.29-30.
   [原文] 惟衆迷地 三妄着根 日心氣身 心依性有善惡 善福惡禍 氣依命有淸濁 淸
   壽濁妖 身依精有厚薄 厚貴薄賤
98) 임아상, 「眞理訓(註)」, 『譯解倧經四部合編(全)』, 앞의 책, p.30.
99) 이용태, 「大倧敎에서 본 眞理(Ⅰ)」, 앞의 글, p.267.

는 선악과 청탁과 후박이 나타나지 아니한 원리이며, 마음과 기운과 몸은 선악과 청탁과 후박이 이미 나타난 현상이라는 것이다.[100]

그러므로 단암은 이것과 연관된 삼일(三一)의 절묘함을, 타종교의 서적인 『유심기법(唯心奇法)』과 『정법륜(正法輪)』에 비교하여 다음과 같이 설명했다.

> 이 두 가지 책으로 말하면 다만 하나가 근본이 됨만 알고 셋이 쓰임이 됨을 알지 못하며, 다만 사람이 부처가 되고 신선으로 화함만을 알고 하느님께 돌아감을 알지 못하며, 다만 성품과 목숨의 기질만을 알고 정기가 성품과 목숨과 더불어 같은 참함임을 알지 못하며, 다만 철인의 공능만을 알고 뭇사람이 착함을 행하고 악을 없이 하는 상도(常道)를 알지 못하니…….(上書二種論之只知一之爲本而未知三之爲用只知人之爲佛化仙而不知歸神只性命之理氣而不知精之與性命同眞哲人之功能而不知衆人之行善滅惡之常道…….)[101]

이것은 넓게 보면 다른 동양종교의 한계를, 삼용(三用)의 부재·반진일신(返眞一神)에 미달(未達)·삼진(三眞 : 성품, 목숨, 정기)의 미비(未備) 그리고 화중성철(化衆成哲)의 외면(外面)으로 지적하고 있는 것이다. 그리고 일묘삼변(一妙三變)의 이치를 삼대도(三大道)·삼대동(三大動)·삼대정(三大靜)·삼대도(三大度)·삼대통(三大通)의 원리로 설명하면서,[102] 삼용삼변(三用三變)의 묘리(妙理)를 다음과 같이 극찬하고 있다.

> 크도다 셋의 보배됨이여! 천지를 휩싸고도 흐르지 아니하고 억만 가지를 헤아려도 다함이 없고 사람의 도리를 행하여도 어긋나지 아니하도다.(大哉三之爲寶彌綸天地而不流推算萬億而不盡施行人道而不違)[103]

---

100) 이용태, 「大倧敎에서 본 眞理(Ⅱ)」, 『文稿』, 앞의 책, pp.270-271 참조.
101) 이용태, 「唯心奇法與正法輪抄跋」, 『文稿』, 같은 책, pp.539-540.
102) 이용태, 「隨感錄(上)」, 앞의 글, pp.756-757 참조.
103) 같은 글, p.758.

4. 修行觀

수행은 단암 종교사상의 본질이라 해도 과언이 아니다. 그가 강조한 다음의 기록이 이를 대변해 준다.

> 修養이 없는 宗敎는 宗敎로서의 價値가 없고 가치가 없는 宗敎는 信仰해서는 안되므로 修養은 眞理를 發顯하는데 있어 貴重한 關鍵이 되는 것입니다.[104]

즉 수양이야말로 종교와 진리의 전부라는 것이다. 이것은 대종교 중광 조인 홍암 나 철이 대종교 신앙의 처음과 끝이 수행에 있음을 강조한 것과 일맥한다.[105] 본디 대종교의 전신이라 할 수 있는 고신교(古神敎)는 종교적인 제례를 지극히 중시하면서, 더불어 수행을 인간완성의 중요한 수단으로 삼았다는 점을 상기할 필요가 있다.[106]

그러나 개인적 수련을 위주로 하는 중국 전진교계(全眞敎系)의 단학(丹學)이 한국 선맥(仙脈)의 주류를 형성하면서부터, 우리 신교(神敎)의 집단적이고 제의적인 성격이 도태된 것이 아닌가 생각한다. 이로 인해 단학적 수행은 자연히 종교집단적 성향에서 일탈하여 개인적이고 신비적인 경향으로 흘렀고 우리 신교(神敎)의 집단제의적(集團祭儀的) 요소들은 저급한 무격신앙이나 미신적 요소로 전락했던 것이다.[107] 따라서 대종교의 중광이 갖는 종교적 의미 가운데 빼놓을 수 없는 것 중의 하나로, 잃어버렸던 우리 신교(神敎)의 종교적·제의적·집단적인 성격을 되살린 점을 꼽는 것도 이러한 이유에서 이해할 수 있다.

---

104) 이용태, 「檀君文化와 眞理問答」, 앞의 글, p.858.
105) 김동환, 「大倧敎와 弘益人間思想」, 앞의 글, pp.330-350 참조.
106) 김동환, 「大倧敎와 弘益人間思想」, 같은 글 참조.
107) 최삼룡, 「仙人說話로 본 韓國 固有의 仙家에 대한 硏究」, 『道敎와韓國思想』, 앞의 책, p.419 참조.

먼저 단암 이용태는 대종교의 진리수양을 자각(自覺)에 위임할 것과 대중적인 감화로는 오대종지(五大宗旨)[108]를 내세운 인물이다.[109] 그가 내세우는 대종교 진리수양의 핵은 「삼일신고」 '진리훈'에 나오는 삼법수행을 통한 반망즉진을 말하는 것이고 오대종지를 통한 대중적 감화는 경봉천신(敬奉天神)과 사회적 선봉행(善奉行)의 실천과 깊은 연관이 된다.[110] 이것은 선도수련에서도 도덕적 선의 실현과 종교적 의식을 더불어 병행했다는 주장과도 상통하는 것이다.[111] 일찍이 안재홍이 수행과 선봉행을 통한 완성된 인간상을 홍익인간인(弘益人間人)으로 본 것이나,[112] 근자에 김지하가 신인간의 조건으로 『삼일신고』 '진리훈'에 기록된 성·명·정 세 개의 수련을 말한 것도 같은 맥락에서 이해할 수 있다.[113]

단암은 오대종지의 경봉천신(敬奉天神)이 인물의 본원인 하느님에 대한 보본의 첩경으로 꼽았으며, 성수영성(誠修靈性)은 정성스레 성품을 닦아 하느님과 하나되는 방법으로 이해했다. 또한 모든 인류가 동근동족(同根同族)이라는 대종교의 교리를 토대로, 대동평화의 천국을 실현하는 수단이 애합종족(愛合種族)이라 했다. 그리고 정구이복(靜求利福)은 영성의 지혜를 밝혀 인간의 문명과 사회의 발전을 도모하는 요체로 분석했고, 근무산업(勤務產業)은 의·식·주를 통해 인간의 생명을 유지해 주는 기본으로 파악한 것이다.[114]

---

108) 대종교의 오대종지는 대종교의 종교적 실천강령이라 할 수 있다. 이것은 대종교 중광교조인 홍암 나 철이 전래되어 오는 단군신앙의 종지를 계승하여 1909년 12월 1일에 발포한 것으로, 敬奉天神·誠修靈性·愛合種族·靜求利福·勤務產業 등의 다섯 가지다.

109) 이용태, 「政敎略說」, 앞의 글, p.381.

110) 오대종지와 연관된 사회적 선봉행에 대한 것은 졸고(김동환, 「大倧敎와 弘益人間思想 — 홍암사상과 오대종지를 중심으로」, 앞의 글, 2002)를 참고하기 바람.

111) 김낙필, 「『海東傳道錄』에 나타난 道敎思想」, 『道敎와 韓國思想』, 앞의 책, pp.162-165 참조.

112) 안재홍, 「三一神誥註」, 『民世安在鴻選集』 4, 지식산업사, 1992, p.119.

113) 김지하, 「율려란 무엇인가」, 『김지하전집』 제1권(철학사상), 실천문학사, 2002, p.450.

  그러나 단암 수행의 요체는 삼법수행에 있다라고 해도 과언이 아니다. 그것은 삼법수행이 화중성철(化衆成哲)을 통해 성통공완(性通功完)할 수 있는 지름길이라고 단암은 생각했기 때문이다.115) 삼법수행이란 「삼일신고」 '진리훈'을 도해(圖解)한 다음의 그림(표 4)116)과 같이 인간이 신과 하나가 될 수 있는 가르침을 말한다.

[표 4]

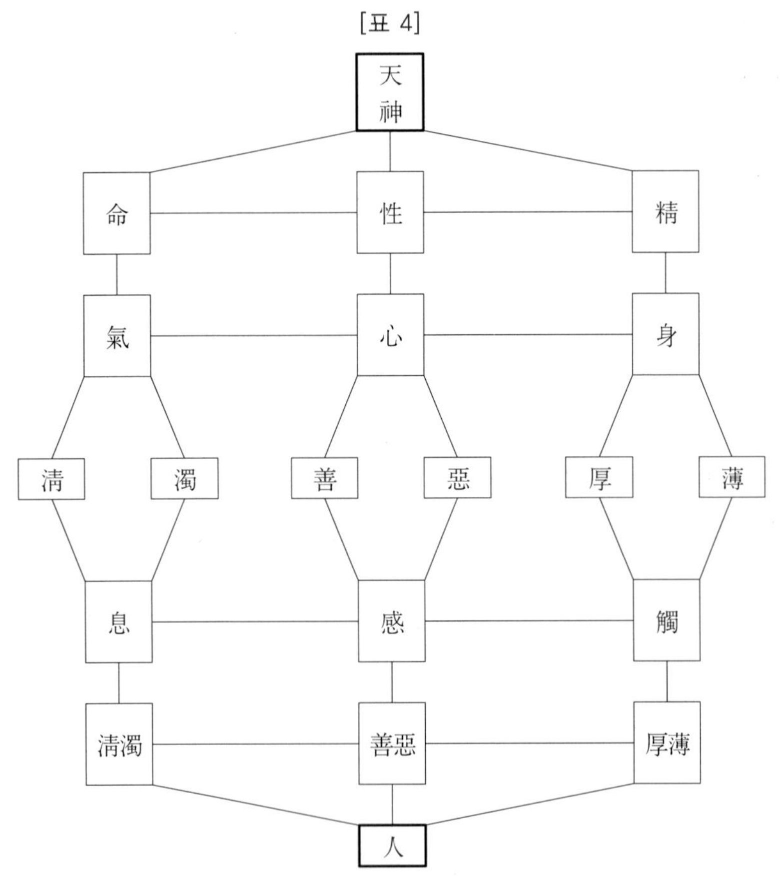

---

114) 이용태, 「대종교란 어떠한 종교인가(宗旨)」, 앞의 글, pp.240-241 참조.
115) 이용태, 「迷悟判途」, 앞의 글, p.220.
116) 서 일, 「三一神誥(眞理訓圖)」, 『譯解倧經四部合編(全)』, 앞의 책, p.38.

먼저 이 그림을 「삼일신고」 '진리훈'117)과 연결하여 간단하게 설명하면, 하느님의 삼대권능인 성·명·정 삼진(三眞: 세 참함)이 인간의 본성에 내려와 있으나, 인간이 육신의 탈을 쓰면서 삼망(三妄: 세 가달)인 심·기·신이 자리잡는다. 마음은 성품에 의지하여 선악으로 나타나는데 선하면 복되고 악하면 화가 된다. 기운은 목숨에 의탁하여 청탁으로 드러나며 맑으면 오래 살고 흐리면 요절한다. 몸은 정기에 기대어 후박으로 나타나며 후하면 귀하고 박하면 천해진다. 참과 가달이 서로 맞서 느낌[感]·숨쉼[息]·부딪힘[觸]의 세 길을 만들고, 느낌 여섯 지경(기쁨·두려움·슬픔·성냄·탐함·싫어함)과 숨쉼 여섯 지경(향내음·숯내음·차가움·더움·마름·젖음)그리고 부딪힘 여섯 지경(소리·색깔·냄새·맛·음란함·살댐)을 만든다. 보통 사람들은 선악·청탁·후박의 경계를 저울질하지 못하고 함부로 내달리므로 오고(五苦: 남·자람·늙음·병듦·죽음)에 빠지고, 밝은이는 느낌 지경을 그치[止感]고 숨쉼 지경을 조절[調息]하며 부딪힘 지경을 막음[禁觸]으로써, 마침내 성품을 트고 공적을 이룬다[性通功完]는 것이다.

이러한 분삼합일(分三合一)의 원리는 수행단계상으로만 볼 때, 선도(仙道)에서 말하는 다음의 순추(順推)와 역추(逆推)의 논리와 흡사하다.

> 삼가 생각하건대 옛사람이 말하기를 順으로 하면 사람이 되고 逆으로 하면 神仙이 된다고 하였다. 무릇 一(太極: 필자 註)이 二(陰陽: 필자 註)를 낳고 二가 四(四象: 필자 註)를 낳으며 四는 八(八卦: 필자 註)을 낳아서 六十四에 이르고, 나뉘어 萬事가 되는 것이 사람의 道다(順推功夫).

---

117) (「三一神誥」 '眞理訓' 原文) "人物同受三眞 曰性命精 人全之物偏之眞性 無善惡上哲通 眞命無淸濁中哲知 眞精無厚薄下哲保 返眞一神惟衆迷地 三妄着根 曰心氣身 心依性有善惡 善福惡禍 氣依命有淸濁 淸壽濁妖 身依精有厚薄 厚貴薄賤 眞妄對作三途 曰感息觸 轉成十八境感喜懼哀怒貪厭 息芬殱寒熱震濕 觸聲色臭味淫抵 衆善惡淸濁厚薄相雜 從境途任走 墮生長肖病歿苦 哲止感調息禁觸 一意化行 返妄卽眞 發大神機 性通功完是"

가부좌를 틀고 단정히 앉아서 발을 드리운 듯이 눈을 감고 만사의 어지러
운 잡념을 물리치고 아무것도 없는 태극에 돌아가는 것이 곧 신선의 道다
(逆推功夫).[118]

이것은 대종교의 분삼(分三)·합일(合一)이 선도의 순추(順推)·역추(逆推)
와 상호 대응 전개되는 논리로써, 서 일은 이러한 이치를 삼일철학적 관
점에서 다음과 같이 밝히고 있다.

하나를 한 번하여 하나가 되니 참함[眞]을 이로 말미암아 받고, 하나를
두 번하여 둘이 되니 가달[妄]이 이로 말미암아 자리잡으며, 셋을 한 번하
여 셋이 되니 길(三途를 말함: 필자 註)은 이로 말미암아 만들어지고, 셋을
두 번하여 여섯이 되니 지경이 이로 말미암아 이루어지니라.(一一爲一 眞
由是受 兩一爲二 妄由是着 一三爲三 途由是作 兩三爲六 境由是成)[119]

단암이 내세우는 수행의 중심도 여기에 있다. 즉 지감(止感)·조식(調
息)·금촉(禁觸)의 삼법수행이 그것이다. 대종교 중광조인 홍암은 이 삼법
수행의 전통을 백봉신사로부터 찾았으며,[120] 그가 남긴 개인 유서나 「중

---

118) 鄭磏, 『龍虎秘訣』, 周天火候條.
   (原文) 謹案古人云 順則爲人 逆則爲仙 盖一生兩 兩生四 四生八 以至 於六十
   四 分以爲萬事 此人道也(順推功夫) 疊足端坐垂廉塞充 收拾萬事之紛擾 歸於
   一無之太極者 仙道也(逆推功夫)
   다만 대종교의 수행과 『용호비결』과는 전개상의 차이가 있다. 대종교의 수행전
   개가 一·三·三·一로 전개되는 삼수분화의 원리라면, 『용호비결』은 이수분
   화의 一·二·二·一로 나타난다. 이러한 이수 분화의 전개는 홍만종의 『旬五
   志』에도 동일하게 드러나는데, 『도덕경』에 기록된 "道生一 一生二 二生三 三
   生萬物"이라는 수분화 논리와도 차이가 나타난다. 아마도 이것은 『용호비결』과
   『순오지』가 위백양의 『주역참동계』에서 크게 영향을 받았기 때문인 듯 싶다.
   한편 仙道의 順推와 逆推 개념과 흡사한 논리가 불교에서도 順觀과 逆觀이라
   는 의미로 발견된다. 즉 불교에서는 十二因緣의 과정을 따라 번뇌와 苦로 전개
   되는 삶이 중생의 세계로써 이를 順觀이라 하고, 十二因緣의 최초 인연인 無明
   부터 滅해 들어감으로써 涅槃에 들어가는 부처의 세계를 逆觀이라 일컫는 것
   이다.
119) 서 일, 「會三經(三途)」, 앞의 책, p.163.
120) 나 철, 「杜兄面談」, 『대종교중광육십년사』, 앞의 책, p.95.

광가」 등에서도 삼법수행의 중요성과 공효를 무수히 강조하고 있다.[121] 그러나 단암은 홍암과 직접 상면하지 못했다. 단암이 대종교를 찾기 10여년 전에 홍암은 이미 순교(1916년)했기 때문이다.

단암 수행관 형성에 직접적으로 영향을 준 인물은 단애 윤세복이다. 단암 스스로가 그의 수행에서 윤세복의 영향이 컸다고 밝혔음을 보더라도 알 수 있다.[122] 윤세복은 단암이 대종교에 본격적으로 참여할 시기에 대종교의 교주를 맡고 있던 인물로, 특히 그는 스스로의 수행 경험을 통해 「삼법회통(三法會通)」[123]이라는 수행서를 남겼다.

한편 단암의 수행관을 체계적으로 볼 수 있는 기록이 그가 남긴 「수진비록(修眞秘錄)」이다. 일명 「삼설일록(三說一錄)」이라고 명명한 것을 보더라도 알 수 있듯이, 이 또한 대종교의 삼일철학의 연장선상 위에 있음이 확인된다. 그러므로 이 「수진비록」도 다음과 같이 크게 지감설(止感說)·조식설(調息說)·금촉설(禁觸說)로 이루어져 있다.

(1) 止感說

지감설은 느낌 그침의 방법을 과정적으로 설명한 것으로, 마음공부를 통해 통성(通性)할 수 있는 가르침을 제시한 부분이다. 이것은 불가(佛家)의 명심견성(明心見性)에 가까운 가르침으로, 일찍이 서 일은 감도육경(感

---

121) 나 철, 「道鑑」, 『대종교보』(통권 제286호), 2000년 봄호, 대종교총본사, p.33 참조 ; 나 철, 「重光歌」, 『대종교중광육십년사』, 앞의 책, pp.236-237 ; 나 철, 「歲暮所感」, 같은 책, pp.153-154.

122) 이용태, 「修眞秘錄(三說一錄)」, 『文稿』, 앞의 책, p.875.

123) 「三法會通」은 대종교의 주요경전인 「三一神誥」 '眞理訓'에 나오는 '뭇사람이 밝은이가 되는 법'을 체계적으로 기록한 수행서다. 그 체제는 크게 세 부분으로 이루어졌다. 첫째 가름에서는 느낌 길[感途]·숨쉼 길[息途]·부딪힘 길[觸途]의 三法銘을 밝히고, 둘째 가름에서는 止感法·調息法·禁觸法에 관해 三法略說을 했으며, 셋째 가름에서는 原理論·方法論·功效論을 통해 삼법수행의 본질과 과정 그리고 결과에 대해 상론하고 있다. 특히 이 「三法會通」은 단애 윤세복이 대종교의 壬午敎變으로 투옥되어, 일제의 혹독한 고문을 견뎌 내며 기록한 수행서임에 더욱 의미가 크다.

途六境: 喜·懼·哀·怒·貪·厭)을 지감하는 방법을 "기뻐하되 얼굴빛에 나타내지 아니하며 성내되 기운을 부리지 아니하며 두려워하되 겁내지 아니하며 슬퍼하되 몸을 상하게 하지 아니하며 탐하되 염치를 상하게 하지 아니하며 싫어하되 뜻을 게으르게 하지 아니하니, 이것이 止感法이다."라고 설파했다.124) 한편 단암은 지감수행을 과정적으로 설명한다. 즉 정좌(靜坐)·수령(修靈)·현상(顯相)·통지(通知)·망아(忘我)·원각(圓覺)의 단계로 나타낸 것이다.

먼저 정좌(靜坐)란 '바로 앉는 것'을 말하는 것으로, 흔히들 수행의 처음(준비)이자 끝(완성)이라고 말할 정도로 중요시한다.125) 단암이 정좌단계에서 고요할 정(靜) 자를 사용한 것은 잡념을 탈피하여 입정(入靜)이 되지 않고서는 좌정의 경지에 이를 수 없음을 알았기 때문이다. 단암은 먼저 자극성 있는 음식 및 술을 피하고 성신일관(誠信一貫)하려는 마음의 맹세를, 종교적 의식을 통해 행해야 한다는 것이다. 그리고 정좌를 위한 자세로 무릎을 꿇어앉을 것을 권하고 있다. 이러한 정좌법은 대종교의 전래적 좌법인 궤좌법(跪坐法)을 그대로 승계한 것으로 대종교의 「삼일신고독법(三一神誥讀法)」에도 기록이 나타난다.126) 그리고 정좌의 시간을 점진적으로 늘려 한 번에 두 시간을 넘지 말 것과 일일 육회 이상을 행하지 말라고 당부한다. 더불어 단암은 인시(寅時: 오전 6시)와 오시(午時: 낮 12시)와 유시(酉時: 오후 6시)에 맞추어 행할 것을 강조하는데, 이것은 시각의 정확성 이전에 규칙적인 수행습관과 수행의 정성을 유념하라는 것으로 이해된다. 또한 앞서 제시(표 4)한 진리도(眞理圖)를 반드시 걸 것과 음식은 채소담식으로 두 끼를 때맞추어 행하고 수면을 점차 줄여갈 것을 제시했는데,127) 이

---

124) 서 일, 「眞理圖說」, 앞의 글, p.125.
　　(原文) 喜不形色　怒不使氣　懼而不怯　哀而不毁　貪不傷廉　厭不惰志　此止感之法也.
125) 袁 黃, 「靜坐要訣」, 『좌선수행법』, 불교시대사, 1999, pp.15-28 참조.
126) 克再思, 「三一神誥讀法」, 『譯解倧經四部合編(全)』, 앞의 책, p.39.

또한 종교적 정성을 중요시하라는 의미로 파악할 수 있을 것이다.

　수령이란 '마음 닦음'을 말하는 것으로, 단암이 지감 단계에서 가장 중요시한 부분이다. 수령의 원칙으로 단암은 무사무려(無思無慮)·폐목불시(閉目不視)·수이불청(收耳不聽)을 내세운다. 그리고 현궁(玄宮 : 두 눈 사이)에 정신을 모으면 심지(心地)가 밝아지고 욕심의 불이 사라진다는 것이다. 이 단계에서는 특히 신마(身魔)와 의마(意魔)[128]가 나타나는데, 이러한 과정을 잘 견뎌야 심령(心靈)이 열려 무계(無界)의 세계를 볼 수 있다고 했다. 한편 단암은 여기서의 심령을 신(神)과 동일시했으며 모든 학문의 근본도 영성을 수양함에서 출발한다고 밝혔다.[129]

　현상은 '굿것 보임'의 단계로서, 단암은 지극한 정성과 굳은 다짐이 무엇보다 중요하다고 했다. 왜냐하면 이 단계에서 가장 경계해야 할 부분이 허령(虛靈)으로 보았기 때문이다. 단암은 허령이 마음의 눈을 현혹하는 것이라고 말하면서, 이 단계를 극복하지 못하면 작은 성취에 머물 것이라고 경고한다. 흔히 차력술이니 의술이니 점술 등으로 악덕비행을 행하는 부류들이 이 단계에서 왜곡된다 했다.[130] 그러므로 '굿것 보임'을 예사로이 하고 통성(通性)을 목적으로 정성껏 심령을 닦으면 허령이 없어지고 진령(眞靈)을 볼 수 있다는 것이다. 단암이 대종교의 선종사(先宗師 : 홍암 나철·무원 김 헌·백포 서 일·단애 윤세복)들을 존경하는 이유 중의 하나도, 그들이 삼법수양을 통해 신기(神機)를 얻었어도 결코 혹세무민하지 않았다는 점을 강조함을 보더라도 수긍이 간다.[131]

---

127) 같은 글, pp.876-877.
128) 이용태는 수령 단계에서 오는 육체적 경련증·근골통·갈증·痰症을 身魔라 하고, 정신적 邪念 일체를 意魔라 했다. 이것은 수행세계에서 흔히 회자되는 走火入魔와 흡사한 것으로, 走火란 煉功의 방법이 잘못되어 몸 안의 기가 불협화음을 이루는 것을 말하며 入魔란 연공과정에서 나타나는 환각을 진짜로 착각하는 것을 의미한다.
129) 이용태, 「修眞秘錄」, 앞의 글, pp.877-878.
130) 같은 글, pp.878-879.

통지란 '바로 앎'을 말하는 것으로, 단암은 불교의 돈오(頓悟)와 흡사한 단계로 보았다. 여기서는 무엇보다도 확고한 신념을 단암은 강조한다. 즉 정성이 없이 반신반의하는 자세로는 대상을 꿰뚫을 수 없다는 것이다. 이것은 유학의 수신솔성(修身率性)을 통한 격물치지(格物致知), 불가의 명심견성(明心見性)을 통한 점수돈오(漸修頓悟) 그리고 선가의 양기연성(養氣煉性)을 통한 우화비승(羽化飛昇)의 과정에서도 정성이 중요함은 동일하다고 주장했다. 이 단계에 이르면 신비안(神秘眼)이 열려 과거와 현재와 미래를 통시(通視)할 수 있다는 것이다.[132]

망아란 '참나 찾음'을 말하는 것으로, 가달의 육신아(肉身我)를 버리고 하늘로부터 품수한 정신아(精神我)를 찾는 것을 일컫는다. 단암은 보다 정확하게 하느님의 본성인 진성(眞性)의 분얼(分蘗)로 나타나는 망심(妄心)을 없애는 것이라고 했다. 이 단계가 형자형신자신(形自形神自神: 허울은 허울대로 정신은 정신대로)의 경지가 된다. 그러나 정신과 허울이 분리되어도 죽지 않음의 원인은 호흡을 통한 기혈의 순환이 있기 때문이라는 것이다. 이것을 단암은 형신합작공부(形神合作工夫)라 했다. 단암이 말하는 다음의 설명이 참고가 된다.[133]

> 倧이라 함은 한얼사람 곧 神人이란 뜻 이외에 능히 신도 되고 사람도 됨을 가리킴인데, 허울을 떠난 신은 신이고 사람이 아니며 허울을 합한 신은 신이 아니고 사람이다. 바꾸어 말하면, 倧이라 함은 신과 사람을 아울러 일컫는 名詞요 倧道라 함은 능히 신도 되고 사람도 되는 이치와 방법을 가리켜 말함이다. 佛敎에서 成佛한다고 하는 것은 곧 육체의 삶을 존속하려면 모든 苦惱가 따라 있게 되므로 '허울과 정신의 분리작용(形神分離作用)'을 영구히 하여 허울을 버리는 것을 涅槃이라고 하는 까닭에 '사람 아닌 사람(弗人)'을 이룬다는 뜻이다.[134]

---

131) 이용태, 「先宗師의 理念을 再認識하자」, 앞의 글, p.333.
132) 이용태, 「修眞秘錄」, 앞의 글, pp.880-881.
133) 같은 글, pp.881-883.
134) 같은 글, p.883.

　끝으로 원각이라는 것은 '두루 통함[性通]'을 말하는 것으로, 망아묘경(忘我妙境)135)의 공효로 얻어지는 단계다. 이 경지가 되면, 정신은 일단의 원(圓)으로 결정(結晶)되어 밝은 거울과 같이 환하게 비취고 사대신기(四大神機)136)를 부릴 수 있는 불가사의(不可思議)가 나타난다는 것이다. 단암은 불교에서의 견성(見性)과 선교에서의 성단(成丹) 그리고 유교에서의 명덕(明德)도 원각의 경지로 보고 있다. 즉 방법은 달라도 깨달음의 진리는 하나라는 것이다.

　특히 대종교에서의 원(圓)의 의미는 단순한 도형적 의미가 아닌 종교적 상징성이 크다. 고구려 임아상은 원을 삼진(三眞) 중의 으뜸인 성(性)으로 파악했고,137) 백포 서 일도 성품의 형상을 원(圓·〇)으로 규정하고138) "둥근 것은 지름 하나로 세 길이 둘러서 온전함을 쓰되 수가 다 함이 없으므로, 하늘을 형상하여 성품의 현묘함을 모양한다."고 부연하고 있다.139) 단암 또한 "眞性은 靈覺의 理致를 完全히 具備하여 圓滿自在한 天體의 〇, 곧 圓妙가 있고…."라고 밝힘으로써, 원이 바로 천성(天性)임을 꿰뚫은 것이다.140)

---

135) 단암 이용태는 忘我妙境을 불교의 入定과 선교의 入實 그리고 유교의 貫通 등과 같은 경지로 보았다.

136) 四大神機는 「三一神誥」 '眞理訓'의 마지막 부분에 나오는 "止感調息禁觸 一意化行 返妄卽眞 發大神機 性通功完是"라는 교리내용에 근거를 두고 있다. 즉 삼법수행을 완성하면 커다란 神機가 발한다는 것이다. 고구려의 임아상은 이것을 見神機·聞神機·知神機·行神機로 제시했으며(임아상, 「三一神誥(眞理訓 註)」, 앞의 책, p.34), 민세 안재홍은 이 四大神機를 圓·眞·美·善과 연결하여 풀이했다(안재홍, 「三一神誥註」, 『民世安在鴻選集』 4, 지식산업사, 1992, pp.117-118 참조). 한편 단암 이용태는 이 四大神機를 보다 구체화하여 無所不見·無所不聞·無所不知·無所不行으로 파악한 것이다(이용태, 「政敎略說」, 앞의 글, p.383).

137) 임아상, 「三一神誥(眞理訓 註)」, 앞의 책, p.27.

138) 서 일, 「會三經(三哲)」, 앞의 책, p.133.

139) 서 일, 「眞理圖說」, 『대종교중광육십년사』, 앞의 책, p.117.

140) 이용태, 「大倧敎에서 본 眞理(Ⅰ)」, 앞의 글, p.266.

(2) 調息說

조식이란 숨공부를 말하는 것으로 예로부터 도를 닦는 사람들의 최고의 관심사였다. 이것은 선가(仙家)의 양기연성(養氣煉性)의 가르침과 밀접한 것으로, 뭇사람들은 이것을 통해 무병장수를 꾀하기도 했고 신출귀몰을 꿈꾸기도 했다. 우리가 흔히 말하는 단학수행(丹學修行)[141]은 이 조식을 말하는 것으로, 서 일은 식도육경(息途六境: 芬·殯·寒·熱·震·濕)의 기운 속성과 그 조절 방법을 다음과 같이 제시했다.

> 풀과 나무의 기운은 향기로워 시원하고 숯과 송장의 기운은 더러워서 썩으며 번개기운은 급하여 줄어들며 비의 기운은 느려서 새며 찬 기운은 능히 독하고 모질며 더운 기운은 능히 마르고 답답하게 하니, 이 여섯 가지는 하나도 없을 수 없으며 다 갖추어 있는지라 심하면 사람으로 하여금 기운을 흐리게 하여 도리어 그 해로움을 받게 됨으로, 밝은 눈은 이것을 살피어 능히 삼가고 조절하니 이것이 조식법이다.
>
> 草木之氣 芬芳而爽 炭屍之氣 汚穢而爛 電氣急而縮 雨氣緩而滯 寒能毒厲 熱能燥鬱 此六者 不可一無而極備也 極則令人氣濁 反受其害 慧眼鑑此 能愼節之 此調息之法也.[142]

---

141) 丹學은 外丹(金丹의 복용을 통한 수행성취를 추구)과 內丹(인간의 내부에 있는 氣수련을 통한 수행성취 추구)으로 대별되는데, 전자를 대표하는 문헌으로는 葛洪의 『抱朴子』를 들 수 있고 후자의 대표적 문헌으로는 魏伯陽의 『周易參同契』를 꼽을 수 있다. 전자는 주역의 음양오행사상이 토대가 된 道本儒末의 입장이라면, 후자는 도교적 신선사상을 중심으로 儒道會通論的 입장을 취하고 있다. 한편 우리나라 단학의 대표적 지침으로는 조선조 北窓 鄭 磏이 지은 『龍虎秘訣(一名 龍虎訣·北窓秘訣·北窓訣)』을 내세울 수 있다. 이 책은 후일 단학 수행에 정진하고자 하는 구도자들에게 많은 영향을 끼쳤고 현금까지도 국내 단학의 주요지침으로 평가된다.

142) 서 일, 「眞理圖說」, 앞의 글, p.125.
흔히 일반인들은 조식법을 숨고루기 정도로 쉽게 생각하고 있지만, 전문가들의 견해는 그렇지가 않다. 즉 본격적인 조식수련 이전에 반드시 '吐古納新의 호흡(吐納法)'을 거쳐야 한다는 것이다. 토고납신이란 莊子가 처음 사용한 말로써, 古氣를 뱉고[吐] 新氣를 들어마신다[納]는 의미다. 토납법의 요령으로 몇 가지를 꼽아 보면, 첫째 허파의 濁氣를 모두 뱉어낸 다음 천천히 들숨을 쉬어야 한다는 점, 둘째 날숨 때 배꼽 밑 아랫배를 최대한 움츠리고 들숨 때 아랫배를 단암의 조식설은 북창(北窓) 정 렴(鄭磏)의 단학수행론과 흡사하다. 즉 정북창의 『용호비결(龍虎秘訣)』에 나타나는 체제와 용어가 거의 동일하다는 것이다. 『수진비록』의 '조식설'이 총론과 각론으로 나뉘고 그 각론 구성이 폐기(閉氣)·태식(胎息)·주천화후(周天火候)로 이루어진 것이『용호비결』과 일치한다. 그 내용전개에 있어서도 단암의 조식설 부분은『용호비결』을 상당 부분 긍정·수용하고 있음을 볼 때, 단암은 숨공부의 방법에서는 정북창의 수행논리에 적극적으로 공감한 것 같다. 특히 외단수행(外丹修行)을 거부하고 인간의 기식(氣息)을 통해 수행성취를 추구한 점에서도 동일하다.

먼저 폐기란 '바른 숨모음'의 공부로써, 숨을 그치거나 닫는 것이 아니다. 그러므로 폐기를 배에 기운을 둔다는 의미에서 복기(伏氣)라고도 하고 기운을 쌓아 둔다는 뜻의 누기(累氣)·적기(積氣)·축기(蓄氣)로도 부른다. 단암은 이러한 숨모음을 완성하면 그 이동에 있어서도, 눈을 깃발143)로 삼아 기의 운행을 자유자재로 할 수 있음을 강조했다. 즉 마음이 가는 곳에 기가 가고 마음이 멈추는 곳에 기가 모인다는 이치와 같은 것으로, 이 방법을 통해 기의 사통팔달이 가능해지며 기경팔맥(奇經八脈)144)의 음양중추가 되는 임맥(任脈)145)과 독맥(督脈)146)을 관통할 수 있다는 것

팽창시키는 동작을 의식적으로 한다는 점, 셋째 날숨 때는 혀끝을 아랫니의 뒤편에 대고 들숨 때 혀끝을 윗니 천정에 댄다는 점, 넷째 들숨 때 기운이 하단전에 닿는다는 의식을 갖도록 한다는 점 등을 들 수 있다(이규행, 『단전호흡과 정신문화』, 중앙일보이코노미스트, 2000, pp.34-35 참조).

143) 여기에서 눈을 깃발로 삼아 氣의 운행을 설명한 부분도 정북창의『용호비결』의 내용과 일치하는 것이다. 그러나 눈을 지령체로 삼아 기의 운행을 자유롭게 함은 조식수행의 깊이가 어느 정도 달한 후에 가능하다는 것이 전문수련자들의 조언임을 상기할 필요가 있다.

144) 奇經八脈이란 陽四脈인 督脈·陽蹻脈·陽維脈·帶脈과 陰四脈인 任脈·陰蹻脈·陰維脈·沖脈의 八脈을 말하는 것으로, 仙家의 養生醫學에서 특히 중요시하는 經脈이다.

145) 任脈은 꽁무니뼈 會陰에서 일어나 陰部를 지나 뱃속을 따라 목구멍으로 이어지고 턱밑으로 나와 얼굴을 지나 눈 속으로 들어가는 氣脈을 말함.

이다. 이 지경에 이르면 몸의 풍사(風邪 : 風症과 같이 몸의 해로운 기운을 말함)가 사라지고 몸이 편하여지며 맑은 정신계가 찾아든다고 말한다. 아무튼 단암은 정북창과 마찬가지로 폐기를, 조식공부를 위한 연단(煉丹)의 시작임을 재삼 강조했다.

태식이란 '숨바꿈'의 공부로써, 후천의 호흡을 물리치고 선천의 호흡으로 돌아가는 것이다. 단암은 이것을 인간이 어머니의 태(胎)로 존재할 당시의 호흡으로 환언하는 것이라고 말한다. 즉 폐기가 자리잡으면 단전(丹田)이 안정되고 현묘한 기구멍이 생겨, 이를 중심으로 임맥과 독맥의 흐름을 일정하게 할 수 있다고 했다.[147] 우리의 전통 선도(仙道)에서는 이 단전을 '밝'을 받는 '돌단자리'라고 했는데, 이 말의 참뜻은 하느님을 표상하는 하나[一]의 귀결점인 '배꼽의 씨앗'이란 의미로도 쓰였다.[148] 즉 하느님의 기운과 연결될 수 있는 '정신의 탯줄'이 바로 단전이다. 또한 단암은 호흡에 있어서도 숨기운을 일정하게 입과 코 안에 머물게 할 수 있으므로, 모태(母胎) 속의 호흡으로 돌아 갈 수 있다는 것이다. 이것을 단암은 귀원복명(歸元復命 : 호흡을 태식으로 되돌려 명을 회복함)이라 했고, 벽곡(辟穀)[149]과 등선(登仙)도 이 경지에 이르면 가능하다는 것인데, 이 또한

---

146) 督脈이란 會陰에서 시작하여 등뼈를 타고 腦로 들어가 다시 정수리로 통하여 이마를 따라 콧등을 거쳐 齦交血까지 이어지는 氣脈을 말함.

147) 조식에서는 이러한 지경을 玄牝一竅라 하는데, 玄牝은 많이 사용되는 丹田의 다른 이름이며 전통선도에서는 하늘[玄]과 땅[牝]을 의미하기도 한다. 따라서 현빈일규란 조식수행을 통해 얻어지는 공효로써, 온갖 기맥과 통할 수 있는 단전의 신묘한 구멍이라 할 수 있으며 천지를 꿰뚫는 한 구멍이라고도 일컬어지는 것이다. 정북창 또한 현빈일규를 단학수행의 최고 공효로 꼽고있는 이유가 여기에 있다.

148) 이규행, 『단전호흡과 정신문화』, 앞의 책, p.31.

149) 우리의 전통선도에서는 辟穀을 두 갈래로 풀이하고 있다. 그것은 곡식을 먹지 않고 솔잎·대추·밤 등을 조금씩 먹고사는 방법과 絶食을 하는 방법이다. 전자가 흔히 生食과 관련된다면 후자는 斷食이 연관되는 것이다. 일찍이 다석 유영모가 一日三食은 짐승의 식사법이고 一日二食은 사람의 식사법이며 一日一食은 神仙의 식사법이라고 말하면서, 평생을 一日一食으로 일관했다는 것도 絶食과 연결된다는 점에서 흥미를 끈다.

정북창의 이론과 일치하고 있다.

　주천화후[150]란 '숨돌림'의 공부와 관련된 것으로, 기를 온 몸에 돌려 열기를 퍼지게 하는 것을 말한다. 먼저 단암은 이 단계에서 몸 안의 화기(火氣)를 고요히 앉히지 못하면 오히려 화기를 입어 몸이 상할 수 있음을 경고하고 있다. 그러므로 이 단계에서는 무엇보다도 심신(心身)의 안정을 우선으로 할 것을 권한다. 그리고 문화(文火)와 무화(武火)의 진퇴(進退) 이치를 반드시 살피라고 말하는데, 정북창이 『용호비결』에서 말한 "火에는 文武進退의 法이 있으니, 수련에 있어 살피지 않을 수 없다(有文武進退之法 不可不審也)"라는 지침과 일치하는 것이다.[151] 또한 이 과정에서도 단암은 정북창과 비슷한 논리로, 상단전(上丹田 : 泥丸宮)과 하단전의 조응·교감을 중요시하라고 했다. 운화(運火)의 단계에서 앞의 양자가 서로 조응할 때 비로소 하단전의 불이 따뜻해지고 상단전에서는 자하(紫霞)가 오르면서 따뜻한 불기운의 흐름이 지속된다고 말한다.[152] 이러한 화후(火候)로, 맑고 밝은 기운이 니환궁(泥丸宮)에 맺히는

---

150) 傳統仙家에서는 周天을 경지에 따라, 小周天·全身周天·大周天으로 나눈다. 소주천이란 양기가 進陽火(督脈으로서 尾閭를 지나 夾脊을 타고 玉枕을 거쳐 泥丸까지)와 退陰符(任脈으로서 印堂을 지나 膻中을 거쳐 丹田까지)의 단계를 관통하여 몸을 한바퀴 돈 상태를 말한다. 또한 전신주천이란 소주천의 단계인 독맥·임맥의 氣돌림을 넘어, 奇經八脈의 전흐름에 기돌림을 할 수 있는 상태로 他人의 기와도 교감할 수 있는 경지를 지칭하는 것이다. 한편 대주천이란, 이러한 기가 선천의 기인 元氣로 변하여 沖脈을 뚫고 天地의 氣와 연결되는 상태를 일컫는다.

151) 文武進退의 法이란, 仙家의 調息에서 말하는 文火·武火·進陽火·退陰符의 호흡이치를 말하는 것이다. 먼저 문화라는 것은 文息이라고도 하며 文火呼吸으로도 부른다. 문화는 평온한 복식호흡을 말하는 것으로 평상호흡과는 구별된다. 무화란 무식武息이라고도 하며 武火呼吸이라고도 칭한다. 무화는 의식을 집중시킨 강한 호흡으로 들숨·날숨 외에 숨멈춤[停息]이라는 동작이 있음이 특징이다. 흔히들 문화가 무화보다 쉽다고 하는데, 문화가 무의식중에 행하는 복식호흡임을 깨달은 사람들은, 무화의 터득 위에 문화가 가능하다고 말하고 있다. [進陽火와 退陰符에 대해서는 註 124)를 참조할 것]

152) 이용태, 「修眞秘錄」, 앞의 글, pp.889-891.

것을 대종교에서는 영해(靈骸), 불교에서는 사리(舍利), 도교에서는 현주(玄珠)라고 한다.

(3) 禁觸說

금촉은 몸공부를 말하는 것으로 유가(儒家)의 수신솔성(修身率性)의 이치와 밀접하다. 또한 몸을 닦는다는 것은 부단한 인내를 토대로 세속적 삶을 바꾸어 가는 작업이다. 서 일은 촉도육경(觸途六境 : 聲·色·臭·味·淫·抵)을 금하는 이치를 "교묘한 말이 귀에 들리지 아니함은 나의 귀밝음을 생각함이요 아첨하는 빛을 눈에 접하지 아니함은 나의 밝음을 막을까 두려워함이요 입에 시원한 맛을 들이지 아니함은 병을 삼감이요 코에 비린 냄새의 기운을 맡지 아니함은 더러움을 막음에서요 음란한 욕심을 절제함은 그 몸을 사랑하는 까닭이요 살에 닿음을 미워함은 그 몸을 보호하는 까닭이니, 이것이 禁觸法이다"153)라고 말하고 있다. 한편 단암은 금촉하는 방법으로 금정욕(禁情慾)과 독신고(讀神誥) 그리고 성변화(成變化)의 단계를 제시한다.

금정욕이란 몸의 가달을 버리는 공부로써, 단암은 특히 재리화(財利火)·명리화(名利火)·주색화(酒色火)·분노화(忿怒火)를 정욕(情慾)의 사대욕화(四大慾火)로 보았다. 그리고 이러한 욕심불을 끄고 막을 것을 특히 강조하고 있다.

먼저 단암은 마음이 갈려 정(情)이 되고 정이 나뉘어 욕심이 된다고 한다. 또한 아무리 밝은이라도 욕심이 없을 수 없고 아무리 어리석은 인간이라도 성품이 없을 수 없다는 것이다. 단암은 이것을 본말(本末)과 모자(母子)의 관계로 비유하면서 다음과 같이 설명했다.

---

153) 서 일, 「眞理圖說」, 앞의 책, p.125.
　(原文) 巧言不入於耳者　慮其蔽己聰也　佞色不接於目者　恐其障吾明也口不納爽涼之味者　愼其疾也　鼻不聞腥臭之氣者　防其穢也　節淫慾　所 以愛其身也　惡肌襯　所以護其體也　此禁觸之法也.

> 근본은 하나이나 그 끝은 천 갈래 만 갈래에 이르고 어미는 하나이나
> 열 곱이나 되는 아들·딸을 낳음과 같이, 성품은 참된 일원(一圓)이요, 마음
> 은 선악의 두 갈래요, 정은 공(公)과 사곡[私]과 사특[邪]의 세 뿔[三角]이요,
> 욕심은 소리[聲]와 빛[色]과 냄새[臭]와 맛[味]과 음탕함[淫]과 닿음[抵]의
> 여섯 길[六途]의 무수한 각도로 퍼져 나감을 감추지 못할 사실이다.154)

이것을 보면 단암의 금촉수행은 촉도육경(觸途六境)에서 일원(一圓)으로 향하는 것이라 할 수 있다. 즉 육도(六途)를 다스려 삼각(三角)을 맞추고 성선멸악(成善滅惡)을 통해 일원(一圓)을 실현하는 것이다.

단암은 대부분의 사람들이 여섯 욕심을 다스리지 못하고 죽음을 재촉하는 삶을 살고 있다고 안타까워하며 금촉의 명분도 여기에 있음을 내세운다. 특히 단암은 금(禁)한다는 것이 이목구비의 감각을 완전히 끊는 것이 아니라, 절제하는 것임을 다음과 같이 주장했다.

> 禁함은 耳目口鼻의 功能을 완전히 폐함이 아니라, 음탕한 소리와 사특
> 한 빛을 귀와 눈에 접하지 말고, 나쁜 냄새와 후한 맛을 입과 코에 들이
> 지 말고, 간음과 일함에 있어 난잡하게 하지 말 것이니……155)

더불어 이것이 약 없이도 건강을 유지하는 방법이며, 기혈을 기르고 정수(精髓)를 보전하는 첩경임을 단암은 강조하는 것이다.

다음으로 독신고란, 대종교의 각사(覺辭)와 삼일신고(三一神誥)의 독송을 통해, 사념(邪念)을 끊고 촉도육경(觸途六境)을 다스려 가는 공부를 말한다. 이것은 종교의 진리를 담고 있는 경전을 읽거나 외우거나 씀으로 해서, 세악명선(洗惡明善) 혹은 축마영신(逐魔迎神)의 길을 도모하고자 하는 종교의 일반적 현상이라 할 수 있다. 그러나 대종교에서의 독신고는 남다른 의미를 동반한다. 즉 대종교 전래 기록 중 「삼일신고독법(三一神誥讀法)」

---

154) 이용태, 「修眞秘錄」, 앞의 글, p.892.
155) 이용태, 같은 글, p.892.

을 보면, 고구려 초기의 현신(賢臣)이었던 극재사(克再思)의 말을 인용하여 다음과 같이 적고 있다.

베옷[麻衣] 극재사가 가로되, 아아 우리 믿는 무리는 반드시 神誥를 읽되, 먼저 精한 방을 잡아서 眞理圖를 벽에 걸고 세수하여 몸을 깨끗이 하며, 衣冠은 항상 바르게 하고 술과 고기를 끊으며 향불을 피우고 단정히 꿇어앉아서, 잠잠히 하느님께 빌고 크게 믿는 다짐을 세우며 모든 사특한 생각은 다 끊고, 삼백 예순 여섯 낱[顆]의 큰 檀珠를 가지고 한 마음으로 읽되, 단주로 正文 삼백 예순 여섯 말의 진리를 위·아래로 통하여 단주와 더불어 맞도록 일관되게 하라.

삼만 번을 읽으면 재액이 점점 사라지고 칠만 번이면 병이 침노하지 못하고 십만 번이면 총칼을 가히 피하고 삼십만 번이면 새·짐승을 길들이며 칠십만 번이면 사람과 귀신이 다 두려워하고 일백만 번이면 신장과 선관들이 지도하고 삼백 육십 육만 번이면 삼백 예순 여섯 뼈를 바꾸며 삼백 예순 여섯 혈에 모이며 삼백 예순 여섯 도수로 합하고 괴로움을 떠나 즐거움에 나아가서 그 심묘함을 가히 다 적지 못할지라.

만일 입으로 외우되 마음에는 어기고 간사한 소견을 일으켜서 버릇없음이 있으면 비록 억만 번 읽을지라도 마치 바다에 들어가 범을 잡는 것 같아 마침내 성공을 못하고 도리어 壽祿이 줄게 되며 화와 해가 곧 이르고 굴러 괴롭고 어두운 누리에 떨어져서, 아득하게 머리를 낼 기회가 없으리니 가히 두렵지 않을까! 힘쓰고 힘쓸지어다.156)

이 기록을 보면 첫째 단락에서는 독신고를 위한 방법을 설명하고 두 번째 단락에서는 독신고의 자세와 공효를 말하고 있다. 즉 경건하고 정

---

156) 「三一神誥讀法」, 『譯解倧經四部合編(全)』, 앞의 책, pp.39-42.
(原文) 麻衣克再思曰 嗟我信衆 必讀神誥 先擇精室 壁眞理圖 盥漱潔身 整衣冠 斷葷酒 燒栴檀香 斂膝跪坐 默禱于一神 立大信誓 絶諸邪想 持三百六十六顆大檀珠 一心讀之 正文三百六十六言之眞理 徹上徹下 與珠合作一貫 至三萬回 灾厄漸消 七萬回 疾疫不侵 十萬回 刀兵可避 三十萬回 禽獸馴伏 七十萬回 人鬼敬畏 一百萬回 靈哲指導 三百六十六萬回 換三百六十六骨 湊三百六十六血 會三百六十六度 離苦就樂 其妙不可殫記 若口誦心違 起邪見 有褻慢 雖億萬斯讀 如入海捕虎 了沒成功 反爲壽祿減削 禍害立至 轉墮苦暗世界 杳无出頭之期 可不懼哉 勖之勉之.

성된 수행의 자세로 임할 때에 공효가 나타난다는 것이다. 그리고 마지막 단락에서는 형식과 사념(邪念)에 의한 독신고를 경고하는 내용으로 전개된다.

단암 또한 독신고의 방법으로 위와 같은 동일한 방법을 제시하였으며 그 공효에 대해서도 확신하고 있다. 또한 지성이면 하늘이 감응한다고 함은 수도하는 사람의 격언임을 강조하면서, 수행성공의 유무가 신념과 정성에 달렸음을 내세웠는데, 다만 단암은 이러한 독신고를 금촉의 주요한 수행수단으로 보았다는 것이다.157)

성변화 또한 금정욕과 부단한 독신고를 통해 얻어지는 정성의 결과로써, 단암은 참[眞]을 닦는 사람이 겪는 신비로운 변화라고 정의했다. 단암이 말하는 성변화는 앞의 「삼일신고독법」에 나타나는 공효부분과 거의 일치한다. 다만 단암은 성변화의 신묘함에 대한 현대인들의 불신을 다음과 같이 조언하고 있다.

> 물질은 형체가 있으므로 자연적인 변화도 있고 인위적인 변화도 있음을 눈으로 볼 수 있으나, 마음은 본래 형체가 없이 허령한 것이므로 고요하면 보이지 아니하고 움직이면 나타나는 작용의 변화가 지극히 큰 것을, 눈으로 볼 수는 없어도 자각으로써 인식하게 되는 것이다. 빈 것, 곧 虛는 본래 부피가 없고 靈은 일정한 한정이 없으므로, 형체가 있는 물체는 변화의 도수가 더디고 형체가 없는 물체의 변화는 그 도수가 빠르다는 것은 현대의 과학상에서도 잘 알고 있는 바이다.158)

즉 단암은 물질적 변화보다 정신적 변화가 더 크고 빠르다는 것인데, 이것은 종교적 징험이나 공효를 설명함에 빼놓을 수 없는 논리이기도 하다. 따라서 단암이 말하는 성변화의 전제 또한, 정신적인 수양과 이해가 우선되어야 함을 알 수 있는 것이다.

---

157) 이용태, 「修眞秘錄」, 앞의 글, pp.893-894.
158) 같은 글, p.898.

한편 단암은 성변화를 위한 핵심요소로 진선(眞善)과 성신(誠信)을 다음과 같이 내세우는데,

> 逆境에서도 善을 행하면 順境으로 변화하고 편안한 곳에서도 惡을 행하면 위험한 데로 떨어지게 되는 것이 하늘의 이치인데, 이와 같이 변화하는 근본은 眞善이고 그 작용은 誠信인 바 평소에 착한 마음으로 아름다운 행동을 쌓으면서 오직 하나요 둘이 없는 정성을 다하고 믿음을 다하면 그 어떤 일을 기원하여 이루지 못할 이치가 있으랴.[159]

여기서 성변화 논리의 근본이 되는 진선(眞善)이 대종교의 선복악화론(善福惡禍論)에 기반을 두었음을 알 수 있다. 즉 「삼일신고」 '진리훈'에 나오는 "마음은 성품에 의지하여 착함과 악함이 있으니, 착하면 복되고 악하면 화가 된다.(心依性 有善惡 善福惡禍)"[160]는 가르침에서 출발하는 것이다. 이것은 모든 진리가 선악에서 그치고 모든 선악은 인류의 정신이 추구하는 바와 연결되어 있음을 밝히면서, "扶善滅惡이 眞理에 있어서 歸結된 眞理요, 忘善行惡이 逆理에 있어서 墮着된 逆理이니, 順興逆亡은 國家와 個人을 莫論하고 人類의 歷史가 明證한다."[161]고 간파한 단암의 부연과도 일맥한다.

또한 성변화를 위한 정성된 믿음[誠信]의 전제로, 단암은 '착한 마음으로 아름다운 행동을 쌓을 것'을 강조하고 있다. 이 또한 대종교의 「삼일신고」 '천궁훈'의 다음 가르침과 밀접하다.

> 하늘은 하느님의 나라라, 하늘집이 있어 온갖 착함으로 섬돌하고 온갖 덕으로써 문을 삼았느니라.(天神國 有天宮 階萬善 門萬德)[162]

---

159) 같은 글, p.897.
160) 「三一神誥(眞理訓)」, 앞의 책, p.29.
161) 이용태, 「新文化는 東方에서 싹튼다」, 앞의 글, p.312.
162) 「三一神誥(天宮訓)」, 앞의 책, p.20.

즉 믿음으로 지향하고자 하는 최고의 가치실현이 '온갖 선을 쌓아야[萬善階]' 닿을 수 있는 곳에 존재하고 있는 것이다. 따라서 단암 수행에 있어서의 금촉이라는 것은 악행을 금하라는 것이며 오히려 선행은 부단히 부딪히라는 역설로도 이해된다. 이것은 민세 안재홍이 대종교의 삼법수행에 있어 자수련(自修鍊)과 선봉행(善奉行)이 반드시 병행되어야 함을 강조한 것과 일맥하며,163) 삼법수행의 최종목표인 성통공완(性通功完)에 대해 지행일치적 관점에서 설명한 백포 서 일의 다음 기록과도 흡사하다.

> 능히 나의 본연의 참됨을 아는 것[知]을 性通이라 이르고, 능히 나의 당연함을 행하는 것[行]을 功完이라 이르니, 알고 행하지 못함이 아는 것이 아니요 알지 못하고 행하는 것이 아는 것이 아니니라.164)

이렇듯 단암수행의 요체는 그의 저술인 「수진비록」에 정리되어 있는 삼법수행에 있음을 확인할 수 있다.

더불어 삼법수행의 과정에서 단암이 강조한 또 하나는 삼법병수(三法竝修)와 함께 조식법의 중요함을 언급하고 있다는 점이다. 즉 지감법만을 수행하면 영적인 깨달음은 얻을지언정 정신과 육체의 단련은 얻을 수 없고, 금촉법만을 수행하면 수신을 통한 덕행의 아름다움은 가질 수 있으나 영각(靈覺)이나 단련(鍛鍊)은 접근할 수 없으며, 조식법만은 삼법을 병수(竝修)할 수 있는 기본적 수행법으로 보았던 것이다.165)

---

163) 안재홍, 「三一神誥註」, 『民世安在鴻選集』 4, 지식산업사, 1992, p.119.
164) 서 일, 「會三經(三我)」, 앞의 책, pp.198-199.
　　(原文) 能知我本然之眞 曰性通 能行我當然之極 曰功完 知而不行非知也 不知而行非行也.
165) 이규행도 삼법수행을 性通功完을 위한 최상의 통로로 꼽고 있다. 그가 제시하고 있는 삼법수행의 핵심적 방법조건은, 첫째 지감법은 正統跪坐法을 기본으로 삼아야 한다는 것, 둘째 금촉법은 天符合掌法을 중심으로 보아야 한다는 것, 셋째 조식법은 山澤通氣法(들숨을 코로하고 날숨을 입으로 하는 호흡법)을 기본으로 따라야 한다는 것을 강조했다. 이 방법으로 정진하면 누구든 쉽게, 수행으로 얻어지는 氣의 탯줄인 道胎를 체득할 수 있다는 것이다(이규행, 「단전호

또한 단암은 삼법을 삼교(三敎 : 儒·佛·仙)의 수행특성과 일대 일 대응을 시키면서 삼교의 수행적 한계를 지적함과 더불어 삼법수행에서도 삼일철학을 통한 삼교합일적 성격이 담겨 있음을 다음과 같이 제시했다.

> 儒家의 靜工夫는 誠正極致와 窮理修身의 要諦이며, 佛家의 參禪工夫는 無罣無礙와 無界無得의 空法이며, 仙家의 成丹工夫는 養氣鍊性과 解脫飛昇의 妙法이나, 다 支流分派의 缺陷이 없다고 認證하기 어렵다.166)

이것은 서 일이 「회삼경」에서 제시했듯이, 삼법수행이 삼교일치의 묘리(妙理)를 담고 있다는 논리에서도 확인된다.167)

더불어 단암은 조금의 노력만 있다면 이 삼법수행을 생활 속에서도 상행(常行)할 수 있다는 것이다. 단암은 이것을 보통수양이라고 했다. 그리고 이보다 한 단계 더 나아가 정진하는 것을 특별수양이라 불렀다. 이 방법은 반진(返眞) 공부를 통하여 일의화행(一意化行)168)을 추구하는 공부로써, 반드시 스승 혹은 전문가의 지도를 받아야 함을 조언한다.169)

IV. 結 論

단암 이용태는 독립운동가·사회개혁가 이전에 사상가였다. 그의 사상적 방향은 종교사상으로 꽃피웠으며, 그 바탕에는 대종교의 삼일철학이

흡과 정신문화」, 앞의 책, pp.124-125 참조).

166) 이용태, 「迷悟判途」, 앞의 글, p.223.

167) 김동환, 「大倧敎와 弘益人間思想」, 앞의 글, pp.333-334 참조.

168) 一意化行이란 「三一神誥」 '眞理訓' 마지막 부분에 나오는 말이다. 먼저 一意란 온갖 邪念을 끊고 하나의 바른 뜻으로 꺾임·물러남·흔들림·움직임 등이 없이 큰 뜻을 이루는 것이며, 化行이란 밝은 이의 둘도 없는 寶訣로써 거짓을 돌이켜 진정한 참을 완성함이다.

169) 이용태, 「迷悟判途」, 앞의 글, pp.220-223 참조.

자리잡고 있었다. 또한 그의 종교사상은 양적으로나 질적으로, 대종교를 넘어 한국 근대 종교사상사의 한 부분을 차지함에도 결코 손색이 없음을 확인할 수 있었다. 특히 그가 보여준 논리적 분석력과 이성적 통찰력은 사상가로서의 단암이라는 호칭에도 부합되는 깊이와 혜안을 볼 수 있었다.

단암이 평범한 유림향사(儒林鄕士)에서 민족종교사상가로 변화된 계기는, 시대적 변화를 갈망했던 그가, 육당 최남선의 글들을 접하면서다. 그 계기로 대종교에 귀의하면서 단암의 본격적인 연구가 시작된다. 특히 단암이, 당시 대종교총본사가 있었던 만주로 건너가 종무(宗務)에 참여하면서부터 왕성한 연구작업이 시작된 것이다.

살펴본 바와 같이 단암의 사상은 한마디로 대종교사상으로 집약된다. 그의 종교사상이 철저하게 대종교의 교리를 토대로 엮어져 있기 때문이다. 그는 종교를 인간과 나누어 생각할 수 없는 인간 본성의 가치로 간주하면서, 교화를 통한 인격완성을 종교의 목표이자 기능으로 보았다. 또한 대종교의 교의인 홍익인간의 토대 위에서 모든 종교의 하느님은 하나라는 대아적 종교관을 제시했으며, 맹신 혹은 미신과 구별하여 올바른 믿음[正信]을 엮을 수 있는 신앙관을 외치기도 했다.

그의 신관(神觀)은 대종교의 신관념을 토대로, 초월과 내재가 조응하는 범재신론적인 입장을 보여주고 있다. 그리고 그러한 신관을 토대로 창조론과 진화론이 어울어진 신화론(神化論)을 독특하게 들고 나온 것이다.

한편 단암의 진리관은 대종교의 삼일철학 체계 위에서 분명해진다. 대종교의 진리는 삼일일 뿐이다라고 간파한 그의 외침이 그것이다. 그러므로 단암은 모든 이치가 하나에서 셋으로 나아가 만유운용이 이루어지고, 다시 셋으로 모여 하나로 귀일하는 삼극일본(三極一本)의 진리를 설파했다. 그가 체경(體經)인 「천부경」을 용경(用經)인 「삼일신고」와 연결하여 철저하게 설명하려 한 것도 이러한 배경으로 이해할 수 있다.

끝으로 단암 수행관의 핵심 역시 대종교의 삼법수행에 있다. 그의 저술인 「수진비록」이 삼법수행에 대한 체계적인 설명서이기 때문이다. 단암은 「수진비록」을 통해 삼법수행의 방법과 실천요령을 지감설·조식설·금촉설로 나누어 체계적으로 제시했다. 또한 단암의 수행관 정립에는 단애 윤세복이 지은 「삼법회통」이 크게 영향을 끼쳤으며, 특히 조식설 부분에서는 정북창의 「용호비결」을 적극 수용하고 있음이 주목된다.

　아무튼 단암의 종교사상은, 한국 근대 민족 종교사상사에 있어 덮어둘 수 없는 고귀한 기록들로 평가될 만하다. 특히 해방 후 연구기록이 일천한 대종교단으로서는, 단암의 연구가 금과옥조와 같은 기록임을 헤아린다면, 향후 본격적인 연구가 기대되는 부분이다.

ABSTRACT

Danam Lee Yong-Tae's religious thought

Kim, Dong Hwan

The main purpose of this thesis is to look into the process of the formation of Dan-Am' thought and analyze the essence of his religious thought which is mainly made up of the thought Daejonggyo. Especially this thesis concentrates on providing the basis of the study of Dan-Am's religious thought by generalizing his religious thought in terms of his view of religion, his view of deity, his view of man, and his view of ascetic practices.

Dan-Am Lee Yong-Tae is the religious thinker who is not well known to the world. That is first of all because the regions where he was born and had led an active life were restricted to Je-Cheon, Chung-Cheong province in Korea and Manchuria, not the heart of Korea and then because he had played a secret part in Daejonggyo as if he were a member of an underground organization, finally because the materials on Daejonggyo had disappeared or been extinct. That seems to be partly because it was not until as lately as 1997 a lot of wrings containing the key to his thought were published that they was known to the society.

Dan-Am Lee Yong-Tae established the framework of his knowledge by learning Chinese writing from his childhood as classical scholars of the day did. In the process of such learning, he naturally became familiar to Confucian sentiment and culture and spent his adolescence in the atmosphere like that. Of course, judging from the fact that no fundamental writings connected with an inquiry into Confucian principles were found, Dan-am seems to have led an ordinary life in accordance with Confucian ideas in that time.

Only after he coverted to Daejonggyo, did he formulate the system of his religious ideas in an orthodox way. He entered Daejonggyo from a spontaneous motive. It is no exaggeration to say that he spent all the latter half of his life in Daejonggyo. The academic writings about religious ideas which he left behind are consistent with the main theme of "the inquiry into the essence of Daejonggyo". This shows that Dan-Am's religious ideas consist of mainly the ideas of Daejonggyo. Also this means that the ideas of Daejonggyo constitute the core of all his life.

There is no denying that in the view of the fact that since Korea was released from the Japanese Empire, the religious body of Daejonggyo have not had sufficient research writings about Daejonggyo his achievements in the study of Daejonggyo are fairly considerable. Especially high value is placed on the result of his research in the fields of the doctrine and ascetic practices in that it can be the indispensible guide for the intelligent people and scholars who intend to have access to and make a study of Daejonggyo from now. It is noticeable that the records which he left behind contain profound insights in terms of quality and quantity as well as the depth of analysis.

제 2 부
형제 독립투사의 생애와 사상

- 단암 이용태의 생애와 독립운동
- 일제 강점기~제1공화국기 大倧敎人 이용태의
  민중계몽활동과 한국식 민주주의론
- 如山 李容俊의 生涯와 抗日獨立鬪爭

단암 이용태의 생애와 독립운동

이동언(李東彦)[*]

Ⅰ. 머리말

한국독립운동사에서 대종교의 항일투쟁은 민족종교로서 뿐만 아니라 독립운동의 구심체로서의 역할과 함께 괄목할 만한 업적을 남겼다. 그러나 이 분야에 관한 체계적인 연구는 아직 미진한 실정이다. 무엇보다도 자료의 부족으로 인해 연구에 어려움이 있다고 하겠다. 임오교변으로 인한 일제의 대대적인 대종교 탄압과 함께 상당량의 대종교 관련자료가 압수 당하였다.[1]

이러한 대종교의 항일투쟁에 관한 자료의 한계를 극복하기 위해서는 관련자료의 지속적인 발굴·수집과 함께 개인 인물에 관한 연구[2]도 접

---

[*] 한국독립운동사연구소 책임연구원.

[1] 1915년 일제의 종교통제안으로 대종교 탄압이 본격화되자, 중국으로 망명한 이후 비밀리에 활동이 이루어져 기록이나 자료가 거의 남아 있지 않다. 일부 개인전기와 당시 신문기사가 있다.

[2] 최근 대종교 관련 인물연구로는 다음과 같은 연구성과가 있다.

강천봉, 「대종교와 백산선생」, 『나라사랑』 제19집, 외솔회, 1975.

박 환, 「나 철의 인물과 활동 : 대종교 창시 이전을 중심으로」, 『만주한인민족운동사연구』, 일조각, 1991.

이동언, 「백산 안희제 연구」, 『한국독립운동사연구』 제8집, 독립기념관 한국독립운동사연구소, 1994.

근 방안이 될 수 있다고 생각한다. 물론 개인 인물연구는 한계점과 차별성도 가지고 있다. 그러나 대종교의 항일투쟁은 다양하게 전개되었고 최종목표는 '국권회복'이었다. 일제 침략기를 살면서 어떤 계기로 대종교에 입교하였고, '왜 대종교를 통한 독립운동에 투신하게 되었는지?'를 살펴보는 것도 그 시대의 대종교 항일운동을 올바로 이해하는데 있어 중요한 의미를 가지는 연구작업의 일환이 될 수 있다. 아울러 대종교를 통한 항일투쟁의 실체를 좀 더 구체적으로 이해할 수 있지 않을까 생각한다.

본고는 그 사례 연구로 단암(檀菴) 이용태(李容兌)를 통해 접근해 보고자 한다. 이용태는 1942년 임오교변 당시 일경에 체포된 대종교 지도자로 알려져 있다. 본고에서는 그동안 잘 알려지지 않은 이용태의 생애와 다양한 독립운동에 관하여 살펴보고자 한다. 본 연구의 가장 어려운 점으로 역시 자료의 한계를 언급하지 않을 수 없는데 다행히 최근에『애

김동환, 「인물로 본 대종교의 역사」,『월간중앙』WIN 11월호, 중앙일보 J&P, 1998.
이동언, 「홍암 나 철의 생애와 구국운동」,『대종교중광90주년기념학술회의발표문』, 1999.
조항래, 「무원 김교헌의 생애와 업적」,『대종교중광90주년기념학술회의발표문』, 1999.
김동환, 「백포 서 일의 생애와 사상」,『대종교중광90주년기념학술회의발표문』, 1999.
김종성, 「단애 윤세복의 생애와 사상」,『대종교중광90주년기념학술회의발표문』, 1999.
김동환, 「백산 안희제와 대종교」,『국학연구』5, 국학연구소, 2000.
서굉일, 「단애 윤세복과 독립운동」,『단애윤세복선생추모공훈선양학술강연회발표문』, 대종교총본사, 2001.
최윤수, 「민족지도자로서의 단애 윤세복」,『단애윤세복선생추모공훈선양학술강연회발표문』, 대종교총본사, 2001.
신인애, 「옥중저술을 통해 본 단애 윤세복」,『단애윤세복선생추모공훈선양학술강연회발표문』, 대종교총본사, 2001.
정영훈, 「홍암 나 철의 사상과 현대적 의의」,『홍암 나 철 정신의 현대적조명을 위한 학술회의 발표문』, 보성문화원, 2001.
이동언, 「홍암 나 철 선생의 우국적 삶」,『홍암 나 철정신의 현대적 조명을 위한 학술회의 발표문』, 보성문화원, 2001.
강맹산, 「대종교와 이수원 선생」,『일제하 만주지역에서 대종교의 항일운동 한중학술회의 발표문』, 2001.

국지사 단암 이용태 선생 문고』3)가 간행되어 대종교 관련 서적들과 그 동안의 연구성과를 참고하여 정리해 보고자 한다.

Ⅱ. 출생과 국내에서의 활동

이용태는 1890년 8월 12일(음력) 충청북도 충주시 산척면 광동리에서 출생하였다. 본관은 광주(廣州)이고, 자(字)는 백삼(白三), 호(號)는 단암(檀菴)이다.

5세가 되던 해인 1894년 제천시 백운면 모정리로 이사하였고, 연당(連堂) 이선춘(李善春)에게 한학을 배우기 시작하였다.

1900년 같은 면(面)의 주론리(酒論里)로 이사한 후 길현리에 사는 신당(愼堂) 임의상(林宜相) 문하에서 박제덕·임병필·임병문·임병순·이석대·강규희 등과 함께 수학하였다.

1903년(14세) 동리의 원선생 문하에서도 수학하였다.

이후 왕당리로 이사한 후 1904년(15세) 충북 괴산군 장연면의 최씨와 결혼하였다. 또다시 연당 이선춘에게서 수학하였고, 1905년(16세) 중원군 근좌면(현재 제천시 봉양읍) 원박리로 이사하였고, 1906년(17세) 동리에 사는 홍성훈 문하에서 수학하였다.

이용태가 살던 제천은 의병의 메카로 의병이 활발하게 전개되었는데 1907년 그가 18세가 되던 해로 당시 상황을 다음과 같이 기술하고 있다.4)

> 5월에 접어들면서 각지에서 의병이 떼를 지어 일어나고 인심은 몹시
> 어지러워지니 이는 곧 나라가 다른 나라의 침략을 받아서 모든 일이 날로

---

3) 박달재수련원, 『愛國志士 檀菴 李容兌 先生 文稿』, 東禾書館, 1997(이하 『단암문고』로 함).
4) 『단암문고』, p.989.

그릇되어 백성의 생활은 도탄에 빠지고 임금의 위급함이 조석에 달려 있는 까닭이라. 7월 14일 밤에 의병의 부대가 마을 앞길을 지나서 충주방면으로 갔는데 밤이 깊어서 일본군대들이 노략질을 하면서 쳐오는데 길가의 집들을 모두 불지르고 마을사람 네 사람이 총살을 당하였다. 그 처참한 형상이 이에 이르러 심신이 아울러 놀라서 어찌할 바를 알지 못하였다.

1908년 이용태는 근좌면 공전리에 사는 습재(習齋) 이직신(李直愼)5) 문하에서 이량우·윤창호·홍기오·정해문 등과 함께 수학하였다. 이직신은 화서 이항로의 연원인 성재 유중교의 문인이다.

이용태는 21세가 되던 해인 1910년 4월 서울로 상경하여 이종두와 더불어 양약국을 경영하다가 경술국치를 당하자 당시의 심정을 다음과 같이 토로하였다.6)

시국의 변천이 날로 심하고 나랏일은 점점 위태로워지니 사람마다 통분하지 않은 이 없고 뜻있는 사람 치고 분하고 의기심에 한탄하지 않는 이 없으나 나라의 운수가 장차 쇠하니 인도에 바름이 없어지고 밖에는 침략해 오는 적이 있고, 안에는 나라를 파는 도둑이 있으니 어찌 오래 갈 수 있으랴. 슬프다! 7월 25일에 이르러 한일합병의 유고가 선포되니 온 나라안은 피눈물이 더하여짐을 깨닫지 못하겠고 정성스러운 마음에 통분을 아로새김을 누르기 어렵도다. 슬프고 원통하다! 어찌하여 하늘은 이 백성을 근심하여 건지지 아니하고 장차 나라의 운명을 오랑캐의 손에 떨어뜨리려 하는고? 이천만 백성이 통곡하는 소리는 중천에 사무치는데 삼천리의 넓은 국토는 문득 임자를 잃었도다. 이 날을 당하여 우리 조선민족이 된 사람이라면 그 누가 불공대천의 원수임을 가슴 깊이 새겨 두지 아니하랴. …(중략)… 대개 오늘의 시국형세를 말하자면 나라는 망하고 임금은 없어지고 세상은 쇠퇴하고 도덕은 잦아들어 천운의 비색함이 그 극도에 다다랐는데 하물며 집과 내 몸이 극도에 달한 것을 다시 말해 또 무엇하랴. 지난날이 멀고 오래되어 상고할 수 없음은 운세이니 쫓는다 하더라도 미치지 못할 것이요 앞날을 계승함은 무궁한 이치라. 순하면 반드시

---

5) 같은 책, p.991. 이직신은 1910년 경술국치후 일제가 의병을 일으킬 것을 꺼리어 청풍헌병대에서 검거하자, 같은 해 류의석과 함께 중국으로 망명한다.
6) 같은 책, pp.991-994.

이르나니 스스로 사람의 도리를 닦음만 같지 못하고 세상일을 갈아 다스
림만 같지 못하므로 드디어 옛일을 상고할 마음을 끊어 버렸다.

이용태는 당시 국제정세의 인식과 서양의 근대적인 학문과 기술을 긍
정적으로 수용하여 계몽주의로 전환하게 된다. 아울러 정치혁신과 교육
의 중요성을 강조하며 계몽운동에 투신하게 된다. 이러한 이용태의 시대
인식과 사상전환은 그가 남긴 「행년략기」[7]에 잘 나타나 있다.[8]

가만히 세계의 대세를 미루어 생각하고 돌이켜 우리나라의 운명을 생
각할 때 내가 고집을 가짐은 옳지 아니한 바가 있으니 무엇인가 하면 시
간에는 예와 지금의 차이가 있고 학문에는 새 것과 낡은 것 곧 신구의 분
별이 있으며 하늘에는 봄과 가을의 변천이 있고 해에는 낮과 밤의 나뉨이
있어 사람이 이 가운데 났으니 임기응변은 이치에 당연한 바라. 가을을
맞아 곡식을 거두어들이지 아니하고 씨뿌리는 봄철의 일을 하고자 한다면
그 일이 과연 될 것인가. 여름날에 시원한 삼베옷을 입지 아니하고 솜옷
의 겨울옷을 입고자 한다면 적합하다고 할 것인가? 애달프다. 우리 반도
국가의 쇠망함은 정치를 혁신하지 아니함에 있고, 민족이 고통을 당하고
압박을 받는 것은 교육을 받지 못한데 있다. 이제 국권의 회복을 바라고
시급히 민족의 자유를 구할진대 무릇 우리 이천만 동포가 반드시 분발하
여 용감한 마음을 떨쳐 일으키고 교육과 실업 등을 먼저 급속히 개혁함으
로써 열혈과 적성을 마음속에 쌓아 두고 몸을 복수하기 위한 적과의 싸움
터에 희생물로 바치며 세계의 앞선 문화를 수입하여야 한다.
장래에 나라를 위하고 집안을 위한 정치를 행한다면 가히 망국의 치욕
을 씻을 것이요, 가히 불공대천의 원수를 갚을 것이요, 가히 생활의 행복
을 얻을 수 있을 것이니 어찌 시급한 일이 아니며 어찌 각성하지 아니하
랴. 비록 이 세상에 빌붙어 사는 하나의 식충으로서의 생각으로도 이에
이르러서는 정신이 크게 변하여 다리를 속세의 풍조에 물드는 마당에서
빼고, 몸을 혁신하는 곳에 내던질 것이다. 그러나 진실로 옛을 그르다고
하는 마음이 아니어서 그러함인가, 또는 오랑캐로 화하는 마음이 아니어
서 그러함인가?

---

7) 「행년략기」에는 이용태 개인의 사사로운 기록뿐만 아니라 농사의 풍흉과 국내외
정세가 모두 기록되어 있다.
8) 『단암문고』, 앞의 책, pp.994-996.

애달프다, 하루아침에 오래 사귄 친구들의 자취가 끊기고 중화를 높이던 의리가 이 몸에서 사라져 가고, 중화와 오랑캐와 사람과 짐승을 판단하는데 만약에 혹시 그 옳고 그름을 알지 못했다면 반드시 부끄러워 할 것이 아니요, 이미 그름을 알고 행하였다면 마음에 스스로 부끄러움이 이루 말할 수 없을 것이며 사우의 죄는 남이 먼저 바루며 죄인은 먼저 역사를 기록하는 붓끝으로 그 죄를 성토하여 굴복하여야할 것이나 사는 것이 불의인지 죽은 것이 의인지 모르겠고, 한 때에 권세를 부린 것이 4천년의 나라 원수로 갚아진 것인지도 모르겠도다. 내 몸이 죽어 간 뒤에 사우들의 죄를 논한다고 하면 그 때는 어떻게 할 것인가.

이용태는 1913년 4월 20일 충청북도 중원군 근좌면(현재 제천시 봉양읍) 면서기로 임명되어 근무하였다. 1915년 4월 군 동리의 통폐합규정이 발포되어9) 근우면과 근좌면을 1개의 면으로 통합하여 근우면사무소로 옮겨 근무하였다.10)

이용태가 면서기로 근무하던 중 1919년 4월 17일 충청북도 제천에서 대규모 만세시위 운동이 일어났다. 3·1 만세시위가 일어난 1919년은 이용태가 30세가 되던 해로 당시 국내정세를 그는 「행년략기」에 다음과 같이 기록하고 있다.11)

이 해의 물건값은 아주 비싸서 쌀 한 섬의 값이 60원이요, 콩 한 섬 값이 25원 광목 한 자 값이 50전이요, 솔가지 나무 한 짐 값이 3원을 헤아리니 이것은 고금에 처음 보는 일이라. 사람이 살아가기가 어려움을 또한 헤아리기 어렵도다. 여름철에 가뭄이 매우 심하여 비가 40여일 동안 오지 아니하여 오곡이 모두 타고 온갖 풀들이 다 말라서 인심이 몹시 어지럽더니 마침내 큰 비가 내려 얼마간의 곡물이 소생은 하였으나 한해가

---

9) 일제는 1910년 6월 구한국 경찰업무 일체를 빼앗아 1914년 지방 행정개편 에 맞추어 헌병경찰의 관할 구역을 조정하여 거의 1郡에 1경찰서 또는 경찰업무를 취급하는 1헌병관서를 설치함으로써 일반행정과 경찰업무를 연결시켜 식민지 통제를 강화하였다. 일제의 행정개편은 오로지 식민통제 강화를 위함이었다.
10) 『단암문고』, 앞의 책, pp.996-997.
11) 같은 책, pp.998-999.

심한 논은 짚을 거두어 드리지 아니하고 버린 것이 없는 곳이 없다. 수해
도 또한 매우 심하여 얼마간 남은 곡물도 또 손해를 보아 수해와 한재가
아울러 극심하였으니 가히 흉년이라 하겠는데 유독 치우치게 피해를 본
곳이 황해도와 평안도와 함경도와 경기도와 충청남도들이다(하략).

제천군은 강원도 남부지방과 연결되는 교통 요지에 위치하여 상인들
의 왕래가 빈번하였고, 또한 개항 이래로 의병활동이 치열하게 벌어진
항일투쟁의 본거지이다. 일제의 식민통치 이후에도 일제관헌의 경계가
가장 심하였고, 3·1 운동이 일어난 뒤에도 일본군 수비대가 들어와 엄
중하게 경계하던 지역이었다. 이와 같이 일제가 사전에 철저하게 단속을
하였음에도 제천공립보통학교(堤川公立普通學校) 졸업생과 중퇴생들이 중
심이 되어 만세 운동을 계획하였으나 사전에 발각되어 실패하고 말았다.

4월 17일 읍내에서 대규모 만세 시위가 일어났는데 주동 인물은 의림
리(義林里)의 이범우(李範雨)였다. 이범우는 3·1 운동이 일어나기 전 서울
에서 최 린(崔麟)을 만나 '독립선언서'를 얻어 제천으로 돌아온 후 권종필
(權鍾弼)·이기하(李起夏)·전필현(全弼鉉) 등과 함께 거사를 계획하다가 보
통학교 학생들의 검거 사실에 격분하여 즉석에서 운동을 전개할 것을 결
의하였다. 이들은 태극기와 격문을 준비하여 4월 17일 제천 시장에서 대
규모 만세시위를 벌였다. 100여 명 이상의 군중이 모인 17일 대규모 시
위는 경찰서를 3차례나 습격하는 등 무력시위 양상을 띠었고, 그 결과
다수의 사상자가 발생하였다. 제천지역 3·1 운동과 관련하여 체포된 이
범우·권종필·이기하·전필현 등은 각각 8개월 형을 받고 옥고를 치렀
다. 그밖에도 4월 8일에는 송학면에서 만세 시위가 일어났고, 청풍(清風)
은 보통학교 학생들의 만세 시위가 있었다.12)

3·1 운동 당시 면사무소 서기로 근무하던 이용태는 동생 이용준이 독

---

12) 국사편찬위원회, 『독립운동사』 제3권 [3·1 운동사(하)], 1966, pp.71-75 ; 충청북
　　도도지편찬위원회, 『忠淸北道誌』, 1992.

립만세 운동을 전개하다가 일경에 체포되는 현장을 목격하고 자신도 독립 만세 운동에 적극 참여할 것을 결심하고 면장에게 사표를 제출하였다.[13]

1920년 이용태는 봉양면 청년회장에 선출되어 활동하였으며, 봉양모범 서당을 설립하여 교육에도 전념하였다.[14]

이용태는 1922년 1월 1일 농민들을 위해 '봉양면 소작인회'를 발기하 여 소작인들의 권익보호를 위해 앞장섰다. 봉양면 소작인회 발기취지서 는 다음과 같다.[15]

> 시절은 봄과 가을의 다름이 있으나 그 성취하는 공업은 한 가지요, 사 람은 가난하고 부자됨이 다르나 살아가는 형세는 마찬가지다. 하늘이 공 정하여 삶을 좋아하는 덕이 없다면 만물을 길러내지 못할 것이요, 사람이 서로 사랑하고 불쌍히 여기고 가엾이 여기는 마음이 없다면 능히 사람의 도리를 다할 수 없을 것이다. 그러므로 십팔 세기 이전에는 부자는 가난 한 사람을 구휼하고 가난하면 부자에게 붙어서 서로 즐거워하고 서로 사 랑하되 서로가 조금도 사이가 벌어지지 아니하고 각각 생활을 유지하였는 데 근래에 와서 풍속이 무너지고 인심이 각박하여져서 형이 잘 살고 아우 가 가난하여도 못 사는 것을 좋아하되 애호하거나 위급함을 구하지 아니 하고 아우가 강하고 형은 약하더라도 한갓 억센 팔힘을 준 것만을 한탄하 되 사람의 도리로써 정의를 생각하지 아니하니 진실로 떳떳한 사람의 도 리를 가진 사람이라면 누가 이를 분개하지 아니할 것인가.
>
> 슬프다! 말과 생각이 이에 미침에 모골이 송연하고 온 몸이 아프도다. 역사가 있는 민족이요, 성인 기자의 뒤를 이은 백성으로서 어찌하여 이 지경에 이르렀는가? 애닯다! 밤낮으로 부지런히 고생하여 일년 동안 힘써 농사지은 것을 모두 도조로 바치고 남는 것이 없으니 풍년에도 마침내는 몸만 고생하고 흉년에는 굶어 죽음을 면하지 못함이 오늘날 세상의 소작 인들의 처참한 정상이다. 그러하니 우리들이 살아남아 있을 날이 어찌 오 랠 것인가? 지난 대정 6년(1917년 정사) 이후로부터 토지에 부과하는 공과 금이 해마다 높게 오르고 늘어감은 피하지 못할 시국 형세라 다만 백성들 이 마땅히 바쳐야할 것이다. 그 공과금을 부담할 의무는 국가법률에 소유

---

13) 『人物誌』, 충청북도, 1987, p.380.
14) 『단암문고』, 앞의 책, p.1120.
15) 같은 책, pp.450-451.

자로 지정되어 있으나 제천고을에 이르러서는 몇 사람의 자선가를 제하고
는 법령의 어떠함에 구애됨이 없이 다만 옛날의 습관에 의지하여 거의 모
든 것을 소작인에게 부담하게 하니 이것이 어찌 소작인을 애호한다는 본
뜻일까 보냐. 해마다 이와같이 과거처럼 되풀이 한다면 구렁창과 언덕으
로 굴러 떨어짐이 십 중에 팔구나 되리니 어찌 한심치 아니한가.
 본 회의 취지는 한갓 제 몸만을 위한 계책이 아니요, 실로 우리나라의
전체 국민을 위함이다. 그러므로 이에 감히 발기하노니 뜻있는 여러분께
서는 모름지기 서로 돕고 서로 붙들어 동포들의 생활을 온전하게 한다면
천만다행한 일이 되오리다.

봉양면 소작인회 발기 당시 일제의 식민지 농업정책과 한국 농촌사회
의 실상을 살펴보기로 하자. 일본제국주의는 국가 권력을 배경으로 폭력
적으로 한국의 토지를 수탈하고, 일본인 농민을 이주시켜 한국 농업전체
를 지배하기 위해 1912년 '토지조사령'이라는 법률을 제멋대로 만들어
1918년 소위 '토지조사사업'을 실시하였다. 일제의 토지조사는 결국 현실
적 토지경작자들의 전통적 경작권의 상실을 초래하고 그들로 하여금 반
봉건적인 영세소작농으로 전락하게 하였을 뿐만 아니라 수많은 자작농의
사유지까지 약탈하였다. 그리하여 한국의 농민들은 대부분 소작농으로
전락하고 말았다.16)

1910년대 후반 일제는 일본공업화로 인한 식량부족을 한국에서 공급
하기 위해 토지조사사업을 실시하였고, 토지조사사업을 종료한 1918년
에는 일본에서 '쌀소동'이 일어났다. 또한 제1차 세계대전이 일어나자
일본은 전쟁 경기를 타고 공업화가 더욱 급진전되었으며 이에 따라 식
량 부족은 더욱 격화되었다. 이러한 문제를 해결하기 위해 일제는 지
주·소작제도를 강화하여 종래의 소작료를 더욱 고율화하여 한국인 소
작농들을 더욱 가혹하게 수탈하였다. 당시 소작료율은 총생산량의 평균
55%에 달하였고, 소작료 형태도 현물소작료가 압도적이었다.17) 봉양면

---

16) 朴慶植, 『日本帝國主義의 朝鮮支配』, 청아출판사, 1986, pp.63-74.

소작인회가 결성된 1922년은 일제가 1920년부터 1925년 동안 제1차 산
미증식계획을 추진하던 시기로 당시 일본지배층이 1920년대 일본의 만
성적 공황을 대처하기 위해 한국을 상품판매시장으로서 뿐만 아니라 공
업원료·식량공급지로서 수탈을 보다 강화하기 위한 전형적인 식민지
경제구조로의 재편성이었다. 또한 그것은 '산미증식계획'을 축으로 한
'토지조사사업'과 식료품가공 등의 경공업에 일본 국가자본의 투자를
증대시켜 고리대적·자본주의적 착취와 함께 반봉건적 소작관계를 재편
성함으로써 수탈을 강화하여 한국농민들의 생활고는 말할 수 없는 곤궁
에 처하게 되었다.[18]

봉양면 소작인회 발기취지서를 살펴보면 일제의 잔혹한 수탈로 인한
당시의 각박한 사회상과 그 중에서도 소작인들의 처참한 생활상을 언급
하고 있다. 아울러 이를 극복하기 위해 전국민을 위해 동 소작인회를 발
기하고 우리 동포들이 서로 도와 어려움을 극복하자고 호소하고 있다.
이용태는 일제의 잔혹한 수탈상을 지적하고, 소작인들의 권익보호 뿐만
아니라 전국민을 위해 상부상조하는 동포애를 호소하기 위해 봉양면 소
작인회를 발기하였음을 취지서에서 밝히고 있다. 또한 1922년 8월 이용
태는 봉양농민조합을 조직하여 농민들을 위해 활동하였다.[19]

1924년 1월 9일 이용태는 봉양면장에 임명되었다.[20] 이용태는 관직에
있으면서도 농민들의 어려움을 덜어주기 위해 소작인회를 결성하여 수
탈당하는 소작인들의 권익을 보호하는데 앞장섰으며, 국민들을 계몽하
기 위해 학교를 설립하여 교육에도 전념하였다. 이용태의 국내에서의

---

17) 愼鏞廈, 「1920년대 일제 식민지정책과 한국농촌사회」, 『日帝强占期 韓國民族史
    (중)』, 서울대학교출판부, 2002, pp.39-40.
18) 朴慶植, 『日本帝國主義의 朝鮮支配』, 앞의 책, pp.221-230.
19) 『단암문고』, 앞의 책, p.1121. 이용태는 '한국의 농업이 발전하기 위해서는 등에
    지는 지게가 없어져야 한다.'고 강조하였다는 일화가 있다.
20) 위와 같음. 이용태는 봉양면장으로 재직하다가 2년 후인 1926년 10월 6일 사임
    한다.

활동에 대해서는 보다 구체적인 내용은 알 수 없으나 시대변천을 직시하고 신학문과 선진기술을 도입하여 농민들을 계몽하고 아울러 생활향상을 꾀하기 위해 노력한 것으로 보인다. 1924년 6월 3일에는 산업조합 설립하여[21] 산업조합장에 선출되었고, 1928년 3월 3일에는 대동회[22]를 발기[23]하였고, 1929년 12월에는 대동흥업사를 발기[24]하여 산업진흥, 풍속개량, 문화향상을 꾀하여 일제 식민통치하에서의 민족적 위기를 극복하고자 노력하였다.

이용태의 사상은 '대동회'·'대동흥업사' 등 계몽운동을 추진하기 위해 결성한 단체의 명칭에서 뿐만 아니라 발기취지서 내용에서도 알 수 있듯이 '대동사상'을 강조하고 있는데 박은식의 영향을 받은 것이 아닌가 생각된다.[25]

1931년 광산업에 착수하기도 하였고, 1932년에는 농산물품평회 회장에 선출되었고, 1933년 제천군 위촉으로 유림순회강연을 맡아 활동하였다. 1934년 1월 30일 백운면장에 임명되었고 덕동간이학교(德洞簡易學校)를 설립하였다.[26]

---

21) 『단암문고』, 앞의 책, pp.459-460.

22) 대동회는 촌락사회의 자치적인 운영을 위한 집회조직으로 마을공동체 구성원들의 회의체이다. 촌락 구성원들의 일상적인 모임인 里中契나 洞契와 혼동하거나 같은 뜻으로 쓰기도 한다. 대동회는 촌락 구성원들이 새해의 생산활동에 앞서 당면한 현안문제와 공동관심사를 논의하여 참여의식을 높여 공동체의 일원으로 소속감을 확인하고 상호부조 정신을 함양하여 사회적 협동을 증진케 하는 기능을 가진다. 이로써 촌락사회의 자치적 기능이 향상되고, 나아가서는 전체 농촌사회의 발전에 크게 기여한다.

23) 『단암문고』, 앞의 책, pp.456-458.

24) 같은 책, pp.461-462.

25) 원래 대동사상은 '만인의 신분적 평등과 재화의 공정한 분배'를 통해 '大同'을 추구한 정치사상으로 '중국적 유토피아사상'이었다. 대동사상의 기원은 『禮記』의 예운편에 나타나 있는데 백암 박은식(1859~1925)의 대동사상은 공자의 대동사상과 양명학, 강유위의 대동사상에서 유래하였다. 박은식은 일제가 한국 유교계를 친일화하자 이에 대항하여 '대동교'를 창설하여 투쟁하였다. 또한 유서에서까지 '한민족의 대동단결'을 호소하였다.

Ⅲ. 중국으로의 망명과 대종교에서의 활동

1919년 3·1 운동 이후 대종교가 만주로 이전하여 독립운동을 전개하고 있다는 소식을 듣고 대종교를 통한 독립운동에 뜻을 품고 1928년 3월 20일 서울로 가서 대종교 남도본사를 찾아 입교하였다. 이후 여러 차례에 걸쳐 서울로 가서 대종교 남도본사를 방문하여 신가·개천가·단군교포명서 등을 입수하였고, 또한『삼일신고』·『신단실기』등 대종교 관련서적을 구입하여 탐독하였다. 1930년 동생 이용준이 중국으로 망명하였다.

1939년 1월 동생 이용준27)의 체포 소식을 듣고 이용태는 서대문형무소에서 동생을 면회한 후 4월 21일 중국 북경·봉천·신경·하얼빈·목단강·동경성 등지를 시찰하고 귀국하였다.

이용태는 1939년 7월 3일 백운면장을 사직하고 10월에는 전선유도대회(全鮮儒道大會)에 군(郡)대표로 참가하기도 하였다.28)

이용태는 1939년 10월 중국으로 망명하여 영안현 동경성 대종교총본사로 가서 3세 교주 윤세복(尹世復)을 만나 여러 차례에 걸쳐 대종교에 대한 해설을 듣고 큰 감화를 받았다. 이용태가 대종교에서 활동하게 된 결정적인 계기는 윤세복의 영향이 컸던 것으로 생각된다.

대종교총본사에서 본격적인 활동을 시작한 이용태는 1940년 1월 참교

---

26)『단암문고』, 앞의 책, p.1122.
27) 이용준은 1925년 제천공립학교를 졸업한 후 新幹會에 가담하여 활동하다가, 1930년 동아일보 봉천지국 보급원으로 중국으로 망명하였다. 1931년 무정부주의·南華韓人靑年聯盟·黑色恐怖團에서 활동하였다. 1933년에는 상해에서 일본 공사 有吉明 암살계획을 수립하였으며, 1937년에는 중경에서 조직된 朝鮮民族革命黨 중앙위원으로 활동하였다. 1938년 12월 18일 有吉明 공사 암살계획 혐의로 북경에서 체포되어 1940년 11월 20일 경성 지방법원에서 징역 5년형을 선고받아 서대문형무소에서 옥고를 치렀다.
28)『단암문고』, 앞의 책, p.1123.

(參敎)가 되어 찬범(贊範)에 취임하고, 같은 해 7월에는 지교(知敎)로 승진하여 경의원(經議院) 참의(參議)에 취임하였다.

만주국이 성립된 후 일제는 유화책으로 1934년 대종교 포교를 형식적으로 승인하였다. 일제가 대종교 포교를 승인한 이유는 지하에 숨어있는 대종교계의 독립운동가들의 실태 파악이 그 목적이었다. 당시 대종교는 북만지역에 남겨진 유일한 항일세력이었다.

이후 일제는 1942년 중일전쟁과 태평양전쟁을 일으켜 제국주의적 침략야욕을 전개하였다. 그리하여 북만일대에 항일민족세력을 척결하지 않으면 안되었다.

북만지역에서 일제가 주목한 점은 첫째, 길림성 영안현 동경성 내에 있는 대종교계 3·1 학원의 민족교육29) 둘째, 안희제(安熙濟)의 발해농장의 경제활동30) 셋째, 발해국 궁궐터에 대종교 교당 천진전과 대종학원 설립 넷째, 일제 밀정들의 대종교 지도자 언행에 대한 조사보고 등이다.31)

당시 국내에서는 조선어학회사건이 일어나 순수한 한글연구마저 독립운동으로 간주되어 한글학자들이 대대적인 탄압을 받고 체포되었다.

임오교변은 일제가 대대적으로 대종교를 탄압한 사건이다. 임오교변이

---

29) 1934년 대종교총본사를 발해진으로 이전한 후 대종교총본사 건물에 3·1학원을 설립하고 민족교육을 실시하였다. 이후 대종학원으로 개명함. 대종학원은 일제의 탄압으로 1941년 봄 초등부가 폐지되었고, 다음해 봄 중등부와 여자 야간부가 폐지되었다. 과거에는 대종교총본사 건물이 주광욱의 개인주택이었으나, 현재는 창고와 공장용도(일부 포함)로 사용되고 있다. 이 건물 건너편인 조선족노인협회 건물에는 지금도 단군 영정이 봉안되어 있고 李守元의 손자 李仁熙가 대종교를 신봉하며 이곳을 지키고 있다. 현주소는 중국 흑룡강성 영안현 발해진 上京路 同一街道 7호이다.(독립기념관 한국독립운동사연구소, 『국외 항일운동 유적(지) 실태조사 보고서 I 』, 2002, pp.120-121.

30) 안희제가 설립한 발해농장에 대해서는 李東彦, 「白山 安熙濟研究」, 『한국독립운동사연구』 제8집, 1994 참조.

31) 박영석, 「대종교의 민족의식과 항일민족독립운동 : 임오교변을 중심으로」, 『건대사학』 6, 1982, pp.37-41.

일어나게 된 직접적인 동기는 당시 서울에서 조선어학회에서 활동하던 이극로[32]가 윤세복에게 보낸 편지에 동봉된 '널리 펴는 말'이란 제목의 원고를 일제가 검열과정에서 조작하여 일으킨 것이다. 이극로의 원고 중에서 '널리 펴는 말'[33]이라는 제목을 일제가 '조선독립선언서'로 바꾸어 붙이고, 내용 마지막 부분의 '일어나라 움직이라! 한배검이 도우신다.'라는 구절을 '봉기하자 폭동하자! 한배검이 도우신다'라고 날조하여 대종교를 대대적으로 탄압하는 빌미로 삼았다. 당시 대종교는 만주를 중심으로 교세가 신장되고 교단이 대폭 강화되고 있었는데 이에 일제는 밀정을 통해 감시를 하다가 노골적으로 탄압하였다.

임오교변으로 1942년 11월 19일 만주와 국내에서 제3세 교주 윤세복·이용태를 비롯하여 21명의 대종교 간부들이 동시에 검거되었으며 대종교총본사의 각종 비품과 서적이 압수 당하였다. 일제는 1942년 11월 19일 북만과 국내에서 대종교 간부들을 동시에 체포하였다. 대대적인 검거가 시작되어 검거장소도 북만 지역의 신안진(新安鎭)·하얼빈(哈爾賓)·목릉(穆陵)·영안(寧安)·돈화(敦化)·밀산(密山), 동만과 남만지역은 연길(延吉)·반석(盤石)·장춘(長春)·영길(永吉) 등지와 국내이다. 당시 대종교 지도자들은 넓은 지역에서 동시에 체포되었고, 대종교총본사에서는 신간서적 2천여 권, 구존(舊存)서적 3천여 권, 천진(天眞) 및 인신(印信), 각종도서와 교단 서류 600여 종을 압수 당하였다.[34]

일제는 대종교 지도자 윤세복·이용태 등 25명을 소위 '치안유지법위반'으로 검거하였다. 당시 체포된 25명의 명단은 다음과 같다.[35]

---

32) 조선어학회와 이극로에 대해서는 李克魯, 「朝鮮語學會와 나의 半生」, 『苦鬪四十年』, 을유문화사, 1947 참조.
33) 대종교종경종사편수위원회, 『대종교중광육십년사』, 대종교총본사, 1971, pp.458-461.
34) 같은 책, p.464.
35) 같은 책, pp.462-463.

성 명	검거일	검거장소
尹世復	1942. 11. 19	寧安縣 新安鎭 汽車內
金永肅	〃	哈爾賓 馬家溝
尹珽鉉	〃	穆稜縣 興源村
李容兌	**1942. 11. 19**	**충북 제천군 백운면**
崔 冠	〃	寧安縣 東京城
李顯翼	1943. 4. 3	〃
李在囿	1942. 11. 19	吉林省 敦化縣
權相益	〃	密山縣 三棱通
李 楨	〃	寧安縣 新安鎭
安熙濟	〃	경남 의령군 입산리
羅正鍊	〃	영안현 동경성
金書鍾	〃	哈爾賓市內
姜鐵求	〃	延吉縣 銅佛寺
吳根泰	〃	寧安縣 臥龍屯 孤家子
羅正紋	〃	영안현 동경성
李昌彦	〃	寧安縣 舊家村
權寧濬	〃	함북 城津府
金鎭浩	〃	吉林省 盤石縣
金斗千	〃	新京市內
徐允濟	〃	영안현 동경성
李成斌	〃	吉林省 永吉縣
金鎭皓	〃	영안현 동경성
安龍洙	〃	영안현 신안진
成夏植	〃	경북 김천읍 부곡동
李鍾洲	〃	영안현 신안진 기차내

일제는 1942년 11월 19일 각지에서 체포한 대종교 지도자 중에서 성하식·김진호·안용수·이종주 등 4명은 혐의사실이 없어 즉시 석방하였다. 일제는 영안현 경무과에 특별취조본부을 설치하여 고문과 악형을 가하고 4개월 간 심문을 계속하였다. 권영준은 당시 72세의 고령으로 면소(免訴)되어 1943년 10월 1일 석방하였고, 김진호·김두천·이성빈·서

윤제(서 일의 맏아들 - 필자 註) 등 4명은 교무무책(教務無責)으로 1944년 1월 2일 모두 출옥하였다. 1차 심문 후에는 목단강성 경무청 특무과에서 2차로 3개월 간 심문하였다. 1944년 4월 27일 목단강고등법원 제1호실에서 윤세복·김영숙·윤정현·이재유·이용태·이현익·최 관(서 일의 사위 - 필자 註) 등 7명에 대한 공판이 개최되어 윤세복은 4일간, 그 외 6명은 2일에 거쳐 심문하였다. 공판과정에서 일제측의 심리내용 요지는 다음과 같다.36)

> 대종교는 조선고유의 신도중심인 단군문화를 다시 발전한다는 표방하에 조선민중에게 조선정신을 배양하고 민족자결의 의식을 선전하는 교화단체인 만큼 조선독립이 그 최종목표요, 따라서 반도와 만주를 탈취하여 배달국 재건의 음모를 가졌으니 이것이 어찌 종교를 가장한 정치운동이 아닌가?

이에 대해 법정에서 대종교 지도자들은 다음과 같이 항변하였다.37)

> 대종교의 教源은 神降太白이요, 教義는 弘益人間이요, 교리는 三眞歸一이요, 教政은 振興文運이요, 究竟은 化成天國이다. 그런데 조선독립은 국민운동에 속할 것이요, 倍達國 재건은 곧 천국건설이니 대종교인의 이념이다.

일제는 대종교를 국권회복을 위한 종교를 가장한 정치운동으로 사건을 조작하여 1944년 5월 13일 윤세복 무기징역, 김영숙 징역 15년, 윤정현 징역 10년, 이용태 징역 10년, 최 관 징역 10년, 이현익 징역 7년, 이재유 징역 5년형을 구형하였고, 다음달 6월 26일에는 치안유지법위반 제1조 위반으로 윤세복·김영숙·이현익·이재유 등은 원심대로 확정하

---

36) 같은 책, p.498.
37) 같은 책, pp.498-499.

고, 윤정현·이용태·최 관 3명은 징역 10년에서 8년으로 감형하여 판결하였다.[38] 조사과정에서 일제의 고문과 악형으로 10명은 사망하고 나머지 7명은 목단강고등법원에서 실형을 선고받아 목단강(牧丹江) 액하(掖河) 감옥에 투옥되었다.[39] 이때 검거된 사람 중 10명은 일제의 혹독한 고문과 악형으로 1943년 5월부터 1944년 1월 사이에 모두 순국하였다. 대종교에서는 이들을 '임오십현(壬午十賢)' 또는 '순교십현(殉敎十賢)'이라고 한다. 임오십현 명단은 다음과 같다.[40]

교 직	성 명	연 령	순교장소
尙敎	權相益	44세	密山 三棱通
〃	李 楨	49세	寧安 新安村
正敎	安熙濟	59세	慶南 宜寧 立山里
〃	羅正鍊	62세	寧安 東京城
〃	金書鍾	51세	하얼빈
〃	姜鐵求	53세	延吉 銅佛寺
〃	吳根泰	63세	寧安 臥龍屯
〃	羅正紋	54세	寧安 東京城
〃	李昌彦	68세	寧安 舊街村
〃	李在囿	68세	吉林 敦化

이용태는 징역 8년형을 받고 옥고를 치르다가 1945년 8월 조국 광복으로 출옥하였다. 이용태는 「구금고황(拘禁苦況)」이라는 옥중일기를 남겼는데 검거 당시와 순교십현의 최후상황까지 상세하게 기록되어 있다. 또한 이용태는 옥중시 4수를 남겼는데 당시 심경이 잘 나타나 있다.[41]

---

38) 같은 책, pp.497-500.
39) 한국독립유공자협회, 『中國東北지역 韓國獨立運動史』, 집문당, 1997, pp.389-391.
40) 대종교총본사, 『임오십현순교실록』, pp.33-34 ; 순교십현의 순교실황과 약력은 『대종교중광육십년사』, pp.464-489에 자세하게 나와 있다.

영안현 유치감에서 一(1943. 1월)

나라와 조상을 위해 정성 바치려 나선 몸이라,
비록 천만번 죽는대도 무슨 아까움 있으랴만…
마음에 간직한 일 하나 이루지 못함에
몸 먼저 옥에 갇히니 부끄럽기 한이 없네.
寧安縣留置監苦吟 爲邦爲祖誠　萬死雖無惜　秋毫事未成　愧我身先謫

영안현 유치감에서 二(1943. 4. 3.)

날씨는 이다지도 궂어 눈비가 종일토록 휘날리는가.
한 번 닫힌 철문은 그리 굳어서 어느 때에 열릴지 기약이 없다.
꿈속에 또 꿈을 꾸니 어느 때나 깨일런가?
헤어 보니 그래도 세월은 흘러 이 감옥에 갇힌 지 넉달 지났네.
寧安縣留置監苦吟 雨雪霏霏盡日來　鐵窓深閉不知開　夢中說夢何時覺
此獄於焉四月回

액하감옥으로 옮겨서(1943. 음 5. 1.)

덧없는 세월이 물결 같아서 감옥 속 세월도 빨리 흐른다.
앉아서 반년을 지나올 때에 우리들의 고통을 어찌 말하랴.
그러니 이 고생도 한가지 수업 분명코 지사들은 겪을 일이라.
그대들은 어찌하여 한탄하는가 집에 가기 어렵다 말하지 마오.
轉囚牧丹江市掖河獄苦吟 獄中歲月苦流波　坐送半年共自他　此苦分明
志士業　諸君何恨難歸家

판결서를 받고(1945. 7월 초)

서너 해 갇혔으니 오랜 세월에 얼마나 많은 취조 받아 왔던가.
이제야 끝났다고 알려 오는데 액하의 감옥에서 살라고 한다.
일생을 마칠 것을 각오한 이 몸 무엇을 바라고 기대할 건가.
팔년 형 받았다고 근심을 할까 마음은 거울같이 고요도 하다.
接判決書類吟 兩三歲久留　今決掖河流　既有終身苦　八年豈足愁

---

41) 옥중시 4수는 영안현 유치감에서 지은 2수와 액하감옥으로 이감되어 지은 1수,
　　그리고 판결서를 받고 난 후 지은 1수이다(『단암문고』, 앞의 책, pp.126-127).

Ⅳ. 맺음말

이용태는 1890년 충청북도 충주시 산척면에서 태어났다. 그가 태어나 성장한 당시는 일제의 침략으로 국운이 기울어 가는 시기였고, 그가 살던 제천지역은 의병의 메카로 의병이 가장 활발하게 전개되었던 지역으로 1907년 의병의 치열한 항쟁과 일제의 만행을 직접 목격하였다. 이용태는 5세 때부터 20세까지 여러 문하에서 수학하면서 신사상을 접하게 되고 국제정세에도 눈을 뜨게 되어 계몽주의로 사상을 전환하게 된다.

1919년 3・1 운동 당시에는 동생 이용준이 독립만세 운동을 전개하다가 일경에 체포되는 현장을 목격하고, 면장을 사임하고 계몽운동에 투신하게 된다. 1920년 봉양면 청년회장에 선출되어 활동하였고, 봉양모범서당 등 교육기관을 설립하여 교육에도 정열을 쏟았다. 1922년에는 봉양면 소작인회를 결성하여 소작인들의 권익보호에 앞장서기도 하였다. 1924년에는 산업조합을 설립하여 산업조합장에 선출되었고, 1928년에는 대동회, 1929년에는 대동흥업사를 발기하여 농촌개량・산업진흥・풍속개량・문화향상을 꾀하고, 신교육과 신기술을 보급하는 등 계몽운동을 활발하게 전개하였다.

1928년 대종교에 입교한 후 1939년에는 중국으로 망명하여 대종교를 통한 항일투쟁을 전개하다가 1942년 임오교변으로 옥고를 치르다가 1945년 광복을 맞아 환국하여 대종교에서 활동하였다. 이용태는 많은 시문과 글과 저술을 남긴 사상가이며, 농민운동・청년운동・민족산업진흥운동 등 다양한 계몽운동을 전개하였으며 대종교 지도자로 항일운동을 전개한 독립운동가이다.

ABSTRACT

Danam Lee Yong-Tae's Lifetime and Independence Movement

Lee, Dong Eon

Lee Yong-Tae was born in 1890 at the village of Sahn-Chuck, Chung-Joo City in Choong-Chung-Puk-Do Province. During the time of his birth Korea was in decline with the invasion from Japan.

The Jae-Chun region, where he was residing, was the Mecca of resistance movement against Japanese invasion. In 1907, Lee Yong-Tae witnessed the fierce battles between Korean militia and the invading Japanese troops as well as the ruthless acts and cruelties committed by the Japanese.

From the age of 5 to 20 he became exposed to new perspectives by studying at various schools. This exposure to new thoughts allowed him to become aware of the international affairs at his time, and it led to his adoption of the enlightenment perspective.

In 1919, during the March 1st revolt against Japanese rule he witnessed his younger brother being arrested by the Japanese police for the resistance activities. This incident prompted him to resign his village secretary position and dedicate himself to the enlightenment movement.

In 1920, he became elected as the president of the young men's organization at Bong Yang village and engaged himself in educating the public by establishing Bong Yang Exemplary School.

In 1922, he became active in protecting the interest of tenant farmers by forming the association of the tenant farmers.

In 1924, he founded the Industrial Union and became elec ted as the president of the union. In 1928, he organized Dae-Dong-Hoe, and in 1929 by founding the Dae-Dong-Heung-Eup Corporation he committed himself to educating the public and providing new technologies for agriculture, industrial, and cultural advancement. In 1933, a few years after his entering into the Daejonggyo in 1928, he sought political asylum in China and participated in resistance movement against the Japanese through Daejonggyo.

In 1942, he was arrested by the Japanese and became imprisoned for his involvement with Yim-Oh-Kyo-Byun incident.

In 1945 with the restoration of independence from the Japanese rule he was released from prison and returned to Korea and remained active in Daejonggyo.

Lee Yong Tae was a philosopher, who was prolific in poetry, literary writings and book writing. He was an activist for the independence movement against Japan as well as a leader in Daejonggyo.

Throughout his life he dedicated himself to the enlightenment of people through various social movements, assisting tenant farmers, educating young people, and promoting industrialization of Korea.

일제 강점기 ~ 제1공화국기 大倧敎人 이용태의 민중계몽활동과 한국식 민주주의론

오영섭(吳瑛燮)[*]

Ⅰ. 머리말

대종교는 구한말에 국가와 민족의 멸망 위기를 타개하기 위한 구국방안을 모색하는 과정에서 새로이 탄생된 민족종교이다. 출범 당시 대종교는 민족의 시조 단군을 신앙의 대상으로 내세움으로써 한민족의 민족의식을 고취하고 항일운동의 정신적 지주로 부상하였다. 나아가 대종교는 대한민국 건국운동의 지도이념을 제시했을 뿐더러 민족종교가 중시하는 폐쇄적인 일국적 국가관념을 지양하고 세계종교가 내세우는 개방적인 만국적 사해동포주의를 강조하였다. 이로써 한국 근현대사에서 대종교는 한민족의 종교적·사상적 목표와 독립운동·건국운동의 앞길에 인류사적 보편성을 제시하였다.[1]

한일합병 전후에 한국의 민족운동가들은 민족의 장래를 걸머질 새로운 사상체계로서 대종교를 주목하였다. 그들이 대종교를 특별히 중시한

---

* 연세대학교 연구교수.

1) 박영석, 「대종교」, 『한민족독립운동사 2 : 국권수호운동 Ⅱ』, 국사편찬위원회, 1987 ; 오영섭, 「대종교 창시 이전 나인영의 민족운동」, 『한국민족운동사연구』 39, 2004.

것은 중세적인 관념적 주자학을 대체할 만한 정신적 근거를 대종교의 단군신앙에서 확인했기 때문이었다. 따라서 그들은 유교나 기독교 등 기성종교의 신봉자임에도 불구하고 민족운동을 위한 일시적·전략적 방편에서 대종교로 옮겨가거나,2) 아니면 한글학자이자 계몽운동가요 기독교도인 주시경(周時經)처럼 자신의 종교를 버리고 대종교도가 되기도 하였다. 그러나 일단 대종교에 투신한 다음부터 죽을 때까지 대종교에 입각하여 자신의 사상과 활동을 계속 가다듬고 심화시켜 나간 사람은 드문 편이다. 게다가 조선총독부가 안겨준 안락한 환경을 버리고 힘겨운 독립운동을 택한 사람은 더욱 찾아보기 힘들다. 이런 점에서 이용태가 일제의 지방관직을 버리고 대종교 신도로 거듭나는 과정과 계기, 대종교 신앙을 심화시켜 나간 과정, 그리고 대종교에 바탕한 정치사상의 정립과 그 특징 등을 살펴보는 것은 한국근대의 계몽운동사나 지성사나 종교사에서 상당한 의미를 지니고 있다.

단암(檀菴) 이용태(李容兌, 1890∼1964)는 한국독립운동사를 화려하게 장식한 대종교의 중요 인물 가운데 한 사람이다. 그는 구한말에서 일제강점기와 해방 공간을 거쳐 제1공화국 직후까지의 역사적 격변기를 몸으로 부딪쳐나간 인물이었다. 그는 일제강점기에 지방 관리로 복무하면서 조선의 현실 문제를 고민하고 그 해결책 마련에 노력한 결과 제천군 봉양면 일대에서 청년층과 농민층의 지식증진과 생활개선을 외친 계몽운동을 주도하게 되었다. 또한 그는 일제 후반기부터 대종교에 입각하여 한민족이 당면한 모든 난제를 해결하고자 애쓴 결과 조선정신과 조선문화에 기

---

2) 대종교 초대 都司教 羅喆이 남긴 「奉教課規」를 보면, 대종교인이 다른 종교를 믿거나 다른 종교의 신자나 異域人들이 대종교에 입교하는 경우 모두 허가할 것이며 "한배검의 寬弘하신 大度를 體仰하여 異端을 공격하지 않는다"고 되어있다. 이처럼 대종교는 다른 종교에 대해 관대한 입장을 취하고 있기 때문에 국가멸망기에 다른 종교의 신자들, 특히 기독교 신자들이 그들의 종교를 간직한 상태에서 자유롭게 대종교를 받아들이게 되었다. 「奉教課規」, 『大倧教重光六十年史』, 大倧教總本司, 1971, pp.101-102.

반한 대종교적인 한국적 민주주의의 수립을 제기하게 되었다. 이로써 이용태는 일제의 단순한 지방관리가 아니라 한민족을 위한 계몽운동가이자 대종교적 민족주의자로 남게 되었다.3)

양반출신의 가난한 농민집안에서 태어난 이용태의 생애는 크게 네 시기로 구분된다.4) 제1기(1890~1912)는 소년기부터 한일병합 직후까지 유학교육을 받으며 유교사상에 심취해 있던 단계이다. 제2기(1913~1939)는 계몽사상을 수용한 다음 일제통치의 하부를 담당하는 면서기와 면장으로서 지역민과 농민층의 지식증대와 생계안정에 진력하던 단계이다. 제3기(1939~1945)는 면장직을 사임하고 만주 동경성 대종교총본사로 가서 교주 윤세복(尹世復)을 만나 뵙고 종교운동에 종사하다가 일제의 대대적인 대종교탄압사건[壬午敎變]으로 투옥되어 옥고를 치렀던 단계이다. 그리고 제4기(1945~1964)는 해방 후부터 사거할 때까지 극심한 사회혼란기에 대종교단의 중추 인사로서 일편단심 한민족의 안정과 번영을 위해 대종교에 입각한 건국운동과 사회운동에 투신하던 단계이다. 요컨대 이용태는 항일운동과 건국운동의 전면에 나서서 활동한 투사형의 인물이라기보다는 그 이면에서 기반을 다지고 이론체계를 수립하는 역할을 맡았던 이념형·지사형의 인물이었다.

이 논문은 일제강점기부터 제1공화국 직후까지의 역사적 격동기를 살아간 지방 관리와 대종교인들의 활동과 사상을 이용태의 경우를 통

---

3) 이용태의 생애와 사상이 담긴 일차 자료로는 박달재수련원 편, 『愛國志士 檀菴李容兌先生文庫』(이하 『檀菴文庫』, 4·6배판, 총 p.1227), 東禾書館, 1997. 이용태의 약전으로는 『檀菴文庫』 제4편 「歷史：行年略記」 ; 金一洙 편, 「故 檀菴 李容兌 道兄」, 『大倧敎重光六十年史』, pp.828-831. 이용태의 생애와 사상 및 독립운동을 다룬 연구논문으로는 『國學硏究』 제8집(國學硏究所, 2003)에 수록된 이동언의 「단암 이용태의 생애와 독립운동」, 정영훈의 「단암 이용태의 사회개혁적 삶과 사상」, 김동환의, 「檀菴 李容兌의 宗敎思想」 등이 있다.
4) 이용태의 가문배경에 대해서는, 『檀菴文庫』, 「檀菴 李容兌先生 家系譜」, pp.1211-1227.

하여 살펴본 것이다. 이를 위해 이용태의 사상전환 과정과 계몽운동에
의 참여, 대종교민족주의의 수용 등을 살펴본 다음, 그러한 기반 위에
서 펼쳐지는 대종교에 입각한 '한국적 민주주의론'의 실체를 파악해 보
려 한다. 이러한 작업을 통하여 구한말부터 제1공화국 직후까지 활동했
던 재야지식인들의 사상변화를 천착함은 물론, 해방 전후 대종교단의
지도급 인물들이 지녔던 건국이념과 사회사상의 일단을 파악할 수 있
기를 기대한다.

Ⅱ. 儒學 교육의 이수와 華西學派와의 인연

구한말에서 제3공화국 직후까지 활동한 이용태의 정치사상을 한 마디
로 줄여 말하면 대종교에 바탕한 한국식 민주주의론이다. 이는 한국의
문화전통, 이용태의 개인경험, 한국의 역사적 특수성 등이 다각도로 고려
된 가운데 제기된 대종교적인 근대국가건설론이었다. 이러한 독특한 사
상체계의 정립에 영향을 미친 요인으로는, 첫째, 평범한 농민의 자식으로
서 일평생 농민의 어려움을 구제하려고 노력한 경험, 둘째, 한일병합 후
일제의 하급관리로서 교육운동·청년운동·농민운동 등 계몽운동에 참
여한 경험, 셋째, 지방관직을 버리고 대종교에 입교하여 전통과 민족을
재발견한 경험, 넷째, 계몽사상과 대종교 수용 이후에 철저한 반공의식을
견지한 경험, 다섯째, 만주로 진주한 소련군에게 박해를 받았던 경험, 여
섯째, 아나키스트로 유명한 아우 이용준(李容俊, 1907~1946)이 해방 후 공
산주의자에게 피살된 사건 등이다. 이용태는 이러한 여러 사건이나 경험
들을 바탕으로 대종교적 한국식 민주주의론을 정립하게 되었는데, 이때
그의 사상체계의 근저에는 유교사상이 강하게 자리 잡고 있었다. 따라서
이용태의 정치사상은 유교가 하부구조를 형성하고 계몽사상과 대종교와

반공주의가 상부구조를 형성하는 독특한 양상을 나타내고 있다.

그의 자서전인 「행년략기(行年略記)」에 의하면, 이용태는 5세(1894)부터 20세(1909)까지 만 15년 동안 이춘선(李春善)·임의상(林宜相)·원선생(元先生)·홍성훈(洪性薰)·이직신(李直愼, 李昭應) 등에게서 사서삼경 위주의 유학과 한학을 배웠다.5) 이처럼 장기간 유학교육을 이수한 덕분에 이용태는 일제강점기에 지방 관리로 복무할 때에나 대종교에 입교한 후에도 한결같이 강렬한 애민의식·근검의식·안분의식·상부상조의식·항일의식을 견지하게 되었다. 이에 따라 이용태의 생애와 사상이 집약되어 있는 대표적 문건에는 두말할 것도 없이 유교사상이 강하게 투영되기 마련이었다. 일례로, 1927년 대종교로 옮겨가 활동을 벌이다가 1942년 임오교변(壬午敎變)으로 투옥된 후에 읊은 「자서(自誓)」에서 그는 "인간의 삶과 죽음에는 스스로 바른 천명이 있나니, 삶을 근심하지 아니하고 살면서 어찌 죽음을 걱정하며 죽으랴. 죽고 사는 것은 오직 의리에 있을 뿐이로다"6)라고 하여 유교적인 의리관과 생사관을 여실히 보여주었다. 또한 그가 1939년 만주 동경성에서 아들 영재(榮載)에게 보낸 문건과 한국전쟁 후에 지은 훈계문에도 이와 동일한 논리가 나타나 있다.

> 충성과 효도는 인격을 이루는 근본이요, 공경과 신의는 세상을 살아가는 도리요, 부지런하고 검소함은 집안살림을 다스리는 방편이요, 거짓이 없고 마음이 곧고 바름은 악을 물리치고 선을 북돋아서 행실을 닦고 도덕을 공부하여 착한 사람이 되게 하는 방법이니 마음과 몸가짐에 있어 하나하나의 동작을 이 규범에 어김이 없게 할지어다.7)

> 부모를 사랑하고 형을 공경함은 사람된 의리요, 나라에 충성하고 어른

---

5) 「行年略記」, 『檀菴文庫』, pp.985-990.
6) 「自誓」(1942. 11), 『檀菴文庫』, 人之生死　自有正命　不憂其生而生　何憂其死而死　死生唯義所在而已, p.433.
7) 「戒榮載兒」(1939. 陰12. 30), 『檀菴文庫』, p.432.

에게 공손함은 백성으로서의 의리요, 한얼을 높이고 사람을 사랑함(敬天愛
人)은 도를 위한 의리라. 이 세 가지 의리를 버리고 살아간다면 사는 것
이 오직 욕일뿐이고, 이 세 가지 의리를 지키고 죽는다면 죽는 것이 도리
어 영예가 되느니라.[8]

즉, 효도·공경·충성의 유교윤리는 조화(造化)·교화(敎化)·치화(治化)
의 대종교 원리와 함께 이용태의 생애와 사상을 떠맡고 있는 중요한 요
소였다. 나아가 이용태가 이러한 삼강오륜의 유교윤리와 일체삼위(一體三
位)의 대종교 원리를 개인생활과 국가통치에서 구현하기 위한 방안을 모
색하는 과정에서 대종교적 한국식 민주주의론을 제창하게 되었음을 주목
할 필요가 있을 것이다.

이용태에게 가장 큰 영향을 미친 유학자는 이직신(1852~1930)이었다. 이
용태가 화서학파 계열의 학자인 홍성훈의 문하를 떠나 19세 때에 이직신
의 문하에 나아간 것은 일본군수비대의 만행을 목도한 경험이 직접적 영
향을 미쳤을 것이다. 1907년 8월경 일본군수비대는 의병토벌을 빌미로 제
천군 봉양면으로 출동하여 가옥을 불태우고 마을사람 4인을 무참히 총살
했는데, 이를 보고 큰 충격을 받은 이용태는 일본에 대한 적개심과 함께
그 사실을 일지에 자세히 수록하였다.[9] 하여튼 이용태는 거주지 인근의
서당과 사숙에서 한학과 유학에 대해 다소의 소양을 쌓은 다음에 1908년
부터 1909년경까지 이직신에게 수학하였다. 이직신의 문하에서 이용태는
이양우(李亮雨)·홍종각(洪鍾珏)·정해문(鄭海文)·홍기오(洪基五)·윤창호(尹昌
鎬) 등과 함께 유학사상에 대한 지식을 심화시켜 나갔다.[10]

---

8) 「三義說」(6·25 사변 후), 『檀菴文庫』, p.436.

9) 「行年略記」, 『檀菴文庫』, p.989.

10) 1909년 4월경에 이용태는 이직신을 모시고 20여 일 동안 청주 화양동과 만동묘
　　를 답사·참배하였다. 이때 그는 柳弘錫·柳士貞·申鼎均·朴胄淳 등 화서학
　　파 인사들을 방문하는 한편, 몇 수의 한시와 「華陽洞遊覽日記」를 남겼다. 『檀菴
　　文庫』, pp.58-59, 611-636, 985-990. 이용태는 1955년 윤3월에 홍천 哲亭 일대
　　이항로 유적을 방문하고 이항로의 수제자 김평묵의 손제자인 춘천의 金泳河와

이용태의 스승 이직신은 단발령 후 춘천지역의 을미의병장을 지냈고, 을사조약 전후에 제천 일원에서 향약을 실시하며 이면에서 의병을 후원했고, 1911년 서간도 회인현(懷仁縣)으로 망명하여 전통문화 보존운동을 펼친 인물이었다.[11] 즉, 그는 한국근대 최대의 주자학적 민족주의세력으로서 척사운동과 의병운동을 주도해나간 화서학파의 이항로(李恒老) - 유중교(柳重敎) - 유인석(柳麟錫)을 계승하고 있었다. 따라서 이용태가 이직신에게 전수받은 요점은 화서학파의 주자학적 민족주의논리였을 것이다. 그러나 1900년경부터 1911년 4월 중국 망명 전까지 이직신은 동문의 유인석과 달리 유교적 문화체계의 보존방략으로서 의병운동보다는 자정(自靖)운동을 중시하고 있었다.[12] 따라서 이용태는 스승의 자정노선에 영향받아 급진적 무장투쟁론을 버리고 문화와 종교를 보존하고 교육과 실업을 진흥하여 국권을 되찾겠다는 점진적이며 온전한 구국방략을 추구하게 되었던 것으로 보인다.

장기간의 유교교육은 이용태의 사상형성과 인생행로에 지대한 영향을 미쳤다. 이용태는 1939년 10월 친일유림의 집합소인 경학원(經學院) 주최의 유림대회에 참가했다가 친일유학의 부패상과 난맥상을 목도하고 유교와 결별하고 본격적으로 대종교에 몰입하기 시작하였다. 그러나 엄밀히 말해 그 이후에도 이용태는 유교사상과 완전히 결별한 것은 아니었다. 유교의 윤리의식과 가치체계들이 여전히 이용태의 사고방식과 행동방식을 지배하고 있었을 뿐만 아니라 그의 정치사상의 핵심인 대종교민족주의의 하부구조를 이루고 있었던 것이다. 다시 말해 대종교에 침잠한 50대 이후부터 죽을 때까지 이용태의 사상체계에는 유교와 대종교가 양축을 이루었는데, 이때 사유구조의 심연에는 대종교보다는 아무래도 유교

시를 화작하며 교유하기도 하였다.「詩志」,『檀菴文庫』, pp.142-144.
11) 李昭應, 부록,「年譜」『習齋集』권 55 ; 강원의병운동사연구회 편,「習齋 李昭應」, 『강원의병운동사』, 강원대학교 출판부, 1987, pp.370-384.
12) 李昭應, 부록「年譜」,『習齋集』권 55, 1910-1911년조.

가 근간을 이루고 있었음을 주목할 필요가 있을 것이다.

이제 이용태의 사상형성에 끼친 유교의 영향을 살펴보면, 크게 세 가지 측면으로 요약할 수가 있다. 첫째, 이용태는 이직신의 문하에서 한말 의병운동을 주도하고 있던 화서학파의 강력한 항일의식은 물론, 현실의 국가나 국왕보다 전통적 성리학적 대도(大道)를 우선시하는 유교문화중시론 등에 깊은 영향을 받았을 것이다. 이용태가 대종교를 받아들인 다음에 정립한 대종교적인 한국식 민주주의론에서 단군 이래의 조선정신과 조선윤리와 조선문화를 유달리 강조한 것도 사실은 화서학파의 유교문화중시론과 무관한 것이 아니었다. 이는 유중교 제자 고석로(高錫魯)에게서 3개월간 밤마다 『화서아언(華西雅言)』을 배웠던 김구가 나중에 계몽사상과 기독교를 수용한 다음에도 화서학파의 유교문화중시론에 바탕한 문화우위론을 그대로 강조했을 뿐만 아니라 자기 생애의 고비 고비마다 고석로의 가르침을 떠올렸던 것과 같은 경우였다.

둘째, 이용태가 언급한 사회개혁론과 건국담화나 훈계문 등에는 유교적 색채가 농후하게 나타나 있었다. 그는 국민들에게 충성·효도·공경·신의·근면·검소 등등 유교덕목을 준수할 것을 간곡히 당부하였다. 그리고 강화도 마니산에서의 제천(祭天)도 효도와 공경과 충성의 일을 행하는 것이며, 그러한 제천행사의 본질은 유교 덕목을 이행하는 것에 다름 아니라고 주장하였다.[13] 대종교로 투신한 이후에도 그는 남녀와 부자와 군신간의 관계는 사람의 도리 가운데 가장 큰 윤리라는 입장을 나타냈다.[14] 해방 후에도 이용태는 인간의 기본적인 욕구인 식욕·색욕·재물욕에 대해 특별히 절제할 것을 자손들에게 경계하였고, 또한 술을 삼가고 이익을 탐하지 말고 경솔한 행동을 하지 말라는 등의 가르침을 남겼다.[15] 또한 그는 인의예지(仁義禮智)와 효제충신(孝悌忠

---

13) 「大倧敎의 溯源論」, 『檀菴文庫』, p.431.
14) 「隨感錄 上」(1930. 음11), 『檀菴文庫』, p.767.

信) 같은 유교덕목과는 별개로 충후겸양(忠厚謙讓)과 인자의용(仁慈義勇)의 대도(大道)가 4천년 이래 내려온 한국의 고유한 정신문화라고 강조하였다.[16] 이때 이용태가 단군 이래 면면히 내려온 조선의 고유문화이자 대종교 윤리라고 주장한 덕목들은 냉정히 말해 유교사상의 개념과 동일한 것이거나 아니면 유교사상의 논리나 개념으로 포장된 것들이었다. 나아가 이용태는 삼생(三生)(體生·神生·均生)[17]과 오애(五愛)(愛國 : 忠, 愛親 : 孝, 愛人 : 和, 愛物 : 公, 愛族 : 平)를 개인생활과 국가통치에서 구현해야 한다는 입장을 보였는데,[18] 이러한 덕목들도 역시 유교적 색채를 농후하게 지닌 것들이었다.

　셋째, 이용태는 유교사상의 명분론이나 직분론에 충실한 모습을 보여주었다. 일제강점기에 그는 총독부의 공과잡세 인상조치 때마다 이는 국가의 경제정책상 부득이한 조치이니 백성들은 마땅히 바쳐야 한다는 입장을 보였다.[19] 또한 그는 이승만(李承晩) 대통령의 권위주의적 통치체제나 장도영(張都暎)·박정희(朴正熙) 등 군인들의 쿠데타에 대해서도 인정하거나 추인하는 태도를 나타냈다. 이는 그가 가급적 현실체제에 만족하고 수긍하는 유교적인 안분적(安分的) 인생관을 지녔기 때문으로 보인다. 말년에 지은 국민 각자에게 자신의 분수를 지킬 것을 촉구한 「수분설(守分說)」에서 그는 "하늘이 만민을 낳을 때에 직분이 있어서 그 기

---

15)　「戒子書」(1947. 2), 『檀菴文庫』, pp.434-435; 「戒慾說」(1960. 3), 『檀菴文庫』, p.437.
16)　「政治力과 感化力」(1948. 6), 『檀菴文庫』, p.284, 「종교설」(1948. 仲春), 『檀菴文庫』, p.381.
17)　이용태는 1955년을 기점으로 그 이전에는 神生·體生·均生을, 그 이후에는 體生·神生·均生을 주장하였다.
18)　「新文化는 東方에서 싹이 튼다」(1956. 1), 『檀菴文庫』, pp.308-310.
19)　「鳳陽面 小作人會 發起趣旨書」(1922. 1), 『檀菴文庫』, p.450, 「農村再建으로 가는 길」(1931. 8), 『檀菴文庫』, p.351. 1935년에 이용태는 일제가 침략적 목적에서 실행한 심전개발운동을 긍정적으로 인식하였고, 서울에 자립갱생의 기운이 충만한 것은 당국의 大計라고 칭찬하였다.

품(氣稟)에 따라 정한 운명이 같지 아니하고 선악의 화복이 따라서 다르
다.…모두가 하늘이 주는 바른 운명이 아닌 것이 없다. 이와 같이 자연
히 오는 직분을 달게 받을 것이요, 망령되이 함부로 부귀를 구하지 말
라”고 했는데,[20] 이는 이용태의 유교적인 체제순응적 인생관이 집약되
어 있는 글이었다. 이러한 모습은 이용태가 일제강점기부터 제3공화국
기까지 외세의 식민통치나 독재자의 가부장적 통치체제에 저항하지 않
고 대체로 순응하고 동화하는 모습을 보였던 것과도 일정하게 연관되어
있다고 판단된다.

Ⅲ. 계몽사조의 수용과 계몽운동의 추진

이용태가 전통유림에서 계몽운동가로 변신한 시점은 1913년경이었다.
그런데 한일병합 직전인 1910년 4월에 이용태가 이종두(李鍾斗)와 함께
서울에 가서 사온 약으로 ‘양약국(洋藥局)’을 설립한 것을 보면,[21] 이미
1910년(21세) 이전에 그가 서양 근대문물의 우수성을 인정하고 있었음을
알 수 있다. 동시에 양약 구입을 위한 서울행은 궁벽한 제천의 시골청년
이 서울의 발달된 문물을 견식할 수 있는 좋은 기회가 되었을 것이다.
이어 1910년 8월 조선국가가 멸망당하자 이용태는 조선민족이라면 누구
나 일제가 불공대천의 원수임을 가슴 깊이 새겨둘 것이라며 일제의 국권
강탈에 분노를 표하였다.[22] 아마 이때의 국권상실의 경험은 청년 이용태
의 사상전환에 큰 영향을 미쳤음에 틀림없다.

1913년 4월 제천군 근좌면 면서기 취임부터 1927년 11월경 대종교를

---

20) 「守分說」(1963. 8), 『檀菴文庫』, p.439.
21) 「行年略記」, 『檀菴文庫』, p.991.
22) 「行年略記」, 『檀菴文庫』, p.991.

수용하기 전까지 이용태는 사상적으로 두 단계의 중요한 진보과정을 거쳤다. 첫째 단계는 1913년 4월 전통유림에서 일제의 말단관리로 나갈 때의 사상변화이다. 이미 1912년에 이용태는 나라는 망하고 임금은 없어지고 세상은 쇠퇴하고 도덕은 잦아들어 천운의 비색함이 그 극도에 다다랐음을 통탄하였다. 그래서 그는 드디어 옛 일을 상고할 생각을 끊어버렸다고 일지에다 기록하였다.23) 아마 이때 그는 변화된 시대상황을 적극 수용하기로 마음을 바꾼 것으로 보인다. 그리하여 이듬해에 면서기로 취임했는데, 이는 그가 그 지역에서 근대학문에 소양이 있는 개화청년으로 알려졌기 때문이었을 것이다.24) 이어 그는 보수적인 지방유림의 구각을 벗어던지고 처음으로 진보된 사회의식을 드러내기에 이르렀다.

> 가만히 세계의 대세를 미루어 생각하고 돌이켜 우리나라의 운명을 생각할 때 내가 고집을 가짐은 옳지 아니한 바가 있으니, 무엇인가 하면 시간에는 예와 지금의 차이가 있고 학문에는 새 것과 낡은 것 곧 新舊의 분별이 있으며 하늘에는 봄과 가을의 변천이 있고 해에는 낮과 밤의 나뉨이 있는지라.…우리 반도국가의 쇠망함은 정치를 혁신하지 아니함에 있고, 민족이 고통을 당하고 압박을 받는 것은 교육을 받지 못한데 있다. 이제 국권의 회복을 바라고 시급히 민족의 자유를 구할진대 무릇 우리 2천만 동포가 반드시 분발하여 용감한 마음을 떨쳐 일으키고 교육과 실업 등을 먼저 급속히 개혁함으로써 열혈과 적성을 마음속에 쌓아두고 몸을 복수하기 위한 적과의 싸움터에 희생물로 바치며 세계의 앞선 문화를 수입하여야 한다. 장래에 나라를 위하고 집안을 위한 정치를 행한다면 가히 망국의 치욕을 씻을 것이요, 가히 불공대천의 원수를 갚을 것이요, 가히 생활의 행복을 얻을 수 있을 것이다.25)

---

23) 「行年略記」, 『檀菴文庫』, pp.993-994.
24) 이용태는 면서기 10년 6개월(1913. 4-1923. 12), 면장 8년 3개월(1924. 1-1926. 10, 1934. 1-1939. 7) 등 19년을 일제의 말단관리로 지냈다. 면서기 시절에 이용태는 일본인 坂井梅次郎과 교유하였다.
25) 「行年略記」, 『檀菴文庫』, p.995.

이를테면, 이용태는 망국의 근본 원인이 정치의 부패와 교육의 부진에 있다고 진단한 다음, 일제에 강탈당한 국권을 회복하고 민족의 자유를 되찾기 위해서는 2천만 동포가 분발하여 교육과 실업을 급속히 진흥시켜야 하며, 세계의 신문화를 수용하고 나라와 집안을 위한 정치혁신을 이룩해야 한다고 역설하였다. 이처럼 이용태는 독립운동과 건국운동의 방안으로서 무장투쟁론보다 교육과 실업의 진흥을 중시하는 실력양성론을 주장했는데, 이러한 현실적 사고방식은 일제시기 전 기간에 이용태의 행동방안의 원형을 이루고 있었다. 나아가 이용태는 이런 사고방식을 지녔기 때문에 그리고 일제 관리로 복무하고 있는 처지였기 때문에 1919년 4월 제천군 일대에서 벌어진 3·1 만세운동에 가담하지 않았던 것으로 보인다.26) 하여튼 1913년부터 면서기로 활동한 유지(有志)청년 이용태는 면서기로서의 활동경력을 발판으로 만 30살이 되는 1920년 이후에 봉양면 일대의 계몽운동에서 선두주자로 부상하게 되었다.

둘째 단계는 1922년 3월 23일부터 4월 11일까지 20일간 일본을 시찰한 다음에 보여준 사상변화이다. 처음이자 마지막이었던 일본 방문을 통하여 이용태는 동경 우에노(上野)공원에서 열린 평화박람회를 관람했을 뿐더러 정부관서와 문화유적과 산업시설을 두루 시찰할 기회를 가졌다. 특히, 그는 "물질이 선명한 동경 시가의 전경", "山紫水明한 京都의 풍모", "상공업의 전당을 이룬 大阪"의 전경에 큰 감명을 받았다. 이처럼 일본의 물질문명의 발달과 국민정신의 단합을 목도하고 돌아온 이용태는 "한양성안에 들어서니 인물의 미개함을 이루 비교하기 어렵다"는 심경을 토로하기에 이르렀다.27) 당시 그는 동경행 열차에서 산림양성·도로정

---

26) 아우 李容俊이 13세의 나이에 3·1 운동에 가담하여 일경에 체포되자 이용태가 면장에게 사표를 제출했다고 하는 기록이 있는데(『人物志』, 충청북도, 1987, p.380), 이용태가 자신의 활동을 자세히 기록한 『檀菴文庫』의 「行年略記」에는 이에 대해 일절 언급이 없다. 이용준의 3·1 운동 가담에 대해서는, 『堤川郡誌』, 제천군지편찬위원회, 1969, p.331.

비·토지정리·생활개선을 이룬 일본의 사회상을 목도하고 조선의 현실에 비추어 다음과 같이 통탄하였다.

> 조선인의 정도를 생각하니 落後의 비관은 뇌신을 자극하고 전진할 희망은 就緒할 방도가 없다. 무슨 까닭에 이와 같은 추락의 어조로 타인의 분노를 유발하고 자기의 못남을 표시하느냐 하면, 고향인 堤川을 회상하면 교육기관이 소수에 불과하며 일반 지식이 없다시피 하고 완고한 陋習이 아직도 남아있어 虛華假飾으로 내실을 생각지 않고 舊規만 묵수하는 자가 백중 구십이요, 상공업간 물질이 미개하여 생활이 곤궁하니 옛 것을 혁파하고 새 것을 추구할 자가 그 누구며, 시대 변천에 경종을 울릴 자가 없어서 전조선과 지방 각지를 생각할지라도 과언이 아닌즉 울분을 억제키 어렵도다.[28]

즉, 이용태는 교육의 혁신과 상공업의 진흥만이 식민지 조선을 구할 구국의 방책임을 절실히 깨달았다. 일본방문 후에 그는 한국이 일제의 식민지로 전락한 것은 타력에 의해서가 아니라 자력에 의한 것이라는 반성을 하게 되었다. 그는 한국이 '스스로' 일제의 식민지로 전락한 원인으로서 ① 국가가 다스려지지 아니함(國家之不治), ② 민족이 자각하지 못함(民族之不自覺), ③ 유림이 고루한 생각을 고집함(儒林之墨守), ④ 교육이 새롭지 못함(敎育之不新) 등 네 가지를 들었다.[29] 앞서 살펴본 것처럼, 1913년에 처음으로 계몽의식을 피력한 글에서 국가멸망의 주원인으로서 정치부패를 꼽았던 것처럼, 10년 후에도 이용태는 혼란과 무질서가 국가와 민족의 생존과 발전을 저해하는 것을 가장 우려하고 있었다. 그러나 동시에 정치체제의 안정과 평화를 강조하는 이러한 안정제일주의적 시각은 역으로 극도의 혼란과 무질서를 진정시킨 정권이나 인물을 긍정적으로 인식할 단서를 열어둔 것이었다.[30]

---

27) 「行年略記」·「渡東記」(1923. 3-4), 『檀菴文庫』, p.747, p.1005.

28) 「渡東記」(1923. 3-4), 『檀菴文庫』, pp.726-727.

29) 「行年略記」, 『檀菴文庫』, p.1005.

일본시찰 직후인 1922년 7월에 이용태는 신사상·신문화의 수용과 교육을 강조하는 계몽주의에 바탕한 국권회복론을 제시하였다. 먼저, 그는 인습과 구교육을 고수하고 세계의 변화에 무지한 조선인들을 각성시키기 위해서는 "소·중·대학교라는 병원을 방방곡곡에 설립하여 청년동포들을 모두 입원케 하고 교육탕을 복용시켜야만 장래 동포의 불구병을 예방할 것이요, 전진심(前進心)·공익심으로 무장하고 신사상·신생활을 가미한 각성산을 취하도록 마셔야 우리들의 영귀(榮貴)한 가치를 발휘할 것이다"고 하였다.31) 나아가 그는 조선 이천만 동포의 신학문이 미개하고 국가가 낙오된 근본 원인이 척양척왜(斥洋斥倭)·존화양이(尊華攘夷)의 명분론적 허세와 시부표책(詩賦表策)의 사문학(死文學)과 학파(學派)수립을 통한 민중착취와 족보자랑을 통한 정쟁에 있다며 유림의 각성을 촉구하였다. 이때 그는 유림에게 전통유교의 우수성을 민족윤리와 고유문화로 승화시키고, 서구적 물질문명을 흡수한 신세대 청년들을 교육하는 신교육의 후원자가 되라고 촉구하였다.32) 그런데 이러한 주장들은 신학문 수용을 통한 의식개혁만이 조선독립의 첩경이라는 논리로 이어지고 있었다.

1920~1922년간에 이용태는 청년운동·교육운동·농민운동 등 세 가지 방면에서 계몽운동을 펼쳤다. 이중에서 이용태가 가장 주력한 것은 농민운동이었다. 그 부친도 날마다 힘겨운 농사일을 직접 했던 가난한

---

30) 나아가 이용태는 조선민족이 시급히 개선할 사안으로서 ① 삭발의 엄격한 이행, ② 교육의 적극적 장려와 一面一校制의 시행, ③ 백의의 폐지와 色衣의 착용, ④ 육림사업의 강력 시행, 생활개선과 식생활의 간소화를 통한 여성활동 권장, ⑤ 군단위로 상공업 교습소를 건립하여 실업진흥 도모, ⑥ 문맹퇴치운동 강력 실시, ⑦ 인사행정의 쇄신과 능력본위의 인재 등용 등을 들었다. 「渡東記」(1923. 3-4), 『檀菴文庫』, p.751.
31) 「哀我不具하야 警告我不具同胞」(1922. 7), 『檀菴文庫』, pp.337-338.
32) 「朝鮮의 興亡은 儒林에 있다」(1922. 7), 『檀菴文庫』, pp.341-344. 이용태는 이때부터 자서전에서 양력을 사용하기 시작하였다.

농민의 후예인 이용태는 매년 농사의 풍흉과 물가의 대략을 자신의 일대기에 기술해 놓았을 정도로 농촌문제에 많은 관심을 보였다. 따라서 그가 농민운동에 각별한 관심과 애정을 쏟은 것은 어쩌면 당연한 것이었다. 이용태의 농민운동을 비롯한 계몽운동은 일제의 감시와 방해, 재정부족, 농민층의 이해 부족, 지주층의 비협조 등으로 말미암아 두드러진 성과를 올리지 못하고 말았다. 그럼에도 그러한 사업들은 이용태가 1939년 만주로 망명하기 전까지 제천군 일대에서 기층민중을 상대로 벌인 계몽운동의 원형이었다. 나아가 그러한 사업의 경험을 토대로 이용태가 계몽사상을 정립하게 되었음을 주목할 필요가 있을 것이다.

우선, 이용태는 1920년 7월에 설립된 제천청년회의 봉양면(鳳陽面) 지부장을 맡았다.[33] 제천청년회는 3·1 운동 이후 일제의 문화정책과 청년들의 민족의식의 증대가 맞물려 나타난 계몽단체로서 덕육(德育)·지육(智育)·체육(體育)의 발달, 실업의 장려, 풍속의 개선을 목표로 1920년 7월 11일에 설립되었다.[34] 구한말 제천지역의 유지로서 다액의 자금을 각종 학회와 학교에 희사한 이희직(李熙直)[35]이 회장을 맡은 제천청년회는 매주 토론회를 개최하여 군민들의 사회지식 확대를 도모하였다. 또한 1925년 10월부터 농민층과 문맹자를 대상으로 마을마다 노동야학을 설치하여

---

33)「行年略記」,『檀菴文庫』, p.1001.
34)『東亞日報』, 1920년 7월 22일, 8월 28일. 李熙直(회장)·李殷榮(부회장)·총무 李載培(총무)·李觀儀·朴魯泰·李載浩·李錫永·李敎駿·李建福·李永弼 등 유지청년들이 설립한 제천청년회는 총무부·평의부·재무부·德育部·智育部·체육부·실업부·위생부·음악부·救濟部 등 10부로 구성되어 있었다. 1920년 8월 18일 제천 읍내 운동장에서 창립총회를 개최했을 때에 회원은 1,500여명이었다.
35) 고종조에 사마시를 거쳐 중추원 의관을 역임한 이희직(1922년 사망)은 구한말 자신이 소유한 300석의 토지를 서북학회·기호흥학회·교남학회·관동학회·고아원·기독청년회·여자교육회 등 학회와 교육기관에 모두 희사한 민족지사이자 육영사업가였다. 1940년에 김성수·현상윤 등이 그의 행적을 기려 제천군 백운면 平洞에 비를 세워 주었다.『東亞日報』, 1940년 6월 18일 ;『堤川郡誌』, pp.585-586.

널리 상식을 보급할 것을 방편으로 삼았다.[36] 당시 이용태는 『조한독본 (朝漢讀本)』 120책을 구입하여 각 리의 노동야학에 분배하여 배우도록 하였다.[37] 1926년 12월 하순에 제천청년회는 가정평화의 유지문제를 주제로 남녀합동토론회를 개최한다고 군내에 광고했다가 풍기문란이란 이유로 일제로부터 강력한 탄압을 당하였다.[38]

다음, 이용태는 봉양모범서당의 설립과 운영에 깊숙이 간여하였다. 그는 봉양면내에 청년자제의 지식이 하락하고 유지인사가 없음을 우려하여 면장 이종승(李鍾升)과 함께 1918년 이래 준비해 오던 모범서당을 1919년 8월 1일에 봉양면 주포리(周浦里)에서 개설하였다. 40명(혹 60명) 정도의 학도와 교사 1인(鄭彰敎)으로 출범한 주포리의 모범서당은 유교교육 위주의 한문서당이 아니라 근대교육을 실시하는 초등학교 수준의 개량서당이었다. 이용태는 1920년 9월에 이르러 제천청년회 창립회원인 이석영(李錫永)을 교사로 추가 초빙하여 서당운영을 활성화하였다.[39] 이 모범서당의 건축비는 박달령 제2등도로 건설에 참여한 역인들에게서 기부 받은 것이고, 학교유지비는 학계(學契)를 조직하여 1호당 30전씩 징수한 것이다. 그리고 1920년에 면내 거주자 1호당 평균 2원씩 총 4,000원을 징수하여 충당하다가 1923년 4월에 면장 경훈(慶勳)과 유지 조병헌(趙秉憲) 명의로 사립봉양보통학교의 인가를 받았다. 그러나 이 서당은 기본금이 부족하여 운영상의 애로도 적지 않은 편이었다.[40]

다음, 이용태는 1920년 12월에 과도한 세금으로 경제적 곤경에 처한

---

36) 제천청년회는 1925년 8월에 청년회관을 신축한 다음에 10월 27일부터 노동야학을 개시하기 위하여 학생을 모집하였다. 『東亞日報』, 1925년 10월 22일.
37) 「行年略記」, 『檀菴文』, p.1001.
38) 『東亞日報』, 1926년 1월 2 · 5일.
39) 「行年略記」, 『檀菴文庫』, p.1001.
40) 李容兌, 「鳳陽面誌」(1924), 『奈堤文化』 13, 堤川文化院, 2002, pp.110-112. 1924년 현재 봉양보통학교의 주요 현황은 교장 朴勝益, 교사 李行雨, 학교기본금 3,200원, 남학생 112명, 여학생 8명이었다.

영세농민에 대한 보호대책마련에 힘썼다. 그는 면장 김진필(金鎭弼)과 함께 지세와 기타의 공과금을 지주와 소작인이 동등하게 부담하도록 하자는 계획안을 면내에 대대적으로 선전하였다. 그러나 소작인들의 무지와 지주의 비협조로 성과를 거두지 못했다.[41] 1921년에 이용태는 나날이 높아가는 소작인의 부담을 줄이기 위해 봉양면내의 유지들과 논의한 결과 소작인회를 설립할 것을 모색하기에 이르렀다. 이는 10년 사이에 100원당 25전에서 3원 12전으로 30배나 불어난 공과 잡세의 부담을 경감시키기 위한 것이었다.[42]

1922년 1월 5일 이용태의 주도로 봉양면 소작인회 창립총회가 열렸다. 이 소작인회의 주요 사업은 토지개량, 산업증진, 풍기정숙, 납세충근, 근검절약, 친선도모, 교육공평, 부담공평 등이었다.[43] 소작인회 설립 당시에 이용태는 회칙통과, 직원선거, 사업착수 등 소작인회의 중요 사무를 주관하여 처리하고 지주들에게 보낸 공함 등의 글도 모두 손수 지었다. 그러나 공무를 맡은 처지인지라 공개적으로 소작인회를 주관하지는 못했을 뿐이었다. 1월 14일에 이용태는 지주들에게 수 백통의 공함을 보내 지세와 기타 공과금을 지주와 소작인이 동등하게 부담할 것을 주장하였다. 또한 소작인회의 회원들에게는 과도하고 부당한 지세와 공과금을 납부하지 말도록 지시하기도 하였다.[44] 이러한 소작인보호활동의 취지는 이용태가 직접 집필한 1922년 1월 1일자 「봉양면소작인회발기취지서」에 잘 나타나 있다.

애달프다. 밤낮으로 부지런히 고생하여 일년 동안 힘써 농사지은 것을 모두 도조로 바치고 남은 것이 없으니 풍년에도 마침내는 몸만 고생하고

---

41) 「行年略記」, 『檀菴文庫』, p.1001.
42) 「行年略記」, 『檀菴文庫』, p.1003.
43) 「小作人會員에게 激勵」(1922. 3), 『檀菴文庫』, p.490, p.493.
44) 「行年略記」, 『檀菴文庫』, pp.1004-1005.

흉년에는 굶어죽음을 면하지 못함이 오늘날 세상의 소작인들의 처참한 정상이다.…지난 대정 6년(1917) 이후로부터 토지에 부과하는 공과금이 해마다 높이 오르고 늘어감은 피하지 못할 시국 형세라. 다만 백성들이 마땅히 바쳐야할 것이다. 그 공과금을 부담할 의무는 국가 법률에 소유자로 지정되어 있으나 제천 고을에 이르러서는 몇 사람의 자선가를 제외하고는 법령의 어떠함에 구애됨이 없이 다만 옛날의 습관에 의지하여 거의 모든 것을 소작인에게 부담하게 하니, 이것이 어찌 소작인을 애호한다는 본뜻일까 보냐.[45]

이용태의 소작농보호운동은 농촌경제의 근본적인 피폐원인인 일제의 식민정책을 정면으로 비판한 것은 아니었다. 오히려 그는 일제가 농지에 부과하는 공과금을 해마다 올리는 것을 당연하게 여기고 있었다. 또한 지주의 온정과 농민간의 협동정신에 의하여 소작농문제가 해결되기를 기대하였다. 이러한 점에서 이용태의 농민운동은 일제의 식민체제를 인정한 바탕 위에서 진행된 한계를 드러내고 있었다. 그럼에도 그것은 1918년 토지조사사업과 1920년 산미증식계획으로 소작농이 날로 증가하고 소작료가 매년 높아 가는 조선농촌의 불평등한 현실을 타개하려는 의도에서 추진된 것이라는 점에서 나름대로 의의가 있었다.[46]

1924년에 이용태는 봉양면장으로서 산업조합(産業組合)을 발기하고 조합장의 자리에 올랐다. 산업조합은 신학문 습득을 통한 문명생활과 경제생활의 영위, 나태와 무위도식과 향락의 타파, 상부상조의 도의심 앙양과 단결심 배양, 시대와 과학의 학습을 통한 경제적 자립의 획득 등을 목표

---

45) 「鳳陽面小作人會發起趣旨書」(1922. 1), 『檀菴文庫』, pp.450-451.
46) 「行年略記」, 『檀菴文庫』, pp.1004-1005. 1923년 이후 이용태는 제천군의 봉양면 일대의 지도급 인사가 되었다. 1923년 11월에 그는 봉양보통학교 후원회를 조직하여 집행위원장에 올랐고, 1924년 1월 봉양면장, 11월에 산업조합 조합장, 1925년 2월 下所橋(제천교) 가설 및 황색연초 재배 진정위원, 1932년 9월 봉양면 농산물품평회 후원회장, 1933년 12월 제천군내 4개면 '儒敎時代化' 강연회 연사, 1934년 1월 백운면장, 德洞간이학교 설립 등을 통하여 교육운동과 농촌계몽운동과 농민보호운동을 꾸준히 실시하였다.

로 삼았다.47) 이어 1928년에 이용태는 농촌사회의 자치적 상호부조기구
인 대동회(大同會)를 발기하였다. 대동회는 산업진흥·풍속개량·문화향
상을 도모함과 동시에 생존경쟁을 통하여 세계와 보조를 맞출 방안을 강
구하려는 단체였다.48) 또한 이듬해에는 소규모 금융기관인 대동흥업사(大
同興業社)를 발기했는데, 이는 유리걸식하고 자결 투신하는 농민들의 비참
한 곤경을 구제하고 공존공영의 생업을 진흥함으로써 대중의 생활로를 개
척하려는 목적에서 조직된 것이었다.49) 그러나 산업조합·대동회·대동흥
업사 등은 일제의 경제수탈과 물가앙등, 제천지역의 경제적 미성숙, 제천
유지들의 비협조로 말미암아 별다른 성과를 거두지 못하였다. 그럼에도
불구하고 이용태는 1930년대에 들어서 1920년대 초반 이래의 농민운동의
경험을 바탕으로 그 나름의 종합적인 농민대책을 제시하기에 이르렀다.

> 목하 조선 농촌민의 생활상태를 관찰할 때에 빈약에 빈약을 가하여 날
> 이 갈수록 파산자가 늘어가고 곤궁에 곤궁을 더하여 해를 거듭할수록 외
> 지로 流離漂迫하는 자가 속출하여 不可勝數라. 考其遠因함에 한두 가지
> 의 원인과 이유가 아니고 其 공통적인 원인으로는 공과부담금의 과중과
> 지주 착취의 가혹함과 생산능률의 저하부진과 자식암매로 인한 시대낙오
> 와 보호지도관계의 결여와 因循폐습의 惡癖과 공동단결력의 결핍 등등을
> 들 수 있는바 농민대중의 생활상태가 여하히 窮乏之頂에 달하고서 어찌
> 國富를 바라며 안녕 질서가 확립된 사회를 건설 유지하리오.50)

이어 이용태는 국가발전에 가장 필요한 목표인 부국강병을 달성하기
위해서는 쇠락한 농촌사회의 재건이 무엇보다도 중요한 문제라는 인식하

---

47) 「産業組合發起趣旨書」(1924. 6. 3), 『檀菴文庫』, p.459. 이용태는 1926년 도 지
    사회의에 교육시설의 개선과 확충, 산업의 개발, 면직원의 훈련 등을 건의하였다.
    「道知事會議에 대한 建議書」(1926. 7. 上旬), 『檀菴文庫』, pp.547-552.
48) 「大同會發起趣旨書」(1928. 3), 『檀菴文庫』, pp.456-457.
49) 「大同興業社」(1929. 12), 『檀菴文庫』, pp.461-462.
50) 「農村再建으로 가는 길」(1931. 8), 『檀菴文庫』, pp.350-361.

에, ① 공과부담금의 경감, ② 지주착취의 금지, ③ 생산능률의 향상, ④ 문맹퇴치의 의무화, ⑤ 농민보호 지도기관의 설치, ⑥ 폐습추방과 풍속개량, ⑦ 협동단결의 생활훈련 등을 농촌문제 해결의 세부적 실천방안으로 제시하였다. 그러나 이는 일제의 식민지통치와 지주제도를 용인한 상태에서 현상적으로 드러난 폐단과 악습만을 경감하고 제거하자는 특징과 한계를 지니고 있었다. 그럼에도 그것은 해방 후의 극심한 경제혼란기에 이용태가 제시한 농민대책의 원형에 해당한다는 것이었다.

Ⅳ. 대종교 입교와 전통문화의 발견

1926년 10월 봉양면장직에서 권고 사직당한 이용태는 향후의 진로를 고민했던 것으로 보인다. 그 결과 이용태는 1927년 11월에 인생의 전환점으로 작용한 대종교에 입교하게 되었다. 이때 그는 "앞으로 단군성조를 숭봉하여 민족정신을 불러일으키는 것을 나의 일로 삼겠다"는 포부를 드러냈다.[51] 이후부터 1964년 사망할 때까지 인생의 후반기를 이용태는 철저한 대종교 신자로서 생활하였다. 그러한 가운데 1939년에 영계(靈戒)를 받고 참교(參敎)의 교질을 거쳐 총본사 찬범(贊範)에 임명되었고, 1945년 상교(尙敎), 대종교 경의원장(經議院長), 1946년 교무 전반을 전결하는 총본사 찬리(贊理)를 거쳐 1956년 정교가대형호(正敎加大兄號)에 올랐다.[52] 이로써 이용태는 해방 후부터 제1공화국기까지 대종교단의 대표적인 이론가요 사상가로 활동하며 대종교이념에 입각한 특유한 한국식 민주주의론을 정립하였다.

---

51)「行年略記」,『檀菴文庫』, p.1018.
52)「行年略記」,『檀菴文庫』, pp.1123-1128 ;『大倧教重光六十年史』,『檀菴文庫』, pp.828-831.

그러면 독실한 유림관리인 이용태가 어떤 계기로 대종교를 수용하게 되었는가? 이용태가 유교에서 대종교로 옮겨간 데에는 충주(忠州) 출신의 대종교도 박승익(朴勝益)의 종교적 감화가 큰 영향을 미쳤을 것이다. 이용태보다 세 살 많은 박승익은 항일의식이 투철한 애국지사이자 대종교인이었다. 가난한 집안 출신의 박승익은 서울의 관립공업전습소(官立工業傳習所)[53]에 다니다가 한일병합 후에 교내외의 학생들을 동원하여 항일운동을 계획한 적이 있었다. 그는 공업전습소 학생들이 조직한 공업연구회의 평의원과 공업연구회의 기관지인『공업계(工業界)』의 편집부원을 지냈다. 이때 그와 가장 친하게 지낸 박찬익(朴贊翊)이 공업연구회 회장을, 그리고 박찬익의 정신적 대부인 신규식(申圭植)이『공업계(工業界)』의 사장 겸 편집인을 맡고 있었다. 따라서 이러한 인연으로 박승익은 1909년 신규식이 대종교에 입교한 다음 1910년 박찬익과 함께 대종교에 입교한 것으로 보인다.[54]

박승익은 1910년 11월경 나 철(羅喆, 1863~1916)의 신생 대종교단이 대종교와 독립운동의 토대 마련을 위해 포교사들을 만주로 대거 파견할 때에 만주로 건너갔다. 그는 나 철이 백두산 북쪽 기슭 청호(靑胡)에 설립한 북산지사(北山支司)의 교무를 전임하며 나 철의 종교적 민족운동을 보좌하였다.[55] 나 철이 서거한 다음에는 부친 항렬의 강 우(姜虞)와 백 순(白純) 양인을 모시고 간도에서 3년 동안 대종교 시교사로 활동하였다. 이때 박승익은 만사를 백 순에게 의지하며 따라서 배웠고, 근대 학문의 여러 분과에 해박한 지식을 지닌 백 순은 박승익을 애중하게 여겼다. 그는 황량한 풍토, 극심한 배고픔, 일제의 탄압, 마적의 약탈 등 갖은 어려

---

53) 관립공업전습소에 대해서는, 김근배,「대한제국기―일제 초 官立工業傳習所」, 『韓國文化』 18, 1996.
54) 南坡朴贊翊傳記刊行委員會,『南坡朴贊翊傳記』, 乙酉文化社, 1989, pp.88-90, 97, 135-136.
55) 정원택 저, 홍순옥 편,『志山外遊日誌』, 탐구당, 1983, p.28.

움을 겪어가며 대종교 포교와 학교 설립에 큰 공을 세웠다.56) 대종교단 내에서 그는 1911년에 참교(參敎), 1913년에 지교(知敎)에 올랐고, 1917년 경에는 북만주를 관장하는 북일도본사(北一道本司)에 속해 있었으며, 1922년에는 남일도본사에서 상교(尙敎)를 지낸 것으로 확인된다.57)

박승익은 만주에서 활동하다가 부친의 간절한 부름과 강 우·백 순의 은근한 권고로 1910년대 중반경에 귀국하였다. 충주에서 그는 연로한 부모의 생계를 위해 대서(代書)를 하며 지내다가 1919년 봄에 성묘차 충주로 내려온 정인보(鄭寅普)와 '형제의 우정'을 나누게 되었다. 1920년에 그는 대서를 계속하며 충주·제천·단양·영월·평창·정선 등 6군을 관할하는 동아일보 충주지국장을 맡았다.58) 그러나 일제의 탄압으로 인해 대서일을 그만두었고 신문사 지국도 해체되고 말았다. 이어 1922년에 그는 정인보의 추천으로 서울 유지들이 입학난 해소를 위해 설립한 중·고등과정의 동아강습소(東亞講習所)에 강사로 들어갔다.59) 그 후 친일왕족의 대종교 진흥자금 지원요청을 둘러싸고 교단과 이견이 생겨 귀향했다가 제천으로 이사하였다. 그는 제천의 봉양모범서당이 봉양보통학교로 승격되는 1923년 4월을 전후한 시기에 봉양보통학교의 교장이 되었다.60) 이용태는 1923년 11월에 봉양면내의 유지들과 봉양보통학교 후원회를 조직하고 후원회 집행위원장 자격으로 면내의 각 호에 후원금을 분배하였

---

56) 1914년 3월경에 박승익은 용정촌 墾民會 支會의 회원이 되었다. 『韓國獨立運動史 資料 39 : 中國東北地域篇 Ⅰ』, 國史編纂委員會, 2003, pp.362-363. 당시 일제측의 자료에는 같은 시기에 북간도에서 대종교 시교사로 포교활동과 교육활동에 종사하고 있던 朴勝益과 朴贊翊의 이름이 朴承益·朴昌翼·朴贊益·朴讚翊·朴贊翼 등으로 혼동되어 나오고 있다.
57) 鄭寅普, 「朴勝益傳」, 『薝園鄭寅普全集』 5, 연세대학교 출판부, 1983, pp.72-74 ; 『倧門榮秩』, 大倧敎總本司 소장 ; 『大倧敎重光六十年史』, p.967 ; 「行年略記」, 『檀菴文庫』, p.1011 ; 朴明鎭, 「大倧敎獨立運動史」, 『國學硏究』 8, 國學硏究所, 2003, p.420.
58) 『東亞日報』, 1920년 4월 27일.
59) 『東亞日報』, 1922년 4월 16일.
60) 鄭寅普, 「朴勝益傳」, 『薝園鄭寅普全集』 5, pp.75-77.

다. 그런 다음에 이용태는 교장 박승익, 유지 조명구(趙命龜), 구장 원세천(元世千)과 더불어 각 리를 순회하며 후원회 조직과 취지를 설명하고 다녔다.[61] 따라서 이용태는 박승익이 교장에 오르는 시기를 전후하여 그와 깊은 인연을 맺어나간 것으로 보인다.

1924년 (음)12월에 박승익이 38세의 젊은 나이로 죽었다. 이때 이용태는 "하늘의 원통함과 사회의 실망함이 비할 데가 없을 것이다"는 참으로 극진한 애도를 표하였다. 아울러 그는 "10년 동안 서울에서 세상이 바뀌는 풍파를 겪으면서도 분통함을 참고 원한을 가슴 깊이 새겨 백 번 굽혀도 꺾여지지 않았고 천 번 흔들려도 움직이지 않았다"고 박승익의 항일의지를 칭송한 다음, "나와 같이 무뢰한 사람이 그대의 정신을 탄복하여 배웠으니 눈물이 절로 흐른다"며 그 자신이 박승익에게 배운 바가 참으로 많았음을 토로하였다.[62] 그런데 이때 이용태가 박승익에게 탄복하며 배운 '정신'이란 것은 강렬한 애국정신, 시조 단군성조(檀君聖祖)와 민족종교 대종교에 대한 애정과 지식, 나 철(羅喆)·김교헌(金敎獻)·서 일(徐一)·윤세복(尹世復)·백 순·강 우 등 대종교 인물들의 활동상, 동아일보계 인사들의 실력양성론에 기반한 민중계몽론 등이었을 것이다. 이로 미루어 이용태는 대종교에 입교하기 전에 이미 대종교와 일정한 인연을 맺었음을 알 수 있다.

1927년 11월 이용태는 최남선(崔南善)을 '존사(尊師)'라고 표현한 간곡한 편지를 보냈다. 이용태가 최남선에게 편지를 보낸 것은, 박승익에게 받은 종교적 감화 외에도, 1925년 11월 이후부터 동아일보 지상을 통해 일제의 단군말살정책에 항거하는 논문을 기고하고 있던 최남선(崔南善)에게서 일정한 영향을 받았기 때문일 것이다.[63] 최남선에게 보낸 편지에서 이용

---

61) 「行年略記」, 『檀菴文庫』, p.1009.
62) 「行年略記」, 『檀菴文庫』, pp.1009-1011.
63) 김동환, 「단암 이용태의 종교사상」, pp.76-78.

태는 "홀연히 한 노인이 夢中에 말씀하시기를 너의 생긴 본원을 알려거든 京城에 崔선생이 계시니 지성으로 기도하라고 분부하시기로 감사의 경의를 표하옵고 노인의 존함을 問하온즉 아는 上古始君이라. 詳細는 先生處에 問하라고 하옵기 尊前에 不敢贅言하옵고"라며 자신이 꿈속에서 단군을 뵈옵는 일종의 종교체험을 경험했을 뿐 아니라 최남선을 만나보라는 단군의 지시를 받았음을 언급하였다. 아울러 그는 최남선에게 대종교에 관계되는 서책이나 소설을 보내줄 것을 요청하였다.[64] 또한 한 달 후에 이용태는 대종교 남도본사의 지도자 강 우(姜虞)에게 답서를 보내 "배달겨레의 생명을 보전하고 자선을 전한 영광이 실로 한배검의 다함없고 없어지지 않는 성령의 보우하심이요 만고에 바뀔 수 없는 정상이다"며 한배검의 공능을 적극 인정하기에 이르렀다.[65]

대종교도로 새롭게 태어난 이용태는 1928년 무진년 신년사에서 안으로 신심지(新心地)·신감각·신복록을 누리고 밖으로 신색채·신사업·신운명을 개척하기 위하여 조선정신의 혁신, 농업·교육·도덕의 혁신, 근검·저축, 집회개최, 풍속개량, 종교혁신 등 9가지를 강조하였다. 특히, 종교혁신에 대해 그는 "종교를 새롭게 해야 합니다. 우리는 우리의 시조인 삼신상제(三神上帝) 단군 한배를 숭봉해서 수천 년 배본(背本) 죄악을 벗고 새로운 광명의 복록을 받는 동시에 음황(淫荒)미신을 일체 타파해야 합니다"라며 대종교를 신앙할 것을 촉구하였다.[66] 이해에 그는 서울의 대종교 남도본사를 강 우(姜虞)를 찾아갔으나 만나지 못하고 대신 봉교(奉教)·봉심(奉審)의 의식을 거행하고 이 호(李灝)와 교리와 시사를 토론하고, 「신가(神歌)」·「개천가(開天歌)」·「각사(覺辭)」·「단군교포명서(檀君教佈明

---

64) 「上六堂崔南善氏書」(1927. 11), 『檀菴文庫』, pp.519-520.

65) 「答姜湖石虞書」(1927. 12), 『檀菴文庫』, pp.521-522. 이용태는 「祭湖石姜先生文」(1931. 3)에서 2번이나 서울의 대종교 남도본사를 찾아갔어도 만나지는 못했으나 마음속에 스승으로 모셨다고 말했다.

66) 「新年辭」(1928. 1), 『檀菴文庫』, pp.496-498.

書)」등을 얻었다. 그는 「삼일신고(三一神誥)」·「신단실기(神檀實記)」를 서울에서 구입해다가 번역을 하기도 하였다. 아울러 3월 20일 대종교에 공식 입교하였고, 별호를 '단암(檀菴)'으로 고치고, 대종교에서의 이름을 '불'이라고 하였으며, 9월 3일에 영계를 받았다.67) 이로써 이용태는 대종교에 깊이 몰입해 들어갔다. 당시 이용태는 자신의 대종교 입교동기에 대해 다음과 같이 말했다.

> 세월이 바뀌면 인심도 변천될 것이다. 그러나 내가 종교에 들어간 것이 이 무슨 망녕된 행동인가. 진실로 그 그릇됨을 알지 못함이 아니로되 만약에 혹시 홀로 그 몸만을 닦는다고 하면 죽고 나면 그만이니 儒道가 그렇다. 지금처럼 거국적으로 민족정신이 쇠퇴한 때를 당하여 만약에라도 조선의 魂을 바로잡아 회복하지 못한다면 나라의 역사를 계속할 수 없을 것이며 또 일반 생명을 구제할 수는 더욱 없을 것이므로…大倧敎에 이르러서는 우리 나라의 백성들을 처음 낳으신 시조를 숭봉함이라. 그 교화로 말한다면 4천년 동안 내려온 고유의 문화다. 유교로서 비길 때 얼마간의 모순도 있으나 오늘날의 사세가 유교로써 國魂을 진흥하기 어려운 까닭에 비록 儒家에 끌림이 있다고 하나 그 교의 종지는 인류도덕에서 벗어남이 없고 불교와 서양의 기독교와는 스스로 다른 한계가 있고 유교와는 조금도 다른 점이 없다.68)

즉, 이용태는 대종교가 유교에 비해 모순이 있기는 하나 지금처럼 민족정신이 쇠퇴한 시기에 유교로는 국혼(國魂)을 진흥시키기 어렵기 때문에 4천년 간 내려온 고유문화이자 국조를 받드는 대종교를 믿게 되었다고 술회하였다.

대종교에 입교하여 조선정신을 강조하게 되면서부터 이용태는 자신의 한국적 민주주의론의 뼈대를 정립해나가게 되었다. 다시 말해 대종

---

66) 「新年辭」(1928. 1), 『檀菴文庫』, pp.496-498. 국가를 개창한 것을 칭송하였다.

68) 「行年略記」, 『檀菴文庫』, p.1021 ; 「壬午敎變」·「故司敎檀菴李容兌道兄」, 『大倧敎重光六十年史』, p.519, p.829. 그는 1928년 8월 사촌형의 환갑연에서 지은 시(敬次四從兄容顯氏壽宴韻)에서 단군이 무진년에 「行年略記」, 『檀菴文庫』, p.1019.

교에 투신한 다음 종교적 신념의 변화가 분명히 반영된 글들 속에서 이용태는 해방 후 그가 보여준 정치사상의 원형을 제시했던 것이다. 이를테면, 신앙심의 통일이 조선의 당면과제라고 인식하고 있던 이용태는 불가(佛家)의 석가씨(釋迦氏)의 대소승(大小乘)의 진리, 서구의 야소씨(耶蘇氏)의 천당생활(天堂生活), 중국의 공부자(孔夫子)의 윤리와 구도덕, 인도의 간디씨의 비저항주의(非抵抗主義), 독일의 막스씨와 로서아(露西亞)의 레닌씨의 유물주의(唯物主義) 등 외래의 모든 사상·종교체계를 총체적으로 비판하고 부정하였다. 그런 다음에 그는 조선민족의 유일한 생존방책으로서 "첫째로 조선정신을 찾고, 둘째로 찾아진 조선정신으로 굳게 단결하고, 셋째로 단결된 정신으로 우리 聖祖檀君을 신봉하는 것이다"고 주장하였다.69) 이런 맥락에서 이용태는 개인적·지역적으로나마 단군을 신봉하기 위해 단군의 신령이 붙어 있다고 하는 박달재에 단군사당을 짓고 향화를 올리려고 하였으나 시국의 형편으로 인하여 신전을 짓지 못하고 말았다.70)

1930년 12월에 이용태는 세상의 모든 종교의 문제점을 넘어서 세계평화를 가져올 종교로서 대종교의 역할을 강조하였다. 그는 인류가 유교의 인의, 불교의 자비, 일본 신도의 대화, 예수교의 사랑 등으로 평화를 얻었으나 몇 해 전부터 서로 이욕만 추구하여 상잔과 파괴가 다반사로 벌어지는 살벌한 상황이 전개되고 있음을 우려하였다. 따라서 그는 이런 종교들이 발생하기 이전에 사람들이 깨우치고 실천하여 평화를 이루었던 대종교의 교화를 다시 재현하고자 하였다.71) 그런 다음에 그는 조선인들로 하여금 사견과 사익을 버리고 정도로 나아가 정신과 마음을 밝게 닦고 인류의 떳떳한 법도를 실천하도록 하기 위하여 대종교의 연원과 공능

---

69) 「朝鮮民族의 信仰心 統一을 期하자」(1928. 1), 『檀菴文庫』, pp.347-349.
70) 「建築三神殿發起文」(1928. 陰1), 『檀菴文庫』, pp.452-454.
71) 「宗教說」(1930. 12. 18), 『檀菴文庫』, pp.203-204.

을 자세하게 덧붙여 설명하였다.

> 우리의 종문대도는 실로 종교 가운데 종교로다. 먼 옛날 천지가 갈리기 전에 神市天王께서 하느님의 명을 받으시어 天符 三印을 가지시고 弘益人間의 대의로써 백두산에 내려와 神으로써 사람으로 화하시어 한 세상을 다스리고 가르치시니 곧 檀君天祖이시다. 그 신은 조화주이신 桓因과 교화주이신 桓雄과 치화주이신 桓儉의 三神이시며, 그 덕은 인과 지와 용의 三德이며, 그 도는 아버지와 임금과 스승의 三道이고, 그 진리는 성품과 목숨과 정기의 三眞이요, 마음과 기운과 몸의 三妄이요, 숨쉼과 느낌과 부딪힘의 三途이며, 그 교는 지감과 조식과 금촉의 三法이요, 돌이키고 나아가고 돌아오는 三生이며, 그 일은 농사와 명령과 의약과 형벌과 포상과 남녀와 부자와 군신과 의복과 음식과 궁실과 변발과 상투 등의 제도를 마련하여 무릇 360가지이다. 이것이 바로 천지 자연의 바른 진리로서 만고에 바뀔 수 없는 大道이고, 사람이 본디부터 받은 한 시도 떨어질 수 없는 바른 길이고, 동서양에서 처음 열린 교화로서 유일무이한 대법이다. 그러므로 성인 箕子가 神誥를 번역하여 읽고 후세를 가르쳤으며, 발해 태조는 神誥의 各訓을 친히 찬하여 깊은 뜻을 밝히시고 弘巖大宗師께서는 大倧教로서 중광하여 지난날의 교화를 이으셨다.[72]

대종교 입교 당시만 해도 이용태는 유교와 대종교의 관계를 병존(竝存)이 가능한 것으로 인식하고 있었다. 일찍이 1913년에 이용태는 계몽사조를 수용하여 교육과 식산의 강조함과 동시에 중화를 높이고 이적을 물리치는 의리가 사라지고 인류와 금수의 구분이 흐려지는 것을 안타까워했다.[73] 또한 1922~1923년에 계몽사조에 입각하여 국권회복론을 정립해가는 중요한 시기에도 이용태는 유림의 수구성과 고루성으로 인한 신학문과 신문화에 대한 무지를 강하게 비판했을 뿐이며 정작 유교사상 그 자체를 정면으로 비판한 적은 없었다. 오히려 그는 조선이 흥왕한 것은 모두 유교 덕분이요 유림은 국가의 원기라며 유교의 역할을 중시한 바탕

---

72) 「宗教說」(1930. 12. 18), 『檀菴文庫』, p.205.
73) 「行年略記」, 『檀菴文庫』, p.995.

위에서 "시대적 특수성이 가미된 새로운 유교를 진흥시켜 민족윤리를 재천명하고 국민의 덕성을 함양케 함으로써 고유의 정신문화를 발양하자"고 주장하고 있었다.[74] 이것은 "箕子 성인의 뒤를 이은 조선의 백성들"에게 유교적 가치에 바탕하여 민족윤리를 개발하고 국민의 덕성을 진작시킬 것을 촉구한 것이었다.

유교와 대종교를 동등하게 중시하는 이용태의 신앙태도는 대종교에 입교한 1927년 12월부터 만주로 망명하여 동경성의 대종교총본사를 찾아가는 1939년 10월까지 지속되었다. 이때 그는 대종교의 교리를 부지런히 학습하고 그러한 내용을 내면으로 삭이고 체험하는 중요한 시기를 보내고 있었다. 그런 가운데 그는 제천군 내에서 유림계 관료 겸 지식인으로 이름이 알려진 관계로 1934년에 제천군 내 4개 면의 유림들에게 강화(講話)하라는 일제의 지시를 받고 유림들을 상대로 '유교시대화'라는 주제로 강연을 주최하기도 하였다.[75] 당시 그는 조선이 유교의 발달로 동방예의지국이란 별칭을 들었으나 말기에는 사대주의로 흘러 조국정신을 상실하고 상고(尙古)의 풍습이 사라지고 문약에 흘러 자강의 기상을 잃고 상하가 모두 부패하고 말았다며 유교의 폐단과 약점을 구체적으로 지적하였다.[76]

1939년 10월 서울에서 경학원 주최 전조선 유림대회가 열리자 이용태는 제천군 대표로 천거되어 상경하였다. 그러나 유림대회의 무질서와 고루함 및 친일유림들의 행태에 실망하여 그 길로 만주로 망명하였다. 당시 그가 면장직을 내던지고 만주행을 결행한 배경으로는 1939년 1월 사랑하는 아우 이용준(李容俊)이 일경에게 체포된 사건과 대공황과 전시체제가 초래한 인민의 생활 곤란을 크게 아파한 개인적 경험을 들 수 있

---

74) 「朝鮮의 興亡은 儒林에 있다」(1922. 7), 『檀菴文庫』, pp.340-344.

75) 「行年略記」, 『檀菴文庫』, p.1035.

76) 「行年略記」, 『檀菴文庫』, p.1035.

을 것이다. 만주에서 그는 동경성 대종교총본사로 가서 제3세 도사교(都司敎) 윤세복(尹世復)과 기거를 함께 하며 본격적으로 대종교를 숭봉하고 연구하기 시작하였다. 대종교단을 찾아간 동기에 대해 그는 민족정신의 발휘, 국가의 자주(自主), 민족의 단결, 전통문화의 계승과 전수는 대종교 정신이 아니면 불가능하다는 판단 때문에 대종교총본사로 가서 헌신적으로 활동하고 봉사하려 했다고 말했다.[77]

이용태는 1939년 11월경부터 1940년 7월까지, 그리고 1941년 3월 하순부터 8월 하순까지 2차례 만주에 머물며 종교 활동에 종사하였다. 이때 그는 대종교총본사에서 교주 자문기관인 경의원(經義院)의 참의(參議)로서 활동하였고, 교주 윤세복과 기거를 같이하며 교단의 운영과 활동에 관한 사항을 집행하였고, 1940년 (음)1월 15일부터 이듬해 (음)4월 16일까지 수차례 직원회에 출석하여 직원개선에 관한 사항을 협의 결정했으며, 각지에 출장하여 다수의 교도로부터 교적(敎籍) 간행에 관한 자금을 모집하였고, 1941년 봄에 화룡현(和龍縣) 청파호(淸坡湖)에 가서 대종교 삼종사의 무덤을 참배하였고, 동경성에서 포교활동을 통하여 교도 수명을 얻기도 하였다.[78] 그러다가 일제의 대규모 대종교 탄압사건인 임오교변에 연루되어 1942년 12월 제천군에서 체포되어 만주 영안현 감옥에 압송되었다. 그는 대종교 간부 25인과 함께 치안유지법 위반혐의로 체포·투옥되어 혹독한 고문을 받은 다음 8년형을 선고받고 목단강시 액하(掖河)감옥에 이관되어 복역하다가 소련군의 만주진주와 함께 풀려났다.[79]

만주에서 이용태가 벌인 여러 활동 가운데 주목할 만한 것은 대종교 서

---

77) 「拘禁苦況」(1946. 9), 『檀菴文庫』, pp.357-358.

78) 「壬午敎變」, 『大倧敎重光六十年史』, pp.519-520.

79) 이용태의 임오교변 체험기에 대해서는 「拘禁苦況」(1946. 9), pp.357-362. 壬午敎 變에 대해서는 대종교총본사 편, 『壬午十賢殉敎實錄』, 1971 ; 朴永錫, 「大倧敎 의 民族意識과 抗日民族獨立運動 : 壬午敎變을 中心으로」, 『建大史學』 6, 1982, pp.25-53 ; 이동언, 「단암 이용태의 생애와 독립운동」, pp.20-26.

적의 간행작업에 임원으로 참여한 점이었다. 대종교단은 1934년 여름 만주 밀산의 총본사가 마적의 습격을 받아 '교적(教籍)'이 모두 소실되는 참화를 당하였다. 이에 1939년 7월에 만주정부로부터 교적간행을 승인받고 이어 10월에 조직된 '대종교교적간행회'가 소실된 교적의 재간행 사업에 본격 착수했을 때에 안희제(安熙濟)가 회장을 이용태가 총무를 맡았고, 이어 1940년 3월에 조직개편으로 안희제가 회장을, 강철구가 총무를, 이용태가 간사를 맡았다.80) 이러한 대종교교적간행회에서는 임오교변 이전까지『대종교홍범급규칙(大倧敎弘範及規則)』(1939)·『삼일신고(三一神誥)』(1940. 6)·『신단실기(神檀實記)』(1940. 6)·『종례초략(倧禮抄畧)』(1940. 8)·『오대종지강연(五大宗旨講演)』(1940. 9)·『종문지남(倧門指南)』(1940. 10) 등의 서책을 발간하였다. 이처럼 이용태가 교적간행에 주요인물로 참여할 수 있었던 것은 그가 대종교 교리에 대해 해박한 실력을 지녔기 때문에 가능했을 것이며, 동시에 그는 대종교 서적의 간행을 통하여 자신의 종교이론을 체계화·종합화하는 귀중한 기회를 가졌을 것이다. 하여튼 해방 후 이용태가 많은 글을 통하여 대종교민족주의를 적극 선양하고 나섰던 대에는 이러한 배경이 자리 잡고 있었다.

V. 대종교에 입각한 한국식 민주주의론

해방 후 고향 제천으로 돌아온 이용태는 좌우대립과 경제혼란이 중첩된 혼돈상태를 맞이하게 되었다. 이때 이용태는 치안유지에 주력하며 질서를 유지하고 단합된 힘으로 대한민국임시정부의 환국을 기다려야 한다고 보았다. 그러나 5, 60개의 정당이 난립하는 와중에서 좌익계의 조선

---

73)『大倧敎重光六十年史』, pp.447-455.

인민공화국이 출현하여 정국을 주도해나가자 그는 분통한 심경을 토로하기도 하였다.[81] 곧이어 1946년 1월 아우 이용준이 임시정부 봉대와 좌익세력 척결활동을 벌이다가 박헌영 일파에게 암살당하는 불행한 사건이 일어났다. 이용준은 해방 직후에 수십 명의 동지를 규합하여 좌익세력과 대항하였고, 중경임시정부가 귀국한 다음에는 대한보국군단(大韓保國軍團)이란 우익단체를 조직하여 스스로 제1사단 사령관을 맡아 좌익세력과 대항하고 있었다.[82] 이에 서울로 올라온 이용태는 대종교단의 중추 인사로서 강연·기고·집필 활동을 활발히 벌이며 대종교민족운동을 전개하여 나가기 시작하였다.

해방 후부터 사거할 때까지 이용태는 공산주의를 절대 반대하고 민주주의를 적극 지지하였다. 이미 이용태는 1928년에 대종교에 입교할 때부터 공산주의에 강한 불만을 나타내고 있었다. 당시 그는 "독일의 막스씨와 露西亞의 레닌씨의 唯物主義가 魂盲·文盲한 대중들에게 파급되는 현상"에 깊은 우려를 나타낸 바가 있었다.[83] 또한 신국가 건국도상에서 벌어지고 있는 분열과 파괴, 혼란과 도탄의 제반 원인은 다름 아닌 외래사상인 공산주의의 무분별한 추종에 있다고 보았다.[84] 이처럼 이용태가 공산주의를 극력 배격한 데에는 충효(忠孝)윤리를 중시한 개인 성향, 계몽주의와 자유주의의 영향, 사회주의를 탄압한 일제의 식민통치 방침, 해방 후 만주에 진군한 소련군의 대종교 탄압 등이 복합적 영향을 미쳤을 것이다. 특히, 대종교를 "공산정책에 비협조적인 단체"로 규정하여 총본사 건물을 징발하고 대종교 학생들을 위협하고 간부직원에 대한 협박을 일삼은 소련공산주의에 대한 혐오가 가장 큰 영향을 미쳤을 것이다.[85]

---

81) 「行年略記」, 『檀菴文庫』, pp.1060-1061.
82) 「行年略記」, 『檀菴文庫』, pp.1063-1064.
83) 「朝鮮民族의 信仰心 統一을 期하자」(1928. 1), 『檀菴文庫』, pp.347-349.
84) 「改過遷善」(1947. 2), 『檀菴文庫』, p.229.
85) 『大倧敎重光六十年史』, pp.573-574 ; 박 환, 『나 철·김교헌·윤세복』, 동아일

이용태가 해방 후에 남긴 많은 문적에는 강렬한 반공주의와 대종교적 민주주의가 일관되게 나타나 있다. 그는 미군정기~제1공화국기에 공산주의를 일관되게 반대했던 반면, 대종교적 민주주의에 대해서는 시대상황과 정치세력의 변화에 따라 유동적인 모습을 보였다. 다시 말해 이용태는 1949년 8월 대한민국 정부수립 직후까지 "좌우에 편향함이 없이 자주자립의 한국민주주의의 국민성을 함양"할 것을 기원했던 반면,[86] 6·25 전쟁 후에는 철저한 반공정책과 함께 한국적 특수성을 살린 홍익인간(弘益人間) 이념에 입각한 '한국식 민주주의'를 실행해 나갈 것을 주장하고 있었다.[87] 따라서 이용태의 해방 후의 정치사상을 살필 때에 한 가지 유의할 것은 그의 반공주의는 사상적 정합성이 있는 일관된 흐름으로 이어졌던 반면에 상황에 따라 가변적인 모습을 보인 그의 대종교적 민주주의론은 정부수립 이전과 이후를 구분해서 이해해야 한다는 점이다.

이용태는 대종교적 민주주의적 시각에서 당대 사회를 풍미하고 있는 공산주의와 무정부주의와 대자본주의를 강하게 비판하였다. 즉, 이용태는 인류해방을 주창하는 공산주의는 정책과 시정(施政)면에서 무자비한 독재와 숙청으로 일관하여 도리어 인간의 자유를 완전히 강탈·속박하고 있으며, 동생 이용준(李容俊)이 추구한 무정부주의는 너무도 허무한 이상에 흘러 국가와 민족을 초월하여 세계일가(世界一家)라는 미몽으로 인간사회의 질서만 파괴하고 있으며, 그리고 대자본주의에서는 금권을 장악한 특권계급이 무산대중을 멸시·착취하고 토지겸병과 상품독점을 일삼고 국가행정을 좌우하는 반면에 근로자들은 도탄에 빠져 허덕인 결과 부익부 빈익빈 현상이 날로 심화되고 있다고 비판하였다.

이용태는 당대의 문젯거리인 공산주의와 무정부주의와 대자본주의 가운

보사, 1992, pp.197-198.
86) 「政敎略說」(1948. 仲春), 『檀菴文庫』, p.396.
87) 「우리의 道義에 立脚한 民主主義를 實踐하자」(1959. 5), 『檀菴文庫』, p.327.

데 공산주의 사조의 확산이 무엇보다도 가장 위험한 것이라고 보았다.[88] 그는 공산주의를 '적색공산주의(赤色共産主義)'·'적색병(赤色病)'·'적구균(赤狗菌)'·'공산유물마(共産唯物魔)'라고 부르며 강하게 비판하였다. 그는 공산주의가 세계주의를 빙자하여 다 같이 잘살자는 사회주의라는 허위의식을 내세워 빈약한 농민·영세민과 노동자·무식층을 기만하고 있지만, 실제로는 소련추종사상으로서 자유박탈주의요 노력착취주의요 인간금수화주의에 불과하다고 일축하였다.[89]

이용태는 정치적·경제적·사회적·윤리적인 측면에서 공산주의의 문제점을 구체적으로 지적하였다. 정치적 측면에서 공산주의를 추종한 국가치고 소련의 노예로 전락하지 아니한 나라가 없으니 공산주의란 소련민족으로 동화하자는 사상이요, 공산주의 이외에 다른 정치주장은 추호도 용납지 않을 뿐만 아니라 소련 내에서도 무자비한 숙청으로 600만이란 자국민을 학살했으니 공산주의란 자유박탈사상에 다름 아니라는 것이었다. 경제적 측면에서 공산주의는 억강부약(抑強扶弱)의 균평제도(均平制度)를 강조함으로써 국민들의 근로의욕을 떨어뜨리고 나태와 낭비만을 조장하며, 남녀노소가 어렵게 생산한 식량과 공산품을 전부 탈취해가면서 아주 적은 양만을 배급으로 돌려주고, 전 민족을 우마와 같이 사역하고 착취하면서도 간부당원의 배만을 채우기에 혈안인 사상이라고 단언하였다. 사회적·윤리적 측면에서 공산주의는 부자자효(父慈子孝)의 은혜를 끊어 가족제도를 파괴하고 상부상조의 신의를 배척하고 사기와 약탈을 부추겨 사회도덕을 타락시키고 일부일처의 정조관념을 유린하여 음풍수행(淫風獸行)의 성욕만 조장하며 반만년 동안 전래된 미풍양속을 근절시켜 산금야수(山禽野獸)로 변하게 하고 있다고 비판하였다.[90]

---

88) 「政治略說」(1948. 仲春), 『檀菴文庫』, pp.398-399.
89) 「左翼系列 靑年同胞에게 泣告함」(1948. 11), 『檀菴文庫』, p.304.
90) 「大東正論 第一輯을 읽고」(1946. 4), 『檀菴文庫』, pp.216-217, 「左翼系列 靑年同胞에게 泣告함」(1948. 11), 『檀菴文庫』, pp.304-305.

그런데 이용태가 공산주의를 강하게 비판한 근본이유는 공산주의가 사상분열을 초래하여 한민족의 단결심과 자주성을 약화시킬 것을 크게 우려하였기 때문이었다. 건국운동기에 이용태는 전래의 순풍미속이 사라지고 겸양공검(謙讓恭儉)의 민족성이 증발한 점과 외래사상으로 말미암아 분열과 파괴가 속출하여 사회가 혼란되고 국민이 도탄에 빠진 것을 통탄하였다. 특히, 외래사상인 공산주의의 유행으로 사회가 혼란되고 민족이 분열하는 현상을 이용태는 심각한 문제로 간주하였다. 그렇기 때문에 그는 한국이 개과천선의 정신으로 사상을 통일하지 않으면 통일독립을 기대할 수가 없다고 주장하였다.91) 다시 말해 국민을 혼란과 도탄에서 구제하고 자주적 민주국가를 건설하는 방책은 사상의 통일에 달려 있으며 이 경우 사상의 통일은 대종교가 아니면 불가능하다는 것이었다. 나아가 그는 신국가건설이라는 막중한 책무를 짊어진 한국에서 대종교의 종지를 버리면 인간의 가치와 조선인의 특징과 자주자립의 용력(勇力)을 상실하는 것임을 아울러 강조하였다.92)

이용태는 혼란에 빠진 한국의 현실을 대종교로 치료해야 한다고 보았다. 미군정기에 그는 조선이 환란에 빠진 요인으로서 ① 주권 없는 국가, ② 보호받지 못하는 국민, ③ 경제의 곤핍으로 빈궁에 빠진 민생, ④ 조선정신을 잃은 인민, ⑤ 평화를 배척하고 싸움만 일삼는 사회, ⑥ 생산에 힘쓰지 아니하고 소비만 일삼는 나태, ⑦ 학술이 세계 수준에 비해 뒤떨어짐, ⑧ 단결을 파괴하고 분열을 일삼음, ⑨ 좌우의 사상대립, ⑩ 악질적 모리행위로 인한 사회혼란 등 열 가지를 들었다. 그런데 이러한 혼란의 근본원인은 사대사상과 외래문화에 빠져 나라를 잃고 민족성을 상실한 때문이라고 진단하였다. 따라서 그는 이러한 난국을 타개할 이는 민족의 시조인 한배검뿐인데, 한배검의 구원을 받자면 보본탕(報本湯)이란 살균

---

91) 「改過遷善」(1947. 2), 『檀菴文庫』, p.229.
92) 「大倧教에 대하여」(1947. 8), 『檀菴文庫』, p.264.

제·영양제·평화제의 조선약을 복용하여 사상의 통일을 달성해야 한다고 주장하기에 이르렀다.[93]

1948년 8월 대한민국 정부수립 직전에 이용태는 홍익인간의 이념으로 시대의 과제를 해결하려 하였다. 그는 국가건설·사회개혁·민족단결 등 세 가지를 시대의 당면과제로 설정하였다. 즉, 그는 국가건설면에서 일단 국가를 먼저 건설해 놓고 차차 기구와 내정을 보완해 나가자고 하였고, 사회개혁면에서 토지개혁·班常타파·인권보호·윤리엄수·인류보존·근로장려·부랑배 근절·의무교육 실시·문맹퇴치·학문장려 등을 우리 겨레의 특성에 맞게 개조하자고 하였고, 그리고 민족단결면에서 오늘날의 혼란 원인은 민족단결의 부재에서 연유한 것이니 한배검의 정신이요 조선정신인 홍익인간의 이념으로 민족단결을 이룩하자고 하였다.[94] 특히, 그는 민족 단결에 가장 중요한 이념인 홍익인간의 대이념을 구현하기 위한 세부방안으로서 삼생주의(三生主義)를 들었는데, 삼생(三生)이란 정신을 살리는 신생(神生), 육체를 살리는 체생(體生), 모두가 고르게 사는 균생(均生)을 말하는 것이었다.[95]

이용태는 공산주의세력의 확대를 막기 위해서 대종교에 의한 사상통일 외에도 민생의 안정을 매우 강조하였다. 그래서 그는 상경하자마자

---

93) 「患亂相救」(1947. 6), 『檀菴文庫』, pp.256-258. 이용태는 해방 직후에 제시한 대종교적 국가건설론의 골자는 다음과 같다. ① 우리 정신을 찾고 남의 정신에 놀지 말 것, ② 倭말을 버리고 우리말을 쓸 것, ③ 용감하고도 충후한 전래의 良俗美風을 지킬 것, ④ 모든 역량을 단결하여 평화의 낙원을 건설할 것, ⑤ 악질 謀利를 취하지 말고 공정한 상업 도덕을 실천할 것, ⑥ 농장과 공장에서 활동을 빨리 하여 산업경제를 부흥시킬 것, ⑦ 놀고 먹고 놀고 입지 말 것, ⑧ 거짓말은 금하고 믿음을 중시하여 신의를 회복할 것, ⑨ 인간은 物的 생활만이 아니라 靈的 생활이 더 중요하며 영적 생활에는 신앙이 기본이 되나니 우리 大倧敎 곧 三神一體 上帝이신 단군 한배검님을 다 같이 믿을 것. 「널리 겨레에게 고함」(1946. 6), 『檀菴文庫』, pp.433-434.
94) 「弘益人間의 精神으로 三千萬이 統一하자」(1948. 4), 『檀菴文庫』, pp.276-277.
95) 「政敎略說」(1948. 仲春), 『檀菴文庫』, pp.399-400, 「新文化는 東方에서」(1956. 1), 『檀菴文庫』, pp.308-310.

미군정 경제정책의 현안 가운데 하나인 미곡가(米穀價)의 안정문제를 거론하고 나섰다. 미군정기에 공포된 미곡수집령의 폐단으로 물가가 앙등하고 무산대중의 생활이 곤핍한 지경에 빠졌으니 군정 당국은 공정가를 철폐하고 자유판매로 환원하는 임시변통책을 버리고, 상업자와 지주는 소지미(所持米)를 방출하고, 관공서의 공무원과 농촌 유지는 극력 협조하여 미곡수집사업에 협조하라고 하였다. 나아가 그는 중간상인의 폭리로 인한 일반 생필품과 기타 물가의 지나친 앙등을 우려하여 관청의 지도하에 소비조합을 설치하여 생활필수품이 직접 소비자에게 들어가게 해야 한다고 하였다.[96]

1950년 4월 제2대 민의원 선거에 출마했을 때에 발표한 정견정책의 내용은 1950년대 이용태의 경제대책을 집약한 것이었다. 즉, 그것은 ① 통화 수축과 저물가 정책의 실시, ② 대규모 기업과 공장의 국영제를 통한 대량생산과 통제판매의 실시, ③ 외국무역을 개발 증진하되 사치성 소비물자의 수입엄금과 외화획득을 위한 국산품 수출의 장려, ④ 자급자족책의 수립과 외국원조의 점차적인 사절, ⑤ 공정 물가제도의 실시와 악질모리배와 무위도식자의 일소, ⑥ 노동임금의 물가연동제와 노동자의 생활안정, ⑦ 불법 잡비와 기부금 부과 엄금과 빈민 생활안정, ⑧ 농민의 소비품 구매와 생산품 판매의 알선단체 조직 등이었다. 이러한 경제대책의 골자는 인플레이션을 억제하고 자본주의의 폐단을 제거함으로써 농민·노동자·서민의 생계보장을 목표로 하고 있었다.[97]

이용태는 공산주의를 비판하는 시각에서 대한민국 정부수립 이전 미소 대립과 좌우투쟁에서 파생된 모든 사건들에 대해 미국측과 우익측에 동조하는 태도를 보였다. 즉, 그는 신탁통치문제, 미소공동위원회, 좌우합작, 대구좌익폭동, 남북협상, 남한단독정부 수립문제, 여순반란 사건 등에 대해

---

96) 「米穀收集令과 虛榮에 醉한 者에 대한 所感」(1946. 2), 『檀菴文庫』, pp.212-213.
97) 「政見政策」(1950. 5), 『檀菴文庫』, pp.555-556.

소련과 좌익측에 모든 책임을 묻고 있었다.[98] 동시에 현실주의적 정세인식에 따라 이용태는 가능한 지역만의 총선거에 의한 남한단독선거안을 통과시킨 유엔 소총회의 결정에 적극 찬동을 표하였고, 유엔이 파견한 국제연합한국위원단의 활동을 칭송하게 되었으며, 그리고 그러한 절차를 거쳐서 수립된 대한민국 이승만정부의 역사적 정통성을 강조함과 동시에 남북통일을 건국이념으로 고집하며 건국에 불참한 세력들을 비판하게 되었다.[99]

그런데 정부수립 직후까지 친미적 국제관을 보였다고 해서 이용태의 국제정세관이 일방적으로 친미주의나 자본주의에 치중한 것은 아니었다. 오히려 그가 희망하는 체제는 좌우와 신구에 치우치지 않고 각자의 장점을 살려 화평 위주의 절대적인 민주국가를 건설하자고 주장하였다.[100]

> 이러한 시기 하에서 우리 국가를 재건케 됨은 실로 복잡한 처지가 아닐 수 없다. 수구파에서는 왕정으로 복구함도 몽상할 것이요, 공산적도들은 소련의 연방화도 갈망할 것이요, 그러나 우리가 진정으로 갈망하는 국가는 左右新舊에 구애됨이 없이 折長補短하되 민족의 정신적 특수성을 살린 和平爲主의 절대적인 민주국가여야 한다. 우파에 대하여는 극단적인 자본주의를 배제하고 제한된 사유재산제도를 준수하여 개인의 진정한 자

---

98) 예컨대 미소공동위원회의 결렬원인에 대해 이용태는 "미소공동위원회의 결렬이 유로는…소련측은 공산독재로써 자국의 일 위성국가를 수립함으로써 종국적으로 연방화하려는 영토적 야욕이 앞섰고, 미국측은 자유애호국가로 완전한 민주국가로서 통일시켜 세계자유진영의 민주국가의 반열에 들게 하자 함이라. 요약 환언하면 소련은 세계의 무산자들을 유혹하여 자국의 藩屛으로 삼아 세계를 독점하려는 야욕에 불과하고 미국은 인류의 자유와 통상의 원활을 도모함으로써 동서 각국의 빈민을 물질로 구제하여 세계 경제의 기반을 장악하려 함에 있다"라고 하여 미국의 경제적 제국주의를 우호적으로 소련의 영토적 팽창주의를 적대적으로 인식하였다. 「政治略說」(1948. 仲春), 『檀菴文庫』, p.398.
99) 「政敎略說」(1948. 仲春), 『檀菴文庫』, pp.389-391, 「官民의 自覺으로써 韓國을 育成하자」(1948. 11), 『檀菴文庫』, p.299.
100) 이용태는 세계의 대세상 좌우대립은 면할 수 없는 형세라는 판단에서 金九·金奎植의 남북협상을 반대하였다. 대신에 그는 "한국은 우익에도 죽기 쉽고 좌익에도 살기 어려운 까닭에 스스로 결의하고 전진할 뿐이다"고 주장하였다. 「行年略記」, 『檀菴文庫』, p.1068.

유를 향유하게 하며, 좌파에 대하여는 인권의 평등과 노동의 신성을 주안
으로 경제의 원활을 도모하며 기한의 궁핍을 면하게 하고, 구파에 대하여
는 충후한 덕성을 함양하고 선량한 풍속을 전승하는 동시에 적폐악습을
제거하며 사대의타사상을 근절하여 민족자결의 정신으로 통일하여 동양의
미덕인 가족제도를 준수하고 조선정신의 근본인 敬天愛人의 관념을 堅持
發揚할 것이며, 신파에 대하여는 德育과 智育과 體育을 통한 국민의 기
본교육을 보급하여 시대적 과학기술을 연구개발하고 농·공·상·광업을
막론하고 일체의 산업을 진흥함으로써 國富民强을 도모하고 소비를 억제
하고 사치를 勵禁하여 검소를 力勸함으로써 세계적으로 우수한 민족이
되기를 목적으로 힘차게 전진하게 하는 완전 자주독립 민주국가의 건설을
다 같이 힘차게 외치자.[101]

즉, 이용태는 좌익·우익, 신파·구파의 장단점을 모두 통합하여 극단
적 자본주의가 억제된 사유재산제의 활성화, 노동의 가치를 권장하여 경
제적 낙후 문제의 해결, 민족자결정신과 동양의 미덕의 준수, 기술개발과
산업진흥을 통한 국부민강의 달성을 촉구하였다. 그리하여 그는 이러한
경지에 도달하기 위해서는 무엇보다도 대종교에 기반한 조선정신을 회복
하는 것이 무엇보다도 중요하다는 인식을 나타냈다.

상실한 조선정신을 회복한다는 것이 또한 一朝一夕에 될 일은 아니나
시급히 敬神崇祖의 고유신앙을 장려하고 追遠報本의 國祖崇奉觀念을 환
기하여 反本의 정신을 돌리고 愛親敬長의 미풍과 隣里相扶의 良俗을 장
려함으로써 자치의 제도를 실행하면 충후하고 명민하고 과감하고 진정한
조선의 민족성으로 환원될 것이요, 穀價와 생활필수품의 가격을 엄격히
통제 조절함으로써 생활을 안정하게 하는 것이 관이 해결해야 할 급선무
이며, 민으로서 현시점에서 해야 할 가장 시급한 일은 무엇보다도 대한민
국의 국권이 없는 날에는 국민의 생명이 끊어진다는 것을 깊이 깨닫고 정
부의 시정방침에 순응 협조함으로써 官民一致의 단합체제를 이룰 것이요,
둘째는 양심의 동요됨이 없이 맡은 바 자기의 직업에 충실히 면려할 것이
요, 셋째는 사랑과 온정으로 가족과 이웃에 친목을 도모할 것이요, 넷째는
밖으로 떠도는 풍설과 유혹에 속지 말고 지역마다 자위를 위한 단결력으

---

101) 「政敎略說」(1948. 仲春), 『檀菴文庫』, pp.395-396.

로써 자체를 수호하여 전력을 다할 것이요, 다섯째로는 납세의무와 교육
의 의무를 충실히 이행하면 우리 국가의 반석의 기초 위에 확고히 설 것
이요, 우리들 개인의 생명도 완전히 護持될 것이다.[102]

즉, 이용태는 조선정신을 회복하기 위해서는 관민이 다 같이 노력해야
하며, 이때 양자는 국조숭배와 애친경장을 통하여 관민일치의 단결과 가
족·이웃 간에 친목을 이루어야 한다고 주장하였다. 따라서 그는 정신적
독립이 없으면 국가의 독립도 완전치 못하다는 인식하에 "좌우에 편향함
이 없이 자주자립의 한국민주주의의 국민성을 함양하자"고 주장하였다.[103]

1950년대 후반부터 귀천하기 전까지 이용태는 자유당의장 이기붕(李起
鵬), 과도정부수반 허 정(許政), 국가재건최고회의의장 장도영(張都暎) 등에
게 서한을 보내 자신의 특유한 대종교적 민주주의론이 담긴 시국대책론
을 건의하였다. 그는 이기붕에게 보낸 서한에서 자신이 자유당에 들어간
이유로서, 첫째 한국 고유의 충효와 애경(愛敬)을 지키고 허식적 의례와
계급적 인권차별을 혁신하기 위해서이며, 둘째 농민대중의 억압착취를
해제하고 생활향상으로 농촌락원의 기초를 건설코자 함이라고 주장하였
다.[104] 나아가 이용태는 "4·19 學生義擧와 5·16 軍事革命의 쾌거"를
극찬하는 한편, "조용한 가운데 완성한 혁명은 천추의 찬연한 업적이요,
배달민족의 영광스러운 행복이요, 세계만방의 모범적인 장거이다"고 주
장하였다.[105]

4·19 학생의거 직후에 이용태는 허 정 외무장관, 이재학(李在鶴) 국회
부의장, 대법원장, 신문편집인회장, 변협회장 등에게 서한을 보냈다. 거기
에서 그는 이승만 대통령과 이기붕 자유당의장의 사퇴를 촉구하는 한편,

---

102) 「官民의 自覺으로써 韓國을 育成하자」(1948. 11), 『檀菴文庫』, pp.297-298.
103) 「官民의 自覺으로써 韓國을 育成하자」(1948. 11), 『檀菴文庫』, p.302.
104) 「與李起鵬議長書」(1957. 11), 『檀菴文庫』, p.525.
105) 「革命施政에 協贊蹶起할 것을 檄함」(1961), 『檀菴文庫』, p.422.

1인(一人)독재·1당(一黨)횡포·관권남용을 방지하기 위해서는 악법들을 제거하고 내각책임제를 택할 것을 촉구하였다.106) 또한 4·19 직후에 그는 현 시국에 대한 대대적인 쇄신을 촉구하는 건의안을 과도정부에 올렸다. 이때 그는 정치면에서 부정부패의 근절 신진인사의 등용, 부정선거사범의 처벌을, 경제면에서 부정축재자의 처벌, 사치방지와 밀수근절, 국산품 애용, 원조자금의 이용을, 사상 면에서 반공정책의 강력이행, 민족정기의 앙양 등을 거론하였다.107)

이용태는 제2공화국 장 면(張勉) 내각의 무능과 파벌 싸움으로 인한 극심한 사회혼란을 크게 우려하였다. 그래서 그는 5·16 군사쿠데타 직후에 장도영 국가재건최고회의의장에게 서한을 보내 정치인에게 정권을 이양하더라도 신정권이 정상적인 궤도에 오를 때까지 계속 참정할 것을 건의하였다.108) 곧이어 그는 다시 장도영에게 서한을 보내 정부형태를 다시 대통령중심제로 회귀하고 국회의 양원제를 단원제로 바꿀 것을 건의하였다. 그런데 이때 그는 두 가지 주목할 만한 주장을 제기하였다. 하나는 군사혁명의 중추요인들로 7인의 고문을 설치하여 중요정세를 자문 결정하게 하자는 것이었다. 다른 하나는 사상의 선도와 민족정기의 앙양을 위해 범국민운동을 강력히 추진하자는 것이었다.109)

그러면 이용태가 이기붕의 자유당, 허정의 과도정부, 장도영의 국가재건최고회의 등 집권기구의 수장들에게 은근한 기대가 담긴 글들을 보낸 것을 어떻게 이해해야 하는가. 종년을 앞둔 이용태가 개인적 사리사욕을 위해서 그러한 모습을 보였다고 보는 것은 올바른 역사인식이 아닐 것이다. 오히려 이용태는 1927년 11월 대종교를 받아들인 이래 자신이 추구해온 전통문화와 민족정기의 선양을 통한 대종교민주주의의 실현을 위한

---

106)「四·一九後의 政局收拾을 爲한 建議書」(1960. 4. 26),『檀菴文庫』, pp.565-567.
107)「過渡政府에 對한 國民의 希望」(1960. 5),『檀菴文庫』, pp.567-570.
108)「上國家再建最高會議議長」(1961. 6),『檀菴文庫』, p.527.
109)「革命政府基本法 制定에 對한 建議書」(1961. 6),『檀菴文庫』, pp.571-574.

비장한 심경에서 그러한 건의서를 올렸음을 주목할 필요가 있다. 아래의 인용문은 인생의 황혼을 맞이한 이용태가 대종교에 기반한 한국적 민주주의론의 실현을 위해 분투하고 있었음을 나타내 주는 글이다.

> 우리도 반드시 우리의 풍습 환경 기타 우리의 모든 생활면에 적합한 방식을 채택하여야 참다운 민주국가로서의 발전을 기대할 수 있을 것이다. 우리는 반만년이란 유구한 역사를 지니고 있으며 신성하옵신 天祖 檀君 한배검의 혈통을 계승한 민족으로 충효와 예의에 물들은 민족이요 또 가족제도가 확립된 안온한 민족인데 8·15해방 이후로 갑자기 자유민주주의가 조수처럼 밀어닥쳐 왜적의 전제와 李朝 保守의 미몽을 깨기도 전에 정치국면은 자유 대 공산의 좌우 파쟁으로 민족의 생명은 초개같이 쓰러지는 파국을 이루었고 경제면으로도 재산이 풍진처럼 失散되었음을 자타가 공인하는 바이며 근일에 이르러는 혼란이 가중하여 부모를 시역함이 그 수를 알 수가 없는 지경이고, 정치적으로는 폭행과 파괴가 계속 일어나 야만의 치욕도 면하기 어렵고 부패라는 비난도 감수할 정도이니… 공고한 기초 위에 민주주의의 대전당을 건립하고 국민 각자가 출입 視務하여야 건전한 자유를 향유하며 그 민주이념도 공정 무사하게 수행될 것이요. 만약 그렇지 아니하고 사전 확인이 없다면 포말에 뜬 사상누각에 불과하여 한갓 환영에 그치고 말 것임에 우리는 父慈子孝하고 兄友弟恭하고 夫和婦順하고 老愛少悌하고 師正徒敬하고 政義民主하고 推賢讓能하고 抑强扶弱하는 우리 민족이 본래부터 습관 생활화된 국민도의에 위배됨이 없는 새로운 도의기반 위에 한국식 민주주의를 확립하되 그 절차와 방법 등의 기술상 문제는 선진민주주의국가의 제도를 원용함이 당연한 사리라고 단언해 둔다.[110]

이를테면, 이용태는 우리에게 적합한 제도를 채택해야만 참다운 민주국가를 건설할 수 있다는 신념을 나타낸 다음, 천조 단군 한배검의 혈통과 문화를 계승하여 국민 각자가 부모는 자애롭고 자식은 효도하고, 형은 우애하고 동생은 공손하고, 남편은 화목하고 아내는 순종하고, 노인은 사랑하고 젊은이는 공손하고, 선생은 바르고 제자는 공경하고, 정

---

110) 「우리는 道義에 立脚한 民主主義를 實踐하자」(1959. 5), 『檀菴文庫』, pp.326–327.

의와 민주를 추구하고, 어진 이를 추앙하고 능한 이에게 양보하고, 강한 이를 억누르고 약한 이를 부추겨줌으로써 한국 전래의 도의기반을 현실에 되살려야만 대종교에 기반한 한국식 민주주의를 이룩할 수가 있다고 단언하였다.

Ⅵ. 맺음말

이용태는 일제강점기를 거쳐 제1공화국 직후까지 활동한 계몽운동가이자 대종교인이었다. 이제 이용태의 생애와 사상에 나타난 특징을 몇 가지로 나누어 요약하면 다음과 같다.

첫째, 이용태의 사상체계의 근저에는 유교사상이 자리 잡고 있었다. 그는 20살 이전까지 향리 제천에서 유학을 공부하였다. 이때 구한말의 대표적인 주자학적 민족주의 세력인 화서학파의 이소응에게서 2년간 가르침을 받기도 하였다. 이로써 그는 유교의 애민의식, 근검의식, 安分의식, 상부상조의식, 저항의식 등을 체득하게 되었다. 이런 사상논리들은 대종교도로 전신(轉身)한 다음에도 그의 활동과 사상에 직접적인 영향을 미쳤다. 이를테면, 그는 전통적인 조선윤리와 조선 문화에 입각한 한국식 민주주의를 제기하였고, 효도・충성・공경・신의・근면・검소 등 유교 덕목의 준행을 강조했으며, 유교의 명분론・직분론을 행동지침으로 삼았다. 그런데 이러한 측면들은 두말할 필요도 없이 유교사상의 영향에 의한 것이었다. 특히, 명분론・직분론을 중시한 것은 이용태가 생애의 대부분의 시기에 체제순응적 태도를 보인 점과 긴밀한 연관이 있다. 그는 일제의 공과잡세 인상조치 때마다 부득이한 조치라고 하였고, 한국인을 일본화하려는 심전개발운동에 대해 호평을 내렸으며, 이승만의 권위주의 통치를 인정하는 모습을 보였고, 박정희 군사정부의 등장에 대해 기대를 표하였다. 이는 이용태가 유교사상의 논리들 가운데 저항논리보다는 안정논리에 좀 더 밀착되어 있었기 때문으로 보여진다.

둘째, 이용태가 전개한 민중계몽활동의 목표는 한민족의 정치적 자주와 경제적 번영을 달성하려는 것이었다. 그는 망국의 근본원인이 정치부패로 인한 국가혼란, 민족 자각심의 박약, 유림세력의 고루, 산업과 실업의 부진, 신교육과 신문물의 낙후에 있다고 보았다. 따라서 그는 의식개혁과 산업진흥과 신교육실시를 통하여 조선의 독립과 부강을 이루어야 한다는 결론을 내렸다. 이러한 현실인식에 따라 그는 청년운동(제천청년회)·교육운동(봉양보통학교)·농민운동(봉양면소작인회) 등을 동시에 전개하였다. 이중에서 그가 가장 심혈을 기울인 것은 농민운동이었다. 그가 농민운동에 주력한 것은 농민의 폐막을 구제하여 민생을 안정시키는 것만이 조선의 자주와 부강을 달성하는 지름길이라는 신념 때문이었다. 이에 따라 그는 1920년대 중·후반 경에 산업조합(産業組合)·대동회(大同會)·大同興業社(大同興業社) 등을 주도적으로 조직하여 봉양면 일대 인민의 생활안정에 힘썼다. 한 마디로 이용태는 독립운동과 건국운동의 방략으로서 급진적인 무장투쟁론보다는 점진적인 실력양성론을 우선시했던 것이다.

셋째, 이용태는 1927년 11월 이후부터 대종교 신앙으로 한민족을 구제하고자 하였다. 1920년대 초반에 그는 만주에서 대종교 시교사를 지낸 봉양보통학교 교장 박승익에게 크게 감화를 받았는데, 아마 그때 그는 박승익으로부터 대종교를 전해 들었을 것으로 보인다. 그러다가 그는 1927년 11월에 대종교를 믿기로 결심하고 최남선·강 우에게 서한을 보내 대종교단을 소개받았고, 이듬해 초에 서울의 남도본사를 방문하여 종교의식을 거쳐 대종교도로 거듭 태어났다. 이로써 그는 "우리의 시조인 三神上帝 단군 한배검을 숭봉하여 타고난 죄악을 벗고 새로운 광명의 복록을 구해야 한다"며 대종교 신앙을 강조하고 나섰다. 또한 조선민족의 유일한 생존방책은 첫째로 조선정신을 되찾고, 둘째로 찾아진 조선정신으로 굳게 단결하고, 셋째로 단결된 정신으로 성조단군(聖祖檀君)을 신봉하는 것에 다름 아니라고 주장하였다. 나아가 현재 강대국이 서로 이익만 추구하여 상잔과 파괴를 다반사로 벌이는 현상을 대종교의 교화로써 진정시켜야 한다는 대종교 역할론을 제기하였다. 이처럼 이용태는 대종교를 수용한 후부터 홍익인간의 정신으로 세상을 다스린 단군과 대종교를 창시하여 민족의 앞길을 제시한 나 철의 위대한 정신으로 한민족을 교화하고 구제해야 한다는 종교적 내지 민족적 사명감을 나타냈다.

넷째, 이용태의 사회사상은 대종교에 기반한 한국식 민주주의론이었다. 그는 해방 전후 한국인들이 심취한 공산주의와 무정부주의와 대자본주의를 한국의 현실과 유리된 외래사상이라는 이유에서 강력히 배척하였다. 이중에서도 그는 노동자·농민을 중심으로 다 같이 잘살자는 '허위의식'을 내세운 공산주의가 실제로는 소련추종사상이자 자유박탈주의요 인간 금수주의에 불과하다고 비판하였다. 이처럼 그가 공산주의를 반대한 것은 공산주의가 부자자효(父慈子孝)의 가족윤리, 상부상조의 공동윤리, 일부일처의 정조관념으로 짜인 한국의 전통윤리를 훼손할 뿐더러 무엇보다도 한민족의 단결심과 자주성을 약화시킬 것을 크게 우려했기 때문이었다. 따라서 그는 공산주의의 유행으로 인한 사회혼란을 막고 민족의 통합을 이룩하기 위해서는 대종교를 통하여 강력한 사상통일을 이룩하는 것이 무엇보다도 중요하다고 보았다.

이용태는 해방 후부터 제1공화국 직후까지의 정치사회적 혼란상을 대종교로 치유하고자 하였다. 당시 그는 한국의 당면과제를 국가건설·사회개혁·민족단결로 설정한 다음, 이를 달성하기 위해서는 민족의 시조 한배검의 사상인 홍익인간의 이념을 가지고 사상의 통일을 달성해야 한다고 하였다. 이때 그는 민족 단결에 가장 중요한 이념인 홍익인간의 대이념을 구현하기 위한 세부방안으로서 정신을 살리는 신생(神生), 육체를 살리는 체생(體生), 모두가 고르게 사는 균생(均生)으로 짜인 삼생주의(三生主義)를 들었다. 요컨대 이용태는 "左右新舊에 구애됨이 없이 折長補短하되 민족의 정신적 특수성을 살린 화평 위주의 절대적인 민주국가"를 건설하되, "父慈子孝하고 兄友弟恭하고 夫和婦順하고 老愛少悌하고 師正徒敬하고 政義民主하고 推賢讓能하고 抑强扶弱하는 우리 민족이 본래부터 습관 생활화된 국민도의에 위배됨이 없는 새로운 도의기반 위에 한국식 민주주의"를 수립해야 한다는 신념을 피력하였다.

ABSTRACT

The mass education drive and Korean democracy of Lee Yong-Tae from the age of occupation of Japanese by force till the first Republic of Korea

Oh, Young Sob

Lee Yong-Tae was an activist in an enlightenment campaign and believer in Daejonggyo, who played an active part from the age of occupation of the Japanese by force till the first Republic of Korea. Lee Yong-Tae's life and his thoughts are summarized as follows.

First, Confucian ideas lie at the bottom of his thought. He leaned the sense of love of people, the sense of diligence, the sense of self-sufficiency, the sense of mutual help and the sense of resistance by experience through Confucian ideas. These ideas had a direct effect on his thoughts and his activities after he was converted to Daejonggyo.

Second, the aim of the mass education drive which he initiated was to accomplish the political independence and the economic prosperity of Korean people. Accordingly he concluded that the independence and wealth and power of Korea was to be achieved through the reform of consciousness, the development of industry and the practical application of the new method of education.

Third, after November 1927, Lee Yong-Tae made an effort to save his country, which is the Han race, through faith in Daejonggyo. After he began to believe in Daejonggyo he expressed the religious or national sense of mission that it was with the great spirit of Dangun, who had governed the country with the idea of "devotion to the wel-fare of mankind" and of RaCheol, who presented the national vision by originating Daejonggyo that his country, the Han race, could be enlightened and saved.

Fourth, the social thought of Lee Yong-Tae was Korean democracy on the basis of Daejonggyo. Lee Yong-Tae tried to deal with the political and social disorder with the idea of Daejonggyo after the 1945 Liberation of Korea till the first Republic of Korea. At that time, he insisted that the urgent tasks of Korea should be set as the construction of a country, social reform and national solidarity and then the unification of thoughts be fulfilled with the idea of devotion of the welfare of mankind, which is the idea of Dangun, the progenitor of the Han race.

如山 李容俊의 生涯와 抗日獨立鬪爭

이동언(李東彦)[*]

Ⅰ. 머리말

일제 식민통치에 항거하여 조국의 국권회복을 위해 수많은 독립운동
가들이 끊임없이 독립운동을 전개하였다. 일제의 잔혹한 식민통치로 국
내에서 독립운동에 한계를 느낀 수많은 애국지사들이 국외로 망명하여
줄기차게 항일투쟁을 전개하였다. 이용준은 국내에서는 3·1 운동 당시
고향인 충청북도 제천에서 만세시위에 참가하였고, 이후 신간회에 가담
하여 활동하였다. 1930년 중국으로 망명한 청년 이용준은 아나키즘[1]운
동에 투신하여 남화한인청년연맹(南華韓人靑年聯盟)·흑색공포단(黑色恐怖
團) 등에서 동지 유자명(柳子明)·백정기(白貞基)·원심창(元心昌)·이강훈

---

[*] 한국독립운동사연구소 책임연구원.

1) 아나키즘의 어원인 아나키(anarchie)는 그리스어 'an'과 'arche'의 합성어로 '통치권
력이 존재하지 않는 그러한 사태'를 뜻한다. 크로포트킨은 아나키라는 용어를 '정
부 없는 사회'를 의미하는 것으로 사용하였다. 한자문화권에서는 아나키즘을 '無
政府主義'로 번역하여 사용해 왔다. 그러나 1936년 스페인 아나키스트들이 인민
전선정부에 참가한 이후 아나키가 무정부를 의미할 수 없게 되었다. 이후 국내에
서는 무정부주의 대신 원어를 그대로 사용하는 추세이며, 세계적으로는 아나키즘
이라는 용어 대신 자유사회주의, 자유공산주의 등의 용어를 사용하기도 한다[이호
룡, 『한국의 아나키즘 : 사상편』, 지식산업사, 2001, pp.13-23].

(李康勳) 등과 함께 목숨을 걸고 의열투쟁을 전개하였다. 본고에서는 그의 생애와 사상을 통해 의사(義士) 이용준의 항일투쟁 역정을 살펴보고자 한다.[2]

Ⅱ. 출생과 국내에서의 활동

이용준[3]은 1907년 8월 16일 충청북도 제천시 봉양면 원박리에서 출생하였다.[4] 이용준은 국내에서보다는 중국으로 망명하여 항일투쟁에 매진하였다. 호를 여산(如山)으로 사용한 이용준은 유난히 異名이 많은 것으로 보아 고난에 찬 그의 여정을 가히 짐작할 수 있다. 이명으로 천리방(千里芳)·전리방(田理芳)·여타(麗朶)·이기태(李起泰)·이춘성(李春城)·천리추(千里秋)·진위인(陳爲人)·이동준(李東俊)·임원식(林原植)·노자영(盧子英) 등이 있다.[5]

이용준의 가계를 살펴보면 본관은 광주(廣州)로, 시조 당(唐)은 고려 말을 거쳐 조선조에서 자헌대부(資憲大夫)로 이조판서(吏曹判書) 겸 지의금부사(知義禁府事)로 증직(贈職)되었다. 2대 지직(之直)은 청백리로, 3대 인손(仁孫)은 우의정(태조), 4대 극배(克培)는 영의정(성종)에 올라 광릉부원군으

---

2) 이용준에 관해서는 일제측 자료와 재판기록이 남아있다.

3) 이용준은 대종교지도자로 1942년 임오교변으로 옥고를 치른 李容兌와 형제로 바로 아래 동생이다. 이용태에 대해서는 『國學研究』 제8집(2003) 기획논문[주제 : 단암 이용태의 생애와 사상]으로 다음 3편의 논문이 있다. 이동언, 「단암 이용태의 생애와 독립운동」; 정영훈, 「단암 이용태의 사회개혁적 삶과 사상」; 김동환, 「단암 이용태의 종교사상」.

4) 박달재수련원, 『愛國志士檀菴李容兌先生文稿』, 東禾書館, 1997(이하 『단암문고』로 함), p.989 ; pp1118-1119.

5) 朝鮮總督府警務局, 『國外ニ於ケル容疑朝鮮人名簿』, 1934, p.309 ; 국사편찬위원회, 『日帝侵略下韓國三十六年史』 12, 1978, p.161 ; 박 환, 「남화한인 청년연맹의 결성과 그 활동」, 『수촌박영석교수화갑기념 한민족독립운동사논총』, 1992, p.959.

로 세상에 널리 알려졌다. 이용준은 20대손이다. 이용준은 어려서는 고향에서 한학을 수학하였다. 그가 태어난 당시의 시대상황은 국운이 기울어 가는 절박한 상황이었다. 러일전쟁에서 승리한 일제는 침략을 노골화하여 1905년 을사 5조약을 강제 체결하여 외교권을 박탈하고, 1907년 7월 이후에는 침략정책에 더욱 박차를 가하였다. 광무황제의 헤이그특사 파견을 구실로 광무황제를 강제 퇴위시킨 후, 7월 24일에는 '정미칠조약'을 체결하였다. 일제는 '정미칠조약'을 통해 한국정부는 일제 통감부의 감독을 받도록 하고, 고급관리의 임명은 통감의 동의를 받게 하며, 각부 차관에 일본인 관리를 임명하도록 규정하였다. 또한 일제는 8월 군대해산을 단행하여 일제에 항거할 수 있는 대한제국의 군사기반을 완전히 제거하고자 하였다. 이와 같은 일련의 일제침략에 항거하여 의병봉기는 전국적으로 확산되어 1907년 11월경에는 전국 연합의병 성격의 '십삼도창의대진소(十三道倡義大陣所)' 연합부대가 결성되었다.6) 이용준이 태어난 제천은 한말 유인석(柳麟錫)을 중심으로 활발한 의병항쟁이 일어난 곳이다. 또한 그가 태어난 해인 1907년은 그의 형 이용태가 18세가 되던 해로 이용태는 당시 제천지역 상황을 다음과 같이 기술하였다.7)

　　5월에 접어들면서 각지에서 의병이 떼를 지어 일어나고 인심은 몹시 어려워지니 이는 곧 나라가 다른 나라의 침략을 받아서 모든 일이 날로 그릇되어 백성의 생활은 도탄에 빠지고 임금의 위급함이 조석에 달려 있는 까닭이라. 7월 14일 밤에 의병의 부대가 마을 앞길을 지나서 충주방면으로 갔는데 밤이 깊어서 일본군대들이 노략질을 하면서 쳐오는데 길가의 집들을 모두 불지르고 마을사람 네 사람이 총살을 당하였다. 그 처참한 형상이 이에 이르러 심신이 아울러 놀라서 어찌할 바를 알지 못하였다.

---

6)『한국독립운동사사전』 1(총론편·상권), 독립기념관 한국독립운동사연구소, 1996, pp.177-183.
7)『단암문고』, p.989.

이용준의 국내에서의 활동에 관해서는 구체적인 자료가 남아 있지 않아 잘 알 수는 없으나 3·1 운동 당시 고향인 제천에서 만세시위에 가담하였고, 이후 신간회에 가입하여 활동하였다.

제천지역에서의 3·1 운동을 살펴보면 제천은 강원도 남부지방과 연결되는 교통 요지에 위치하여 상인들의 왕래가 빈번하였고, 또한 개항 이래로 의병항쟁이 치열하게 벌어진 항일투쟁의 본거지이다. 일제의 식민통치 이후에도 일제 관헌의 경계가 가장 심하였고, 3·1 운동이 일어난 뒤에도 일본군 수비대가 주둔하여 엄중하게 경계하던 지역이었다. 이와 같이 일제가 사전 단속을 하였음에도 제천공립보통학교 졸업생 또는 중퇴생들이 만세 운동을 계획하였으나 사전에 발각되어 실패하였다. 1919년 4월 17일 읍내에서 대규모 만세시위가 전개되었다. 제천의 만세운동을 주도한 인물은 의림리의 이범우(李範雨)였다. 이범우는 3·1 운동이 일어나기 전 서울에서 최 린(崔麟)을 만나서 독립선언서를 얻어 제천으로 돌아온 후에 권종필(權鍾弼)·이기하(李起夏)·전필현(全弼鉉) 등과 거사를 계획하다가 보통학교 학생들의 검거 사실에 격분하여 즉석에서 만세운동을 전개할 것을 동의하였다. 이들은 태극기와 격문을 준비하여 4월 17일 제천 시장에서 대규모 만세시위를 벌이기에 이르렀다. 100여 명 이상 군중이 모인 17일 대규모 시위는 경찰서를 3차례나 습격하여 무력시위 양상을 띠게 되었고, 그 결과 다수의 사상자가 발생하였다. 제천 3·1 운동과 관련하여 체포된 이범우·권종필·이기하·전필현 등은 각각 8개월 형을 받아 옥고를 치렀다. 그밖에도 4월 8일에는 송학면에서 만세 시위가 일어났고, 청풍은 보통학교 학생들의 만세시위가 있었다.8)

당시 이용준은 13세로 만세시위에 가담하였는데9) 면사무소 서기로 근

---

8) 국사편찬위원회, 『독립운동사』제3권 [3·1 운동사(하)], 1966, pp.71-75 ; 충청북도 도지편찬위원회, 『忠淸北道誌』, 1992.

무하던 그의 형 이용태는 동생 이용준이 일경에 체포되는 현장을 목격하고 자신도 독립만세 운동에 적극 참여하기로 결심하고 면장에게 사표를 제출하였다고 한다.[10] 이용준은 1925년 3월 제천공립보통학교를 졸업한 후 약 1년 간 제천군 봉양면사무소에 임시직으로 근무하다가[11] 경성 중앙고보에 진학하였으나 중퇴하고[12] 1927년 신간회[13]에 가담하여 항일운동을 전개하였다. 1930년 동아일보 봉천지국 보급원으로 중국으로 망명하였다.[14]

Ⅲ. 중국에서의 항일투쟁

이용준은 1930년 봉천·천진을 경유하여 1931년 2월 하순경 북경으로 가서 원심창을 만났다. 그는 원심창의 권유와 지도를 받아 크로포트킨의 저서 『청년에게 호소함』등 아나키즘운동 관련서적을 탐독한 후 아나키즘운동에 투신할 것을 결심하고 원심창과 함께 상해로 갔다.[15]

이용준이 중국으로 망명하여 항일투쟁에 투신한 시기는 1920년대 후

---

9) 3·1 운동 당시 이용준은 13세로 제천공립보통학교에 재학 중이었다.
10) 『人物誌』, 충청북도, 1987, p.380 ; 이동언, 앞의 논문, pp.13-15.
11) 독립운동사편찬위원회, 『독립운동사자료집』 제11집(의열투쟁사자료집), 재판 기록, 1976, p.846.
12) 독립운동사편찬위원회, 『독립운동사자료집』 제11집, pp.837-838.
13) 1920년대~1930년대 초의 민족해방운동은 민족주의운동과 사회주의운동의 두 흐름으로 파악될 수 있는데 이 두 흐름은 민족운동의 이념과 방법, 주도세력 등에 따라 여러 갈래로 나뉘었다. 이러한 당시의 상황을 극복하고 민족주의 좌파와 사회주의자들이 민족협동전선으로 창립된 것이 신간회이다. 신간회는 1927년 2월~1931년 5월까지 존속하였는데 서울에 본부를 두고 전국적으로 120~150여 개의 지회를 설치하여 회원수만 20,000~40,000명에 이르는 일제하 가장 규모가 컸던 반일사회운동단체였다.
14) 『단암문고』, p.1122.
15) 독립운동사편찬위원회, 『독립운동사자료집』 제11집, 1976, p.846.

반기 민족유일당운동이 좌절되고, 한인독립운동 세력이 재편성되는 때였다. 1929년에 불어 닥친 세계 경제대공황은 자본주의 성장을 주도한 열강에게 큰 타격을 입혔다. 이에 각국은 경제공황의 질곡에서 벗어나기 위해 전력을 기울였다. 중국에서 이미 기득권을 확보한 미국·영국 등 열강들이 경제공황 타개에 여념이 없을 무렵 일본은 경제공황을 타개하고 자국민들의 불만을 무마하기 위해 1931년 만주사변을 일으켜 중국대륙을 침략하였다. 1920년대 후반 민족유일당운동의 좌절을 극복하고 새로운 항일투쟁 방안을 모색하고 있던 한인독립운동 세력은 일제의 중국 동북지역 침략이 국면 전환의 계기로 삼았다. 한·중간의 국제적 연대 기운이 조성되었다. 그 전기가 된 사건이 상해 홍구공원에서의 윤봉길(尹奉吉) 의사 의거였다. 이를 계기로 반만항일의 한중연합이 진전되어 중국국민당 정부는 한국독립운동을 재정적·물질적 지원을 아끼지 않았다. 1932년 4월 29일 윤봉길의거는 중국관내지역 한인독립운동의 흐름을 바꾼 쾌거였다. 대한민국임시정부와 한인독립운동 세력의 존재가 부각되었고, 독립운동을 위한 여건도 개선되었다. 윤봉길의거 직후 대한민국임시정부는 상해를 탈출하여 항주·남경·무한·장사·기강 등지를 거쳐 중경에 정착하기까지 7년여 기간 동안 독립운동정당을 조직하여 '이당치국(以黨治國)' 체제를 표방하였다.

당시 독립운동 세력들은 항일투쟁만을 위한 단체가 아니라 근대민족국가 건설을 지향하는 민족해방운동의 주체로서 활동하였다. 그리고 이 과정에서 한인독립운동 세력들은 정치적 견해에 따라 민족주의 우파·좌파, 공산주의·아나키즘 세력 등으로 분화되었고, 협력과 경쟁과정을 거쳐 민족국가 건설의 주체를 자임하는 민주정치세력으로 성장해 나갔다.[16)

---

16) 한상도, 「임정 이동시기 독립운동정당의 변천」, 『한국독립운동과 국제환경』, 도서출판 한울, 2000, pp.172-173.

1. 남화한인청년연맹에서의 활동

남화한인청년연맹은 1930년 4월 중국 상해에서 조직된 한국인 아나키스트단체이다.[17] 남화한인청년연맹은 이회영(李會榮)·정화암(鄭華岩)·유자명·백정기·이용준·유기석(柳基石)·장도선(張道善)·정해리(鄭海理) 등이 중심이 되어 조직되어 적 기관 파괴·적 요인 암살 등을 목표로 중국에서의 의열투쟁을 주도하였다.[18] 그러나 남화한인청년연맹 단원들이 계속 체포됨에 따라 활동이 침체상태에 빠지게 되었고, 이를 극복하기 위하여 기관지 『남화통신』[19]을 발간하여 아나키즘을 널리 알리고 동지를 규합하기 위한 선전 작업에 치중하였다.

중국에 있던 한국인 아나키스트들은 1924년에 조직된 재중국무정부주의자연맹, 1928년의 재중국무정부공산주의자연맹 등을 중심으로 활동하였으나, 아나키스트운동의 중심인물이었던 이정규(李丁奎)의 피체와 자금 부족 등으로 부진을 면하지 못하다가 1930년 3월 초순 신현상(申鉉商)과 최석영(崔錫榮) 등이 충남 천안호서은행에서 58,000원의 자금을 인출하여, 중국 북경으로 옴으로써[20] 활기를 띠기 시작하였다. 북경에서는 이 자금의 사용처를 협의하기 위해 한국인 아나키스트대표자회의가 개최되었고, 이 회의에서는 이 자금을 만주의 아나키즘운동을 지원하는 데 사용할 것

---

17) 남화한인청년연맹의 결성일을 1931년 9월로 보는 일제관헌의 기록과 정화암의 증언이 있으나, 이미 1931년 3월과 5월에 남화한인청년연맹 명의로 격문이 살포되고 있고, 대부분의 일제관헌 기록이 남화한인청년연맹의 결성일을 1930년 4월로 기록하고 있다. 남화한인 청년연맹 결성일은 1930년 4월로 보는 것이 타당한 것으로 생각된다.

18) 그 외에 남화한인청년연맹에서 활동한 인물로는 羅月漢·李達·金光洲·劉山芳·朱烈·李何有·張道善·許烈秋·李康勳·嚴淳奉(嚴亨淳) 등이 있다.

19) 『남화통신』은 남화한인청년연맹의 기관지로 1936년 1월부터 1937년 중반까지 간행되었으며, 이를 통해 재중국 한국인 아나키스트들의 아나키즘과 독립운동 방략에 대한 선전활동을 하였다.

20) 金正柱, 『朝鮮統治史料』 10, 한국사료연구소, 1971, p.872.

과 그 외에 중국운동에도 적극적인 성의를 가지고 전개할 것을 결의하고 활동의 방법을 모색하기 위하여 분과활동을 전개하였다. 당시 유기석은 북평시(北平市) 정부 비서로 근무하면서 중국인과 함께 아나키즘운동을 전개하던 중이었다. 그는 신현상과 함께 천진 일본영사관을 파괴할 것을 계획하고 무기를 구입하게 하는 등의 활동을 전개하던 중 분과활동차 4월에 상해로 갔다. 그는 상해에서 장도선·정해리 등과 만나 4월 20일에 불란서 조계지 금신부로(金神父路) 신신리(新新里) 모 중국인 집 2층에서 남화한인청년연맹을 조직하고 선언·강령·규약 등을 발표하였다.[21] 그러나 1930년 5월 6일 신현상·최석영 등이 일본영사관 경찰에 의해 체포되고 수많은 아나키스트들이 만주로 감으로써 유명무실한 상태에 빠지게 되었다.

이용준은 1931년 5월 15일경 당시 거주하던 상해 프랑스조계 채시로(菜市路)의 중국인 집에서 이회영·유흥식(柳興湜)·정종화(鄭鍾華) 등의 권유로 원심창과 함께 남화한인청년연맹에 가입하였다.[22] 그러다 1931년 9월 18일 일제의 만주 침략이 본격화되자 이를 계기로 일제와의 보다 적극적인 대결을 위해 조직을 재정비할 필요성이 대두되어, 중국에서 활동하던 아나키스트로 만주로 이동하지 않았던 이회영·유기석, 만주에서 활동하다 돌아온 정화암·백정기·김지강(金芝江)·오면직(吳冕植), 그리고 재만조선무정부주의자연맹의 이 달(李達)·엄순봉(嚴淳奉, 嚴亨淳), 일본에서 활동하다 중국으로 온 원심창·박기성(朴基成)·이하유(李何有)·나월한(羅月漢) 등이 1931년 9월 경 상해에서 남화한인청년연맹을 재정비하고 격문 살포와 의열투쟁 활동을 적극적으로 전개하기 시작하였다. 이용준은 같은 해 12월경 남화한인청년연맹의 실행부원으로 활동하였다.[23] 남

---

21) 같은 책, pp.870-871.
22) 독립운동사편찬위원회, 『독립운동사자료집』 제11집, p.846.
23) 위와 같음.

화한인청년연맹원들은 항일구국연맹의 행동대에 가입하여 이를 중심으로
의열투쟁을 전개하였다.[24]

　그러나 1933년 3월의 '육삼정의거(六三亭義擧)' 이후 항일구국연맹의 활
동이 위축되자, 남화한인청년연맹은 김 구(金九)의 한인애국단(韓人愛國團)
과 협력하여 친일부역자들의 처단을 위해 투쟁하였다. 1933년 8월에 상
해에서 일본군과 내통한 옥관빈(玉觀彬)을 처단하였으며, 1935년 3월 25
일에는 엄순봉과 이규호가 정화암·이 달·이용준과 합의하여 상해 한
국인거류민회 부회장과 고문을 역임한 바 있는 친일파 밀정 이용로(李容
魯)를 처단하였다.[25] 이용로 처단이후 남화한인청년연맹에 대한 일본 경
찰의 끈질긴 추적으로 남화한인청년연맹은 재정난에 봉착하여 제대로 활
동할 수 없었다. 더구나 상해 임시정부와의 마찰, 그리고 일제의 와해공
작으로 인해 어려움을 겪고 있었다. 이에 남화한인청년연맹에서는 자력
으로 재정을 충당하기 위하여 만년필공장을 운영하기도 하였으며,[26]
1936년 11월에는 친일 한국인 한규영을 습격하여 금품을 탈취하는 등
소단위의 자금확보 활동을 전개하였다. 이러한 활동을 통해 그 명맥을
겨우 유지하다가 1937년 중일전쟁이 발발하자 유자명·정화암·유기
석·나월환·이하유·이용준 등이 조선혁명자연맹을 만들어 1937년 12
월 한구(漢口)에서 한국민족전선에 참여하면서 아나키즘 민족운동을 활성
화시켜 나갔다.

　남화한인청년연맹은 조직을 기피하는 아나키스트의 특성상 매우 간단
한 조직체계를 갖추고 있었다. 즉 연맹의 사무를 처리하는 서기부를 설

---

24)　남화한인청년연맹에서 활동한 인물은 30여 명으로 파악되는데, 구성원에 대한
　　자세한 내용은 박 환, 「남화한인 청년연맹의 결성과 그 활동」, 앞의 글,
　　pp.958-962 참조.
25)　독립운동사편찬위원회, 『독립운동사자료집』 제11집, pp.837-844. 이용로를 처단
　　한 후 엄순봉과 이규호는 체포되어 1936년 4월 24일 경성복심법원에서 엄순봉은
　　사형, 이규호는 징역 13년을 언도받았다.
26)　정화암, 『이 조국 어디로 갈 것인가』, 자유문고, 1982, p.187.

치하고 서기를 몇 명 두었다. 서기는 연맹 전체의 호선에 의해 선출되었으며, 임기는 1년이었다. 서기부는 연회·월회·임시회 등을 소집하였으며, 이러한 집회는 혁명방안을 심의하거나 남녀 맹원의 가입과 제명에 대한 결정을 하였다. 단원은 특별한 사유가 없는 한 집회에 참석해야만 하였다. 단원의 자격은 강령에 찬성하고 전 단원의 승인을 받은 사람으로 하며 탈퇴는 개인의 자유의사에 따랐다. 그리고 남화한인청년연맹은 산하에 남화구락부를 두고 1936년 1월부터 기관지『남화통신』을 간행하였으며,27) 이를 중국 관내 뿐 아니라 만주와 국내 각처에도 발송하였다. 남화한인청년연맹의 강령은 다음과 같다.28)

> 1. 아등(我等)의 일체 조직은 자유연합의 원인에 기초한다.
> 1. 일제의 정치적 운동과 노동조합 지상운동을 부인한다.
> 1. 사유재산제도를 부인한다.
> 1. 위(僞)도덕적 종교와 가족제도를 부인한다.
> 1. 아등(我等)의 절대 자유·평등의 이상적 신사회를 건설한다.

남화한인청년연맹은 자유연합의 원리에 기초한 아나키즘 사회의 건설을 목표로 하고 있었다. 일체의 권력과 사유재산을 부인하고, 상호부조에 기반을 둔 자유연합의 자유공산사회를 건설하여 정치적·경제적인 만민 평등사회를 이루고자 하였다.29) 그 방법은 정치운동이나 노동조합 지상주의가 아닌 민중직접혁명이었다. 그러나 대중적인 지지 기반을 가지고 있지 못했던 남화한인청년연맹은 민중직접혁명론을 수행할 수 없었고, 따라서 의열투쟁을 통하여 민중직접혁명의 기폭제 역할을 하고자 하였다. 그리고『선언』에서는 황실 중심의 존왕적 독립운동가, 자본가계

---

27) 같은 책, p.134.
28) 조선총독부 고등법원검사국사상부,『思想彙報』5, p.112.
29) 조선총독부 고등법원검사국사상부,『思想彙報』5 ; 박 환,「이회영과 그의 민족운동」,『만주한인민족운동사연구』, 일조각, 1991, p.292.

급을 중심으로 정치적 운동을 전개하고 있던 민족주의적 제반 독립운동
그리고 노동자들을 이용하여 공산당의 독재를 실현시키려는 공산주의적
독립운동에 대해 비판하였으며, 한국 민중의 진정한 해방은 민중 전체
의 꺾이지 않는 직접행동에 의해 이루어진다고 주장하였다. 남화한인청
년연맹은 1937년에 조선혁명자연맹으로 통합되면서 발전적으로 해체하
였다.30)

2. 흑색공포단에서의 활동

흑색공포단31)은 한·중·일 아나키스트들의 항일공동전선조직인 항일
구국연맹 행동대의 별칭이다. 1931년 11월 중순 상해에서 결성된 항일구
국연맹은 행동대를 중심으로 이후 일본제국주의의 군수송선과 영사관 등

---

30)『한국독립운동사사전』(운동·단체편)Ⅳ, 독립기념관 한국독립운동사연구소, 2004,
　　pp.597-599.
31) 흑색공포단의 실체에 대해서는 이견이 많다. ① "왕아초·화균실·일본인 田華
　　民·백정기 등 4명이 거듭 회합하여 단체를 만들고 B.T.P.라 명칭하고 團 중에
　　경제부·선전부·정보부를 두었다"고 하여 항일구국연맹을 흑색공포단이라 칭하
　　였다는 외무성 경찰국의 기록이 있다. ② 또 다른 일제의 기록에서는 "흑색공포
　　단은 동방무정부주의자연맹 간부 왕아초의 제창으로 소화 6년 11월 상순 상해에
　　서 조직되었던 국제적 공포단으로서 조선인 단원은 거의 남화한인청년연맹원으
　　로서 세력이 남화한인청년연맹의 이명단체와 같아 보인다"라고 하여 흑색공포단
　　을 남화한인청년연맹과 같은 것으로 파악하고 있다. ③ 정화암은 "항일구국연맹
　　의 행동대를 소위 흑색공포단"이라 하였다. ④ 이강훈은 "흑색공포단은 실존단
　　체가 아니고 위장단체"라고 하여 실존했던 단체가 아니라고 하였다. 그는 '흑색
　　공포단'이라는 명칭이 생겨난 유래에 대해서 "우리가 아키라(有吉明)를 폭살할
　　것을 결정하고 백의사(白義士)와 류자명, 오면직(吳冕稙), 정화암과 나 5인이 선
　　후책(善後策)을 고려하고 있을 때 우리들이 이 투쟁을 단행한 후, 세간에 성명서
　　를 발표하지 않으면 안되었지만 단체의 명칭을 어떻게 할 것인가라고 하는 것이
　　문제되었기 때문이다. 잠시 좌중이 적막이 더해가고 있었지만 류자명이 적이 들
　　어도 공포를 느낄 '흑색공포단'으로 하자고 제안하였다. 이 말에 반대하는 자는
　　없고, 그대로 결정되었던 것"으로 술회하였다. 따라서 항일구국연맹의 행동대가
　　육삼정의거를 준비하면서 선전용으로 흑색공포단이라는 별칭을 만들었던 것으로
　　생각한다.

에 폭탄을 던지거나 일본정부 요인의 암살과 친일파 처단을 기도하는 등 항일활동을 주도하여 일본의 중국 대륙 침략에 커다란 타격을 주었다. 특히 흑색공포단이라는 이름으로 행해진, 아리요시 아키라(有吉明) 암살미수사건인 1933년 17일의 육삼정의거는 중국 조야에 큰 충격을 주고 항일전선의 사기를 진작시켰다.

항일구국연맹은 ① 적 군경기관 및 수송기관의 조사·파괴, 적 요인의 암살, 중국 친일분자의 숙청, ② 중국 각지의 배일선전을 위한 각 문화기관의 동원계획, 선전망의 조직, ③ 전 2항의 구체적인 입안(인원과 경비에 관한) 등에 관한 계획을 수립하였다.32) 그리고 파괴활동을 직접 수행할 행동대를 조직하였는데, 그 구성원 대부분은 남화한인청년연맹원들이었다. 항일구국연맹 활동의 대부분은 이 행동대에 의해 전개되었다. 이 행동대의 활동은 몇 가지의 유형으로 나뉘어져 전개되었다.

우선 적의 기관을 파괴하고자 하였다. 1932년 10월 중순경 상해 프랑스조계 복이리로(福履理路) 초제로(初齊路) 건업리(建業里) 중가(中街) 77호의 이용준과 백정기의 주거지에서 북경에서 상해로 온 유기석이 "나는 북경에서 항일투쟁을 감행하기 위한 자금으로 지난번에 福建省 泉州城 내의 아나키스트 중국인 秦望山으로부터 8,000원을 받았는데 이 사람에게 북경이나 또는 천진에서 일본군부 혹은 일본총영사관에 폭탄을 던지면 또 300,000원이라는 자금을 받아낼 수 있어서 동지를 모집하러 왔다"고 말하며 북중국으로 가서 폭탄을 던질 것을 권유하였다. 이용준과 원심창은 유기석의 제안에 찬동하여 3인은 같은 해 11월 중순경 북경으로 갔으나 장학량(張學良) 군대 30만여 명이 주둔하고 있어 정세가 불리하였다. 12월 11일경 천진으로 활동지역을 옮겨 13일경 천진 프랑스조계 교통여관에서 의거 대상으로 천진 일본 주둔군의 병영과 천진 일본총영사

---

32) 李丁奎, 『友堂李會榮略傳』, 을유문화사, 1985, p.106.

관 관저를 대상으로 선정하였다. 유기석은 일본군 병사에 이용준은 일본총영사관 관저에 폭탄을 던지고, 원심창은 상해의 동지들과 연락을 취하도록 역할분담을 하였다. 16일 정오 이용준은 교통여관에서 유기석으로부터 중국제 수류탄 1개를 건네받아 오후 6시 30분경 영국조계 빅토리아공원 내에서 일본총영사관 관저에 수류탄을 던져 건물의 일부를 파괴시켰다.33) 이어 복건성(福建省) 천주(泉州)에서 일본의 하문령사관(廈門領事館)을 폭파시켰다.34) 1932년 12월에는 유기문(柳基文)이 천진에서 군수물자를 싣고 들어온 일본기선에 폭탄을 투척하였으나 적중하지 못하고 바다에 떨어졌다.35)

둘째, 적의 요인 암살을 시도하였다. 백정기·이강훈·원심창·이용준 등은 1933년 3월 17일 상해에 진주하는 일본군사령부와 아리요시 공사가 중국정부 요인의 매수공작을 위해 중국 요리점 육삼정(六三亭)에서 연회를 베푸는 기회에 기습공격을 가할 계획을 세웠다.36) 이틀 전인 3월 15일 프랑스조계 정원방이라는 아파트 2층 마루방에 백정기·엄순봉·오면직·이용준·김성수·이 달·원심창·정화암·백기성·이강훈 등이 모여 거사를 협의하였다. 협의 결과 백정기·이강훈이 거사를 거행하기로 하였다.37) 거사당일 백정기·이강훈 두 의사는 수류탄과 권총으로 무장하고 유자명의 인도를 받아 공동조계로 들어가 중국 요정 송강춘(松江春)에서 대기하고 있던 중 체포됨으로써 실패하고 말았다. 백정기와 원

---

33) 독립운동사편찬위원회, 『독립운동사자료집』 제11집, pp.847-848.
34) 외무성경찰국, 『조선민족운동사』 6, 고려서림, 1989, pp.856-857 ; 이호룡, 『한국의 아나키즘 : 사상편』, 지식산업사, pp.273-274.
35) 무정부주의운동사편찬위원회, 『한국아나키즘운동사』, 형설출판사, 1978, p.341.
36) 독립운동사편찬위원회, 『독립운동사자료집』 제11집(의열투쟁사자료집), 1976, p.826, 833-834.
37) 『이강훈역사증언록』, 인물연구소, 1994, pp.276-281. 거사 협의당시 이강훈은 단독거사를 주장하였으나, 정화암의 반대로 제비뽑기로 결정하였다. 의거 실패이유는 원심창이 소개한 일본인 오키의 밀고 때문이었다고 한다.

심창은 무기징역, 이강훈은 징역 15년을 언도받았다.[38] 일본으로 이송된 백정기 의사는 1935년 5월 22일 나가사키(長崎) 감옥에서 옥사하고, 이강훈 의사는 8·15 광복까지 일본 각지의 감옥에 수감되었다가 풀려났다.

셋째로는 친일분자 숙청을 들 수 있다. 1932년 중국인 화균실(華均實)·일본인 사노(佐野)·한국인 이용준 등에 의해 왕정위(汪精衛)[39] 암살 사건이 발생하였다. 이용준 등은 왕정위를 상해 북군참(北軍站)에서 습격하였으나, 부관을 왕정위로 오인 살해하여 실패하고 말았다. 또 1932년 11월 이회영은 일제 무토(武藤) 관동군 사령관 암살계획을 실행하기 위해 단신으로 대련으로 향하였다.[40] 그러나 대련 항에 도착하자 대련수상경찰서 특무요원에게 체포되어 같은 해 11월 11일 순국하였다.[41] 이회영 체포와 관련하여 정화암·이 달·원심창·이용준·주 열(朱烈)·이수현(李守鉉) 등은 상해 남상(南翔) 입달학원(立達學院)[42]에서 회합하여 밀고자 이규서(李奎瑞)·연충렬(延忠烈)을 처단하기로 결정하였다. 이 달·오면직은 이규서·연충렬에게 함께 아나키즘운동 특별공작을 하자고 입달학원으로 유인하여 남상역 철교부근으로 데리고 가 자백을 받아내고 유대하고 있던 마승(麻繩)으로 목을 졸라 처단하였다.[43]

---

38) 외무성경찰국, 『조선민족운동사』 6, 앞의 책, 1989, p.885.

39) 왕정위는 중국 남경정권의 외교부장으로서 일본과의 외교에서 친일적인 성향의 인물이었다.

40) 이정규, 『友堂李會榮略傳』, 앞의 책, pp.108-111.

41) 박 환, 「이회영과 그의 민족운동」, 앞의 글, p.294.

42) 입달학원은 북경사범대학에서 천문학을 전공한 아나키스트인 광호생이 설립하였는데 국민당중앙위원회 위원인 아나키스트 吳稚輝와 李石曾이광호생을 지지하여 입달학원의 경비를 중앙교육부에서 지출하게 되면서 교원들 대부분이 아나키스트가 되었다. 이들은 농촌교육과의 특수한 환경을 이용하여 이곳을 아나키스트의 본거지로 활용하였다. 입달학원의 본부는 상해 강만에 위치하고 있었고 고중부 농촌교육과는 南翔站부근의 柴塘에 있었다[오장환, 「해제」, 『유자명 수기 한 혁명자의 회억록』(한국독립운동사자료총서 제14집), 독립기념관 한국독립운동사연구소, 1999, p.15].

43) 독립운동사편찬위원회, 『독립운동사자료집』 제11집, p.825, 833.

3. 朝鮮民族革命黨에서의 활동

대한민국임시정부와 독립운동 세력은 1932년 한인애국단[44]의 의열투쟁으로 독립운동의 교두보였던 상해를 탈출하여 중국 내륙지방으로 이동하지 않을 수 없게 되었다.[45] 중국관내지역 독립운동세력들은 민족혁명당과 한국국민당 양대 체제로 재편되었다.

조선민족혁명당[46]은 중국 관내지역을 주무대로, 해방 후에는 국내에 들어와 활동한 독립운동 정당이다. 먼저 조선민족혁명당의 성립과정에 대해 살펴보고자 한다. 1935년 7월 중국 남경(南京)에서 해외 독립운동전선의 5당 통합으로 창립된 민족혁명당은 창당에 참여한 당파간의 권력분점 및 합의제 운영 원칙이 초기부터 무너지고, 계파 응집력이 매우 강했던 의열단계와 그 대표자인 김원봉(金元鳳)이 당무를 주도해 갔다. 이에 대한 반발로 1935년 9월 조소앙(趙素昻)·홍 진(洪震) 등 일부 인사들이 탈당한 후에도, 김원봉파와 이청천(李靑天) 중심의 '비(非)의열단계·반(反)김원봉파' 사이에 치열한 당권경쟁이 벌어졌고, 마침내 불화와 갈등으로 비화하였다. 김원봉파는 1937년 1월 제2차 전당대회를 통하여 자파의 의도대로 당조직 체제를 개편하고 당명을 '조선민족혁명당'으로 변경함과 더불어 김원봉을 총서기로 선임하였다. 이에 이청천파는 김원봉파의 전횡을 규탄하면서 출당을 주장하였으나, 김원봉파의 반격에 밀려 핵심 인물 11명이 제명되었다. 1937년 4월 이청천파는 조선혁명당을 결성하여

---

44) 한인애국단은 1931년 백범 김구가 대한민국임시정부의 승인을 받아 조직한 의열투쟁단체이다.

45) 한인애국단의 이봉창·윤봉길의사의 양대 의거가 직접적인 요인으로 작용하였다 (김희곤, 「대한민국임시정부와 중국관내지역 독립운동」, 『대한민국임시정부연구』, 지식산업사, 2004, pp.130-132).

46) 조선민족혁명당에 관한 대표적인 연구성과로는 강만길, 『조선민족혁명당과 통일전선』, 화평사, 1991이 있고, 한상도, 「임정 이동시기 독립운동정당의 변천」, 앞의 글이 참조된다.

조선민족혁명당에 대항하였다. 이로써 조선민족혁명당의 통일전선체적
성격은 퇴색하고 좌경색이 짙어졌다. 이는 김원봉파의 문호개방 방침에
의하여 최창익(崔昌益)·한 빈(韓斌)· 허정숙(許貞淑) 등 공산주의운동 경력
자와 김학무(金學武)·김인철(金仁哲) 등 청년 마르크스주의자들이 입당해
있었음에 기인한 것이기도 하였다.

 1937년 7월 '임시정부 옹호'·'반민족혁명당'·'반공' 노선으로 보조
를 같이하게 된 한국국민당·한국독립당·조선혁명당 및 한인애국단과
미주지역의 5개 단체가 김구의 주도로 한국광복운동단체련합회(韓國光復
運動團體聯合會)를 결성하였다. 이에 대응하여 조선민족혁명당은'민족적
공산주의'를 표방하고 있던 조선민족해방운동자동맹, 자본주의에 반대하
지만 공산주의에도 극력 반대하는 중간파 노선의 무정부주의자 조직인
조선혁명자연맹과 제휴하여, 11월 12일 한구(漢口)에서 조선민족전선연맹
(朝鮮民族戰線聯盟)을 결성하였다. 세 가맹단체의 대표자인 김원봉·김성숙
(金星淑)·유자명은 1920년대 의열단 활동을 같이했던 동지들이기도 하였
다. 중일전쟁 상황에서 조선민족전선연맹은 해외 각지의 무장부대들을 통
일시켜 민족혁명 군대를 조직하고, 민족해방전쟁을 발동시키고자 하였다.

 조선민족혁명당의 주요간부로는 중앙위원 김원봉·윤기섭(尹琦燮)·김
두봉(金枓奉)·윤세주(尹世胄)·이용준·신익희(申翼熙)·성주식(成周寔)·최
석순(崔錫淳)·김철민(金哲民)·정일명(鄭日明), 중앙검사위원에는 김현구(金
玄九)·김홍서(金弘叙)·이집중(李集中)·이의흥(李義興) 등이다.[47] 당의에서
는 "혁명적 수단을 통해 일제 침략세력의 박멸, 정치·경제·교육평등에
기초한 민주공화국의 건설" 등을 제시하였고, 당강에서는 기본권 보장,
대규모 생산기관과 독점적 기업의 국유화 및 농민 분배 등을 통한 민주
집권제[48]를 도입하였다.[49]

---

47) 김정명, 『조선독립운동』II(민족주의운동편), 원서방, 1967, p.674. 그 외 중앙위원
  후보로는 李貞浩·金宗民·吳均, 중앙검사위원후보로는 石成才·金武 등이다.

이러한 방침에서 조선민족혁명당은 12월 1일 청년 당원 83명을 중국 중앙군관학교 성자분교(星子分校) 제6기 특별훈련반에 입교시켜, 6개월의 교육훈련 과정을 이수토록 하였다. 1938년 5월 중순 호북성(湖北省) 강릉(江陵)에서 개최된 제3차 전당대회에서는 당의 성격 또는 향후의 진로(민족민주정당이냐 계급정당이냐), 새로 구축해 갈 통일전선의 형태(단일당이냐 연맹이냐), 한중연합의 직접적 제휴 상대(중국국민당이냐 중국공산당이냐), 항일전의 거점지역(관내지역이냐 동북지역이냐) 등의 쟁점을 둘러싸고, 김원봉의 현실주의적 노선과 최창익의 급진 노선이 날카롭게 대립하였다. 결국 최창익파 60여 명은 탈당하여, 비밀조직이던 조선청년전위동맹(朝鮮靑年前衛同盟)의 조직을 공개하고, 재무한조선청년전시복무단(在武漢朝鮮靑年戰時服務團)을 결성하였다. 최창익이 김학무 등과 의견충돌을 빚은 끝에, 허정숙과 함께 연안(延安)으로 가버린 뒤인 9월, 전위동맹은 조선민족전선연맹에 자진 가입하였다. 1938년 10월 10일 조선민족전선연맹은 한구에서 100여 명의 단원으로 조선의용대(朝鮮義勇隊)를 창건하였다.

4. 朝鮮革命者聯盟에서의 활동

조선혁명자연맹은 1937년 중국 남경(南京)에서 조직된 아나키즘운동세력의 독립운동단체이다. 1937년 7월 7일 중일전쟁 발발을 계기로 한·중 연합전선이 강화되고, 한인독립운동의 환경은 호전되었다. 이에 한인세력의 단결과 통일의 필연성도 점증되었다. 아나키즘운동 세력도 전열을 재정비하여 이용준·유흥식·박기성이 중심이 되어 남화한인청년연맹의 후신으로서 조선혁명자연맹을 조직하였다. 그리하여 이들은 조선민족혁명당과 항일운동의 보조를 같이하고, 조선민족해방동맹 등 중간·좌파

---

48) 민주집권제라 함은 당내 민주주의와 중앙집권제로의 통일을 의미하였다.
49) 김정명, 『조선독립운동』 II, 앞의 책, pp.674-675.

세력과 연합하여 조선민족전선연맹(朝鮮民族戰線聯盟)을 결성하였다.[50] 이로부터 종래 견지해오던 공산주의에 대한 적대감과 반대 입장을 유보하고, 협동전선운동에 적극 참여하게 된다.

조선혁명자연맹의 이념은 자유연합 원리에 입각한 자유평등의 이상적인 사회 건설을 목적으로 삼았으며, 사유재산·종교·가족제도 등을 부정하였다. 단원들은 대개 크로포트킨주의를 신봉하였으며, 이들이 견지하고 있던 혁명관은 '최대로 광범위한 민주주의 제도'의 수립이었다. 그런데 이 제도는 종래의 '자산계급에 의한 민주'가 아니었으며, '무산계급의 독재'를 의미하는 것도 아니었다. 이들은 민족협동전선운동과 반파시스트정책 및 중국의 항전건국강령(抗戰建國綱領)을 지지하였다. 또 어떠한 형식의 독재에도 반대하는 입장이었으나, 정부와 국가가 존재하는 현실을 부정하지는 않았다.

조선혁명자연맹의 단원 수는 20여 인으로 추정되는데, 대부분 청년들로서, 대부분이 가족이 없는 관계로 특이한 인생관과 사회관을 갖고 있었다. 자유에 열정적인 입장이었고, 낭만적인 인생관과 모험적 성격의 소유자들이었다. 주요 활동인물은 유자명·정화암·이 달·박기성·나월한·이용준·유흥식·이하유·유 서(柳絮)·허열추(許烈秋) 등이었다.[51]

IV. 맺음말

이용준은 1907년 충청북도 제천에서 태어나 어려서는 고향에서 한학을 수학하였다. 일제 강점기를 살던 그의 고향 제천은 개항이후 의

---

50) 김정명, 『조선독립운동』 II, 앞의 책, p.676 ; 강만길, 『조선민족혁명당과 통일전선』, 앞의 책, pp.227-238.
51) 한상도, 「임정 이동시기 독립운동정당의 변천」, 앞의 글, p.199.

병항쟁이 치열하게 벌어진 항일투쟁의 본거지였다. 이용준의 항일역정은 성장기 고향의 이러한 지역적인 영향을 크게 받은 것으로 생각된다. 제천공립학교에 다니던 그는 1919년 3·1 운동 당시 13세의 나이로 만세시위에 가담하였고, 1925년 3월 제천공립학교를 졸업한 후 경성 중앙고보에 진학하였으나 중퇴하고 신간회에 가담하여 항일운동을 전개하였다.

1930년 동아일보 봉천지국 보급원으로 중국으로 망명하였는데 그때 나이 24세였다. 이용준은 천진을 경유하여 1931년 북경으로 가서 원심창을 만나 그의 권유로 아나키즘운동에 투신할 것을 결심하고 상해로 갔다. 1931년 5월 상해에서 남화한인청년연맹에 가입하여 항일투쟁을 전개하였으며, 같은 해 12월에는 백정기·원심창·유기석 등과 함께 동연맹의 실행부원으로 흑색공포단에 입단하였다. 이용준은 목숨을 걸고 수차례에 걸친 의거를 감행하였다. 우선 적의 기관 파괴하기 위해 1932년 12월 16일 천진일본총영사관 폭탄투척의거를 감행하였고, 적의 요인을 처단하기 위해 1933년 3월 17일 유자명·백정기·원심창·이강훈 등과 일본공사 아리요시 처단을 위한 육삼정의거에 참여하였다. 또한 친일파를 처단하기 위해 중국 남경정권의 외교부장 왕정위 처단의거를 벌이기도 하였다. 1935년 3월에는 정화암·엄형순·이규창 등과 함께 상해 거류민회 부회장인 친일파 이용로 처단의거를 감행하기도 하였다.

1937년에는 중경에서 조직된 조선민족혁명당·조선민족전선연맹에서 활동하였다. 또한 남화한인청년연맹 후신으로 같은 해 남경에서 조직된 아나키스트 독립운동단체인 조선혁명자연맹의 중심인물로 활동하였다. 이렇듯 항일투쟁에 여념이 없던 이용준은 1938년 12월 18일 마침내 아리요시 공사 암살미수 혐의로 북경에서 일본영사관 경찰에 체포되었다.[52] 이용준은 본국으로 압송되어 1940년 11월 19일 경성지방법원에서 소위 치안유지법위반 및 강도미수, 폭발물 취급법 위반 및 살인미수 혐의로 징역 5년형을 언도 받고 서대문형무소에서 옥고를 치렀다. 이용준은 아나키스트로 일선에서 일제침략을 응징한 의사요, 투사였다.

광복 이후 이용준은 대한보국군단(大韓保國軍團) 제1사단 사령관으로 활약하던 중 1946년 1월 17일 공산당에게 피격되어 40세의 나이로 일생을 마감하였다.[53]

---

52) 『동아일보』 1939년 1월 31일자.
53) 『단암문고』, p.1124.

ABSTRACT

The life and anti-Japanese struggle for national independence of Lee Yong-Jun

Lee, Dong Eon

Lee Yong-Jun, who was born in Jecheon, ChungchengBuk-do, in 1907, learned Chinese classics in his hometown in his childhood. His hometown, Jecheon, in which he lived in the age of Japanese Empire's occupation of Korea by force had been the stronghold of anti-Japanese struggles since Korea's opening ports. It seems to be thought that the course of his anti-Japanese struggles was greatly affected by such his growth surroundings. While in Jecheon public school, he participated in the hurrah demonstration in the 1919 Samil Independence Movement of Korea at the age of 13. After graduating from Jecheon public school, he entered Kyeong Seong Jung-Ang GoBo, which was the five school year-junior high school in the age of Japanese Empire's occupation of Korea by force only to leave the school. And then joined the Shin-gan party(新幹會) and started the resist-Japanese movement.

In 1930, as the distributing agent of Bong-Cheon branch office of Dong-Ah Daily News, it was at the age of 24 that he sought refuge in

China. Lee Yong-Jun went to Beijing by way of Tenjin and met Won Sim-Chang. He persuaded Lee Yong-Jun to devote himself to anarchism. He made up his mind to follow his persuasion and went to Shanghai in China. In December 1931 he joined the Black Terror Party as an activist with Baek Jung-Ki, Won Sim-Chang and Yu Gi-Seok. Lee Yong-Jun run the risk of daring to trigger noble undertakings several times. For example, to begin with, he dared to throw bombs into the Japanese Consul at Chen Jin for the purpose of destroying the enemy's institutions. Then, in May 17 1933 he took part in the Yuk Sam Jeong noble undertaking in order to dispose of Akira Ariyoshi, the Japanese Minister with Yu Ja-Myeong, Bak Jeong-Ki. Won Sim-Chang, and Lee Kang-Hun. Also he was involved in assassinating Wang Jeong-Wi, the minister of foreign affairs of the Nanjing regime in China with the intention of disposing of the pro-Japanise group. In March 1935 he dared to dispose of Lee Yong-Ro, a sympathizer for Japan, who was deputy president of the Society for Shanghai' residents, with Jeong Hwa-Am, Eom Hyeong-Sun, Lee Kyu-Chang and so on.

In 1937 he played an active part in the Korea national revolutionary party. Also in the same year, he was active as the leading figure of the Korea Revolutionary Federation, which was the independence movement organization of anarchism. Like this, at last Lee Yong-Jun, who devoted himself to anti-Japanese struggles was arrested under suspicion of having made an unsuccessful attempt at assassination of Akira Ariyoshi, the diplomatic minister, by the police of the Japanese consulate in Beijing in December 18 1938. He was transferred to the prison in Korea. He was sentenced to five years' servitude under suspicion of having been involved in different crimes such as the violation of the Law for Maintenance of the Public Peace, an unsuccessful attempt at robbery and an attempted murder at the Kuyeong Seong district court in November 11, 1940. He serve his term of imprisonment in prison in Seodaemun. Lee Yong-Jun was an upright person and leader of national independence movement who was active in the first line to punish Japan's invasion as an anarchist.

After the 1945 Liberation of Korea, while actively participating in the commander of the First Division in Korea Patriotism Army Corps(大韓保國軍團). Lee Yong-Jun was assaulted by a communist and ended his life.

수진비록(修眞秘錄)

I. 머리말

사람은 한얼의 일분자(一分子)라. 그러므로 사람의 임자는 정신(精神)이오, 육체(肉體)는 정신이 깃드는 집이라. 육체를 기름에는 음식(飮食)과 의복(衣服)과 주택(住宅)이 있어야 함과 같이 정신을 기름에는 수양(修養)만 같음이 없다. 그런데 사람들이 언필칭(言必稱) 수양은 신비파(神秘派)의 전유(專有)로 돌려 마치 둔갑장신(遁甲藏身)을 연상(聯想)하고 도외시(度外視)하나 사실 수양(修養)이란 정신면(精神面)으로나 육체면(肉體面)으로나 양생(養生)상 필요불가결(必要不可缺)한 요소(要素)가 되니 세상(世上)을 옳고 바르게 살아가려면 전문적(專門的)인 수행이 아니더라도 반드시 수양의 길을 밟아가야만 한다. 종교신앙(宗敎信仰)의 목표(目標)가 어디 있는가?

수양은 누구나 말하기는 좋아하나 어떻게 하는가를 아는 이는 드물고 더구나 이를 올바르게 지도(指導)하는 서적(書籍)이라고는 거의 찾을 수도 없음이 현실(現實)이라. 혹 뜻있는 사람이 수도생활(修道生活)을 하다가도 그 방법(方法)을 알지 못하여 중도(中途)에서 얻은 지식(知識)과 사부(師傅)

의 구전심수(口傳心授)하신 방법과 종불선(倧佛仙) 각 교문(敎門)의 비설(秘說)들을 요약참고(要約參考)하여 이 비록을 엮음은 오로지 후래동호(後來同好)의 방향(方向)을 지시(指示)코자 함인 바 이에 뜻하는 이는 반드시 먼저 마음을 바로 하여 경신(敬神)의 성의(誠意)를 온축(蘊蓄)하고 부선멸악(扶善滅惡)의 덕업(德業)을 쌓음으로서 일신(一身)을 청정온건(淸靜穩健)히 안정(安定)한 후(後)에 시작할 것이오, 만일 확고(確固)한 신념(信念)이 없이 호기심(好奇心)에서 착수(着手)한다면 성공(成功)은 고사(姑捨)하고 심력(心力)만 소모(消耗)하고 심지어는 신(神)의 주책(誅責)을 면(免)치 못할 것이니 이에 깊이 생각하는 바 있어야 할 것이다.

회고(回顧)하건대 본인(本人)은 왕석(往昔) 무진세(戊辰歲)에 대종교(大倧敎)에 봉교(奉敎)한 후로 지・조・금(止調禁) 삼법(三法)을 알고 수행할 뜻은 간절(懇切)하였으나 번거로운 생활(生活)에 겨를을 얻지 못하다가 기묘년(己卯年)에 일체(一切)의 공직(公職)을 사(辭)하고 만주동경성(滿洲東京城)의 대종교 총본사로 단애종사(檀崖宗師)를 배방(拜訪)하고 친히 지도하심을 받으며 삼법(三法)을 수행한지 어언 20여년! 그 동안에 얻은 바 정신상(精神上) 육체상(肉體上)의 쾌락(快樂)을 어찌 다 말할 수 있으리요. 오직 삼법의 황홀(恍惚)함을 이를 뿐이다.

본인의 수행이 오로지 단애종사의 지도(指導)하심에 힘입었기에 삼설(三說) 이외에 종사의 『수진삼법회통(修眞三法會通)』을 이에 번역문(飜譯文)으로 싣고 또 백포종사의 『구변원방도(九變圓方圖)』를 역해(譯解)하여 삼일진리(三一眞理)의 이해에 이바지하고 삼묘운회(三妙運會)를 수리(數理)와 경험(經驗)에서 이에 성문수록(成文蒐錄)한 바 이는 오로지 대방가(大方家)의 척정(斥正)을 기다릴 뿐이다.

경자(庚子) 5월 단양지일(端陽之日) 단암(檀菴) 이용태(李容兌)

근식(謹識)

Ⅱ. 지감설(止感說)

1. 정좌(靜坐)

맑고 밝고 깨끗한 방을 가리어 모든 먼지를 깨끗이 떨어 버리고 목욕재계한 뒤 북쪽 벽을 향하여 앉을 자리를 정하여 잡아라. 먼저 작은 상 하나를 앉을 자리 앞에 놓고 그 위에 흰 종이를 펴고 그 위에 천수[天水: 밤중 자정에 나오는 물] 한 그릇을 받들어 놓되 날마다 한번씩 인시(寅時)에 갈도록 하고 그 앞에 향로(香爐)와 향합(香盒)과 초를 갖추어 놓아라.

먼저 술과 담배와 고기와 생선과 파와 마늘과 고추와 생강 등 모든 냄새가 독하고 자극성 있는 음식을 끊고 성신일관(誠信一貫)하려는 마음의 맹세를 한 후에 날마다 새벽에 촛불을 켜고 자단향을 피운 뒤에 「각사(覺辭)」1)를 세 번 외우고 한배검[天祖神]께 정성껏 마음속으로 원도치성(願禱致誠)한 다음에 무릎을 가로 꿇어 앉되 왼발이 오른쪽 종아리 위에 놓이도록 두 다리를 마주 걸치게 하고 두 손은 두 다리가 걸쳐진 종아리 위에 얹되 왼손의 엄지손가락이 오른손바닥에 들도록 싸서 마주잡아 가볍게 얹고 허리를 펴서 머리로부터 등과 허리에 굽음이 없도록 곧게 하여 앉아라.

정좌하는 시간은 처음에는 15분, 3일이 지나면 30분으로, 15일부터는 1시간으로 하고 공부가 차츰 숙달(熟達)이 되면 더 늘이되 두 시간을 넘게 하지 말고 정좌하는 횟수는 처음에는 아침과 저녁의 두 번으로 시작하되 익숙해졌다고 하더라도 6회를 넘지 않도록 할지니 과도하면 오래 계속할 수도 없거니와 욕심이 지나치면 도리어 성공을 늦추는 결과를 초래하니 첫째로 욕심을 버리고 자연으로 돌아간 마음을 가질 것이 중요하다.

---

1) 성령재상(聖靈在上) 천시천청(天視天聽) 생아활아(生我活我) 만만세강충(萬萬世降衷).

　　방의 사방 벽에는 일·선·광·성(一·善·光·成)의 넉 자를 각각 정하게 써서 방위를 맞추어 바르게 붙이고 앉은 자리 밑에는 백마화진(百魔化盡) 넉자를 써서 깔고 앉으며 남쪽 벽 곧 앉은 뒷벽에는 「진리도(眞理圖)」를 걸고[2] 북쪽 벽 위에는 천진(天眞) 곧 한배검의 영진(影眞)을 봉안하되 천진을 얻지 못할 때에는 신위(神位 : 三神一體上帝大皇祖神位)를 봉안하고 오직 한배검께서 나려와 계시다는 마음으로 삼가고 공경하는 마음으로 고개 숙여 정성을 다하되 매일 묘시(卯時 : 오전 6시경)와 오시(午時 : 오후 12시경)와 유시(酉時 : 오후 6시경)에 세 번씩 매일 향불을 피우고 네 번 절하여 참알례(參謁禮)를 올리라.

　　음식은 반드시 하루 두 번씩 때맞추어 채소담식(菜蔬淡食)을 주로 하고 수면(睡眠)은 차츰 그 시간을 줄여 가서 불면의 지경에 도달하게 하되 7일 이내에는 참고 견디기가 매우 어려울 것이나 7일이 지나면 절로 잠을 자지 아니하는 묘법이 있을 것이며 잠자는 시간 이외에는 등불을 끄지 말아라.

2. 수령(修靈)

　　수령이라 함은 성품을 닦음이니 느낌을 그침에 있어 가장 요긴한 핵심이 되니 무사무려(無思無慮)를 원칙으로 하되 눈을 감아 보지 말고(閉目不視) 귀는 들여 듣지 말고(收耳不聽) 모든 사특한 생각을 끊어 없애고 모든 사물을 잊도록 하여 인정(人情)과 물욕(物慾)에 관련되는 기쁘고 두렵고 슬프고 성내고 욕심 내고 싫어하는 등의 감정(喜懼哀怒貪厭)을 마음에 두지 말고 온 정신을 현궁(玄宮 : 두 눈 사이)에 기울여서 마음속으로 보면 심지(心地)가 점점 맑아지고 욕심불[慾火]이 차츰 줄고 마침내는 사라져 없어지게 되는데 이때에 육체적으로는 경련증(痙攣症)과 근골통(筋骨痛)과

---

2) 문종이 한 장 크기로.

갈증(渴症)과 담증(痰症) 등의 증세가 일어나니 정신적으로는 사념(邪念)과 가슴이 답답함과 오한(惡寒)과 번열(煩熱)과 지나간 일의 생각과 허영에 뜬 생각들이 겹치어 일어나니 이를 신마(身魔)와 의마(意魔)라고 하는데 마음을 가다듬어 굳게 참고 억제하여 이 고비를 극복하면 순간찰나에 모든 마귀가 소멸되고 심경(心境)이 명랑(明朗)하여 7일 또는 14일, 21일이 지나면 영대(靈臺), 곧 마음의 먼지가 차츰 사라지는 신비함을 얻게 되어 한 점의 티끌도 남지 아니하고 사라져 없어지는 지경에 다다르면 자연히 심령(心靈)이 열리어져서 무계(無界)의 세계를 보게 될 것이다.

영(靈)이라고 하는 실체는 무엇을 가리킴인가? 곧 신의 작용을 말함이니 맑고 밝아서 유리와 같으며 안과 밖이 없이 투명(透明)하여 신속(迅速)함이 전광(電光)과 같아서 멀고 가까움이 없이 왕래하는 고동이라 신이 부여(賦與)된 물체에는 모두 구비하였으나 기운품수[氣品]의 맑고 흐림[淸濁]과 몸바탕[體質]의 두텁고 얇음[厚薄]에 따라서 본래의 우열(優劣)이 있으므로 수양을 잘하면 본래의 능력을 발휘하여 밝고 두텁게 되며 인정과 물욕이 가리면 흐리고 얇아져서 본래의 능력을 상실하게 되니 모든 학문(學問)의 근본이 이 영성(靈性)을 닦고 닦지 아니함에 비롯함이다.

3. 현상(顯相)

심령(心靈)이 열리면 모든 물체의 형상이 나타나게 된다. 혹은 검고 혹은 붉으며 혹은 희고 혹은 누른 광선도 보이고 혹은 밝고 혹은 어두우며 혹은 산이 되고 혹은 물이 되어 세계가 잠깐 나타났다가 잠깐 없어지며 천태만상의 이상한 형상이 내왕하면서 마음의 눈[心眼]을 현혹(眩惑)하게 한다. 이 지경을 허령(虛靈)이라고 하는데 이와 같이 모든 형상이 나타남을 기이(奇異)하게 생각하여 만약에 심신(心)이 이에 집착(執着)이 되면 느낌을 그치는[止感] 대도(大道)에는 이르지 못하고 혹은 맞고 혹은 맞지 못하여 잘 해야 소성(小成)을 맛볼 뿐이다.

이와 같이 형상의 나타남[顯相]을 예사로이 보고 성품을 통함[性通]을 목적으로 한결같이 지극한 정성으로 쉬지 말고 공부를 이어 가면 모든 형상이 사라지며 정신은 굳게 다져지고 심령(心靈)이 명랑하여 비치지 아니하는 물건이 없는 지경에 도달한다.

지난 옛날로 거슬러 살펴보면 옛 사람들이 조그마한 목표를 세우고 이루어지기를 바라고 원하되 어떤 이는 차력술(借力術)을 어떤 이는 의술(醫術)을 또는 미래의 일을 미리 아는 점술(占術)을 혹은 변화(變化)의 술법(術法) 등을 찾아 공부를 수행(修行)하여 혹은 구하고 원하는 바를 성취한 이도 있고 혹은 악덕비행(惡德非行)의 탈선으로 한얼의 주벌(誅罰)을 받은 이도 있고 또는 성력(誠力)의 부족으로 중도에서 폐한 사람도 많았으니 모름지기 앞으로 이에 뜻을 둔 사람들은 근신(謹愼)과 지성(至誠)과 인내(忍耐)로서 확고한 신념(信念)을 가지고 닦아 나갈지니라.

이 때에 더욱 삼가고 주의할 것은 사물(事物)의 마장(魔障)이 이르기 쉬운 것이니 이것은 수행하는 사람의 근기(根基)의 경중(輕重)과 강약(强弱)을 시험하여 참된 공부의 길을 닦아 나갈 문을 열어줌이니라.

때로는 부모와 처자식이 죽었다는 기별이 이르기도 하고 천선현녀(天仙玄女)나 묘령(妙齡)의 색마(色魔)가 이르거나 사갈호표(蛇蝎虎豹)와 이매망량(魑魅魍魎) 등의 사나운 짐승과 도깨비가 덮치거나 사귀흉도(邪鬼凶盜)가 죽이려고 덤벼드는 등 헛것이 나타나 장난질함에 동요(動搖)해서는 아니 된다.

만약 조금이라도 신념이 풀어지고 심신에 동요가 생기면 지난날에 쌓은 공은 모두 수포로 돌아가고 말며 동요된 후에 다시 마음을 잡고 계속하여 한다면 도리어 재앙의 벌을 받게 되나니 매우 조심할 것이다. 그러므로 어떠한 마물(魔物)이 나타나 시험하더라도 반석(盤石)과 같이 굳고 정대(正大)한 신념과 지성으로서 개의치 말고 냉정(冷靜)하고 엄숙한 태도를 굳게 가지고 쉬지 말고 한결같은 정성으로 닦아 나아가면 모든 만물

은 순식간의 찰나에 가라앉고 공부는 한 걸음 한 걸음 앞으로 나아가게
되리라.

4. 통지(通知)

통지라 함은 알린다는 말이니 형상이 나타나는 현상(顯相)의 과정을 지
나 더욱 공부하여 오래 수행하여 깊어 가면 통지(通知＝頓悟)의 길이 열
리어 비로소 신비가 나타남으로 과거와 현재와 미래의 모든 사물을 상세
하게 통지하게 된다.

수행의 경험과 통지의 체험이 없는 사람은 허황(虛荒)한 말이라고 꾸짖
고 미신(迷信)으로 돌려서 코웃음도 할 것이며 어떤 사람은 혹시 그렇게
될 수가 있을까 하고 의아해 할 것도 헤아리면서 이 글을 쓰는 바이나
수행에 뜻을 둔 이상 반신반의(半信半疑)하는 태도는 절대로 금물(禁物)이
니 무엇보다도 확고한 신념을 가져야 하고 만약 신념이 서지 아니한 사
람은 절대로 시작하지 말아야 한다. 수도(修道)란 어디까지나 자신의 정신
을 개발함이요, 다른 데서 오는 것이 아님을 깊이 깨달아야 한다.

물 속이 깊고 얕음은 강가에 앉아서 깊으니 얕으니 단언하기보다 배를
타고 강심(江心)에 들어가서 실제로 측량해 보는 것이 확실할 것이오, 동산
(東山)에 오를 때는 눈앞에는 노나라(魯國)만 보이므로 한 나라의 영토가 협
소(狹小)함을 깨닫게 되고 태산(泰山)에 오를 때는 시야가 넓어져서 천하도
오히려 작음을 알게 됨은 옛날 성현(聖賢)도 실제 경험에서 확실하게 말한
바 있는데 오직 과학(科學)만을 연구한 사람은 철학(哲學)은 눈에 보이지 않
으니 허무한 것이라고 멸시(蔑視)하며 그와는 반대로 철학만을 연구한 사람
은 천박하다고 오히려 과학을 무시(無視)하는 것을 흔히 보는 바, 이는 모
두가 한쪽만을 아는 아집(我執)에서 오는 일인데 철학이나 과학을 막론하고
모든 학문의 근본이 되는 신학(神學)은 공부할 생각조차 아니하고 부질없이

부인(否認)부터 앞세운다고 하면 이는 열대지방(熱帶地方)에 사는 사람이 한대지방(寒帶地方)이 있음을 알지 못하고 한대지방에 사는 사람이 열대가 있음을 알지 못하고 서로가 의아해하면서 한대와 열대의 근본적 차이가 태양(太陽)과 멀고 가까움에 있음을 부인함과 같은 행동이라. 만약에 의문되는 바가 있다고 하면 한 달의 세월을 허송할 각오로 한 차례 실제를 시험한다면 참된 종학(倧學=天神學)의 첫 단계를 알게 될 것이다.

그러므로 앞에서도 말하였거니와 만일 처음부터 반신반의하는 생각을 가진 사람이나 이 세상에 살아오는 동안에 착한 일은 적고 악한 일을 많이 지은 사람은 비록 10년의 세월을 보낸다고 할지라도 성공은 고사하고 진경(眞境)의 첫 단계에도 이르지 못할 것이오, 심하면 재앙의 신벌을 받게 될 것이다.

유학(儒學)에서 몸을 닦아 성품을 거느림[修身率性]으로서 사물의 이치를 연구하여 지식을 확실히 함[格物致知]에 이름도 정성 여하에 달렸고, 불법(佛法)에서 마음을 밝혀 성품을 봄[明心見性]으로서 차츰 닦고 문득 깨달음[漸修頓悟]에 이름도 정성 여하에 달렸고, 선도(仙道)에서 기운을 길러 성품을 단련함[養氣煉性]으로서 신선으로 바뀌어 하늘에 오름[羽化飛昇]도 정성 여하에 있으며, 종문(倧門)에서 성품을 트고 공적을 마침[性通功完]으로서 영원토록 쾌락을 누림[永得快樂]도 정성 여하에 달렸으니 오직 정성은 온갖 이치를 트는 원동력(原動力)이 되고 믿음은 온갖 일을 행하는 유일(唯一)한 법칙이 되나니, 이 정성[誠]과 믿음[信]을 한결같이 쌓아 나가면 마침내는 심령(心靈)을 통하여 앎을 얻는 지경에 이르게 되리라.

5. 망아(忘我)

나[我]는 육체의 나[肉體我]와 정신의 나[精神我]의 두 가지가 있는데 이 세상의 모든 사람들이 정신의 나에 의하여 육체의 내가 있게 됨을 알지 못하고 육체의 내가 있음으로 해서 정신의 내가 의지하고 있는 것처럼 그릇되게 인식하는 이가 많은데 이것은 우리 종도(倧道)가 아직 널리 펴지지 못하였으므로 삼일(三一)의 진리(眞理)를 알지 못하고 삼일(三一) 진리를 모르는 까닭으로 신의 존재를 알지 못한 채 살아오기 때문이다. 그러한 가운데도 모든 학문은 실제(實際)보다 이론(理論)이 많고 이론이 많음에 따라서 이상(理想)에 편중(偏重)하여서 후인(後人)들이 선각자(先覺者)의 체험에 의한 참된 학문을 배우지 못한 이들이 많으므로 고루(固陋)하게 제 나름대로의 일방적 학설(學說)을 내세우게 됨에 따라 공리공론(空理空論)적인 허설(虛說)에 귀착(歸着)되는 폐단이 많고 그에 따라서 보편성(普遍性)의 결함을 수반하게 되므로 모든 학설이 나는 옳고 너는 그르다는 식의 나쁜 배척관념이 생기고 뿌리 박혀 공격(攻擊)과 말살(抹殺)의 나쁜 버릇에 의하여 학파(學派)의 성쇠(盛衰)가 순환(循環)하게 됨은 유감스러운 일로 역사가 증명해 주고 있다.

만물의 있고 없음을 주재(主宰)함을 신(神)이요, 신의 이치를 발현(發現)하고 신의 공업(功業)을 대신 실행함은 사람이다. 신의 실체(實體)는 변함이 없는 참된 허무(虛無)이되 덕·혜·력(德·慧·力)의 삼대만은 온전히 가지고 있으며 사람의 실체는 변천(變遷)이 계속하는 존재로서 감·식·촉(感·息·觸)으로 달리어 떨어지고 만다.

허무를 가리켜서 어찌 존재함으로 인증하느냐 하면 있던 것이 없음에로 돌아감을 똑바로 살펴보면 있던 전신(前身)이 없음이오, 없던 전신이 있음이기 때문이다. 만약에 없었다고 있던 것을 부인한다고 하면 지나간 옛날의 것은 모두가 빈 세계일 뿐이오, 있었다고 해서 없었던 것을 부인한다면 현재만이 변함없이 존속(存續)할 것이다. 빈 데[虛]서 실제[實]가 나타나고 없음[無]에서 있음[有]이 발생하나니 실(實)과 유(有)의 모체(母體)는 허무(虛無)임이 확실하게 판명되는 것이다. 그것은 실을 허가 내포(內包)하고 유를 무가 생산함이 증명하고 있다.

만물을 실제하게 하며 있게 하는 것과 또 비게 하고 없게 하는 것은 곧 신의 덕·혜·력으로 조화(造化)함이라. 이에서 망아(忘我)라고 하는 것은 육체의 나를 잊어버리고 정신의 나를 단결(團結)함이니 잊는다는 것[忘]은 성품[性]의 분열작용(分蘖作用)인 곧 마음[心]을 얻도록 하는 것이다. 육체의 유무관념(有無觀念)이 없는 지경에 도달하여 허울[形]이 정신[神]에 의존하였는지 정신이 허울에 의존하였는가를 초월하여 허울은 허울대로[形自形] 정신은 정신대[神自神]로 분리(分離)함을 가리켜 말함인데 신이 허울에서 오래 떠나면 죽음[死]이 되나 호흡작용(呼吸作用)이 기혈(氣血)의 순환(循環)에 따라 존속할 때까지 허울과 정신의 합작공부[形神合作工夫]를 하면 죽음에까지 이르지 아니하고 육체의 나도 삶을 회복하게 된다.

종(倧)이라 함은 한얼사람 곧 신인(神人)이란 뜻 이외에 능히 신도 되고 사람도 됨을 가리킴인데 허울을 떠난 신은 신이고 사람이 아니며 허울을 합한 신은 신이 아니고 사람이다. 바꾸어 말하면 종이라 함은 신과 사람을 아울러 일컫는 명사(名詞)요 종도(倧道)라 함은 능히 신도 되고 사람도 되는 이치와 방법을 가리켜 말함이다. 불교(佛敎)에서 성불(成佛)한다고 하는 것은 곧 육체의 삶을 존속하려면 모든 고뇌(苦惱)가 따라 있게 되므로 허울과 정신의 분리작용[形神分離作用]을 영구히 하여 허울을 버리는 것을 열반(涅槃)이라고 하는 까닭에 사람 아닌 사람[弗人]을 이룬다는 뜻이다.

6. 원각(圓覺)

나를 잊는 현묘한 지경3)[忘我妙境]에 이르면 허울은 일단(一團)의 원(圓)으로 남게 되어 체내(體內)에는 한 점의 티끌도 없이 진공(眞空)만을 이루

---

3) 불교에서는 입정(入定)이라 하고, 선도에서는 입환(入睘)이라 하고, 유학에서는 관통(貫通)이라 함.

게 되고, 정신은 일단의 원으로 결정(結晶)되어 밝은 거울과 같이 환하게 비치고 그친 물과 같고 고요히 맑아[明鏡止水] 고정(固定)함을 이루어 보고 듣고 알고 행하는 견문지행(見聞知行)의 고동[神機]을 발동하여 분합변환(分合變幻)의 조화(造化)를 행하나니 세상의 속된 사람들의 육안(肉眼)으로는 이를 불가사의(不可思議)라 일컫고, 불교에서는 견성(見性)이라 하고, 선가에서는 성단(成丹)이라 하고, 유학에서는 명덕(明德)이라 일컬어 각각 붙인 이름이 있는데 네모도 없고 세뿔도 없는[無方無角] 원(圓)을 깨달음은, 방법은 비록 달라도 다같은 성공(成功)에로 귀일(歸一)하는 한 이치[一理]요 진리(眞理)가 각각 따로 있는 것은 아니다.

신의 고동[神機]이 크게 발동하면 보고 듣고 알고 행함을 마음대로 하여 위나 아래나 멀거나 가깝거나 겉이나 속을 막론하고 모든 소리와 행동을 빠짐없이 살펴보고 나뉘고 합하고 변함을 때에 따라 하여 비와 바람과 구름과 우레를 때없이 부리게 되나 사람의 품격(品格)의 수박(粹粕)과 업적(業蹟)의 선악(善惡)에 따라서 문득 깨달아 대각이 되고[頓悟大覺] 차츰 닦아서 작게 깨닫는[漸修小悟] 것의 차이는 있을지라도 오직 하나요 둘이 없는[唯一無二] 정성과 믿음으로 수도(修道)한다면 어느 누구를 막론하고 이르지 못할 이치가 없는 것이다.

정기를 보정(保精)함으로써 목숨을 알고[知命], 목숨을 앎으로써 성품을 트게[通性]되나니 삼법(三法)이 서로 불가분(不可分)의 원리(原理)로 관련되어 있으므로 상품(上品)인 사람은 학문으로 들어가서 착함을 돌이키는[返眞] 전능(全能)을 이루나 뭇사람은 금촉문(禁觸門)에 들어가지 아니하면 정기를 보전하지 못하고 또 조식문(調息門)에 들어가지 아니하면 목숨을 알지 못하고 지감문(止感門)에 들어가지 아니하면 성품을 트지 못하므로 이 세문을 차례로 거쳐서야 비로소 완전한 공효(功效)를 얻게 되는 것이다.

지감문에서는 없게는 할지언정 있게 하기는 불가능하고, 조식문에서는 있게는 할지언정 없게 할 수는 없고 금촉문에서는 변하게는 할지언정 화

(化)하게는 하지 못하나니 불가분의 원리에 순종하여 삼법을 아울러 수행하면 변화(變化)의 만전(萬全)을 이루게 되리라.

Ⅲ. 조식법(調息法)

1. 총 론

숨쉼을 고루어 연단(煉丹)의 도를 닦는 법이 지극히 간단하고 쉬우나 예로부터 공부하는 사람들이 그 처음 시작하는 방법을 몰라서 오래 살기를 원하다가 도리어 중도에 폐하거나 혹은 일찍 죽어 가는 사람이 많았음은 실로 유감스러운 일이라 아니할 수 없다.

대개 조식(調息)을 함에 있어 그 첫째 공부는 자기의 숨기운을 닫음[閉氣]에 있을 뿐인데 옛 사람들이 이 방법을 숨기고 입 밖에 내지 않았으므로 연단(煉丹)하는 것이 자신의 숨기운 가운데 있음을 알지 못하고 망령되게 이를 함부로 금석약품(金石藥品)에서 구하다가 실패를 가져 오고 말았다.

만약 숨기운을 닫는[閉氣] 공부를 하고자 하면 무엇보다 먼저 마음을 고요하게 하고 두 다리를 겹쳐 단정히 앉아서 눈을 감은 채 내려서 아래를 보되 눈은 코끝을 빗겨 보고 코끝은 배꼽을 향하여 들숨을 천천히 길게 들이쉬고 날숨은 가늘게 내쉬되 숨소리가 귀에 들리지 않도록 코로만 숨을 쉬고 정신과 기운으로 하여금 항상 배꼽 아래 한치 세푼 되는 단전(丹田＝氣海) 가운데 머물게 하되 숨기운을 꼭 닫고 내쉬지 아니할 것은 없고 참기 어려우면 오줌을 눌 때와 같이 힘주어 내리면 자연히 숨기운이 내려가지 않을 수 없게 된다.

처음에는 가슴이 답답하기도 하고 혹은 찌르는 듯이 아프기도 하고 때로는 골골하는 소리가 나서 두려운 생각도 나니 이것들은 모두 좋은 조짐이다. 위 부분의 풍사(風師＝風氣)가 바른 숨기운[正氣]에 쫓겨 공활(空闊)한 곳으로 흘러 들어가다가 전송(傳送)할 길을 찾으면 기운이 편안하고 질병(疾病)은 저절로 사라져서(소화불량·위장병·심화병·폐병·신장병·간장병·담증 등) 질병을 예방함은 물론 낫게도 하여 한 몸이 건강함을 얻으니 이것은 공부하는 초기의 체험(體驗)하는 바로서 항상 가슴앓이와 배앓이 곧 심장병·폐병·위장병 등으로 고생하는 사람은 더욱 힘쓰고 행하면 이루 말할 수 없는 심묘한 효험을 볼 것이다.

한결같은 마음으로 쉬임없이 닦아 나가 공부가 조금 숙련(熟練)되어 이른바 현빈(玄牝)의 한 구멍이 열리면 마침내 모든 구멍이 열리게 되니 이를 회도(會度)라 한다. 조식수도(調息修道)의 근본 목표가 이 한 구멍을 얻음에 있으니 이로써 태식(胎息)을 하고 주천화후(周天火候)도 행하게 되고 단태(丹胎)도 이루어지니 모든 것이 이에서 비롯하지 않는 것이 없다.

정성을 다하여 한달 동안만 공부를 계속하면 한 몸에 젖어든 모든 질병은 스스로 소멸(消滅)할 조짐이 생기게 되고 한달 이상이 되면 오래면 오랠수록 그에 해당한 공효(功效)를 얻게 될 것이다.

대개 사람의 육체상의 질병은 풍사(風邪＝風氣)가 혈액(血液) 가운데 들어가 잠복(潛伏)해 있다가 함부로 치달리어 목숨을 빼앗아 가는 것을 알지 못하다가 질병이 위중해진 뒤에야 의사를 찾고 약을 먹게 되나 때는 이미 늦었으니 어찌 조식수도(調息修道)에 정성을 다하지 않을 것이랴. 의원은 병이 난 뒤에야 병을 고치게 되나 조식수도하는 사람은 병이 나기 이전에 고치고 낫게 하는 것이다.

정기(正氣)와 풍사(風邪)는 마치 얼음과 숯이 서로 용납하지 않는 것과 같아서 정기가 체내(體內)에 가득 차면 풍사는 침범하지 못하고 달아나게 되어 신체의 모든 혈맥(血脈)은 자연히 순조롭게 유통하니 질병이 어디로부터 발생할 수 있을 것인가.

이와 같이 숨쉼을 고루 하는 공부를 지성(至誠)으로 한결같이 수행하여 차츰 숙련(熟練)하게 되면 반드시 연명강녕(延命康寧)에 이름을 기약할 것이오, 그 정수(精粹)에 이르지 못하고 조박(糟粕)만 얻는다고 하더라도 몸은 회복되어 무병건강(無病健康)에 이를 것이니 살기를 좋아하는 것이 사람의 상정(常情)이 아닌가.

본인이 항상 이로서 동호첨체(同好僉棣)에게 권면해 왔으니 이 또한 서로가 아끼고 사랑하는 마음에서이다. 이 글을 읽는 사람은 본인의 참람함을 용서하기를 바라나 무엇보다 뜻을 세움은 빠를수록 좋은 결과를 가져오되 정신과 기운이 늙어서 여려진 뒤에는 비록 백배의 공을 드려도 상선(上仙)의 반열(班列)에는 참례하지 못할 것임을 명심해야 할 것이다.

2. 폐기(閉氣)

폐기(閉氣)라 함은 복기(伏氣)라고도 하는데 곧 들이쉰 숨을 단전(丹田), 기해(氣海)[4]에 누적(累積)함을 이름이니 눈으로서 깃발을 삼아서 숨기운이 오르고 내리고 왼쪽으로 또 오른쪽으로 앞으로 하고 뒤로 함을 생각의 가는 바와 같이 함이니 기운을 올리고자 하면 시선(視線)을 올리고 기운을 내리고자 하면 시선을 내린다. 오른쪽 눈을 감고 왼쪽 눈을 떠서 시선을 올리면 왼쪽 기운이 먼저 오르고 왼쪽 눈을 감고 오른쪽 눈을 떠서 시선을 올리면 오른쪽 기운이 먼저 올라서 아래로는 임맥(任脈)의 앞에까지 이르고 위로는 독맥(督脈)의 뒤에까지 이르러서 정신이 가면 기운도 가고 정신이 머물면 기운도 머물러서 기운의 가는 바에 기운이 그치지 않아 눈으로서 군령(軍令)을 삼지 않음이 없으니 마치 군중(軍中)에서 군기(軍旗)를 사용함과 같다. 또 시선을 올리고자 하면 눈을 뜰 필요가 없이 다만 눈동자만을 굴리면 마찬가지가 되는데 세상 사람들이 모두 위는 왕성하나 아래는 허(虛)하여 매양 이 기운의 오름을 걱정하나 오르고

---

4) 기해(氣海) : 배꼽 아래 한치 세푼되는 곳.

내림이 고르지 못하므로 무엇보다도 이 기운이 무기토(戊己土)의 중궁(中宮)에 내리도록 힘써 비위로 하여금 화창(和暢)하도록 하기에 힘써 혈맥(血脈)이 두루 고르게 흐르도록 할 뿐이다. 그리하여 혈맥이 고르게 두루 흐르게 하여 임맥(任脈)과 독맥(督脈)이 모두 통하면 연명(延命)함을 기약할 것이니 어찌 이를 실행하지 아니할 것이랴.

그러므로 연단(煉丹) 공부를 하는 길은 반드시 숨기운을 누적(累積)하는 폐기(閉氣)로부터 시작하되 얼굴에 화한 빛[和色]을 띠고 눈을 감고 아래를 보며 반드시 정신과 기운으로 하여금 서로 배꼽 아래의 단전(丹田) 가운데 머물게 하면 위쪽의 풍사(風邪)는 구름처럼 모이고 안개처럼 쏟아져 내려 처음에는 가슴이 아프면서 가슴과 배로 치달려 전송(傳送)할 길을 찾은 뒤에라야 몸이 편안하여지고 한 몸의 모든 혈맥이 두루 퍼져서 마음이 화하롭게 되면 눈앞에는 흰 눈이 마치 쏟아져 내려 나의 허울이 있음을 알지 못하고 허울이 또한 내가 있음을 알지 못한 채 오직 아득하고 그윽이 황홀하여 태극(太極)이 갈리기 이전과 같으니 이것이 이른바 참다운 지경이오, 참다운 길이오, 이 밖의 모든 것은 모두 사설(邪說)이오, 망령된 행동일 뿐이라고 하겠다.

3. 태식(胎息)

태식(胎息)이라 함은 사람의 태(胎)가 처음 부모의 복기(伏氣) 가운데서 맺혀지고 숨기운이 태식의 가운데에서 생기니 정신이 머무르고 숨기운이 들면 남[生]이라 이르고 정신이 이탈(離脫)하고 숨기운이 끊어져서 허울을 떠나면 죽음[死]이라 이르니 정신과 숨기운이 서로 머물러 있어 정신이 행하면 숨기운이 행하고 정신이 머무르면 숨기운도 머무르니 정신과 숨기운이 서로 떠나지 말도록 부지런히 수행하는 것이 불로장생하는 참다운 길이다. 다시 말하면 모태(母胎) 속에서 코로써 호흡(呼吸)하지 않고 임맥(任脈)과 독맥(督脈)이 태(胎)를 통하여 호흡함과 같이 환원(還元)하는 것이다.

이와 같이 폐기(閉氣)의 첫 단계적인 공부가 차츰 숙련되고 정신과 숨기운이 점차 자리를 잡으면 이로부터 차츰 아랫배의 불두덩에 이르도록 숨기운을 내리도록 하여 정밀하게 이 숨기운이 좇아 나온 곳을 살피면서 들고 남을 따르되 한번 들이쉬고 한번 내쉬는 숨기운으로 하여금 항상 그 가운데 있게 하되(이것이 이른바 현빈의 한 구멍으로서 연단하는 길이 오직 이에 있을 뿐이다) 입이나 코로 나가지 못하게 할 것이나 얼마간의 숨기운은 항상 입과 코에 머물러 있어 이것이 이른바 모태(母胎) 속에서의 숨쉬는 법으로 귀원복명(歸元復命)하는 방법이다.

사람이 살아감에 있어 모든 질병이 숨쉬는 데로부터 생기고 또 요사(夭死)함도 이를 좇아서 이루어지니 이 귀복(歸復)의 법을 터득하여 정진(精進)하지 않으면 벽곡(辟穀)과 등선(登仙)도 어려울 것이다. 옛사람의 시에도 「집이 허물어지면 고치기 쉽고, 마른 잎은 살아나기 어렵지 아니하고, 다만 귀원복명의 이치를 알면 사람에겐 보배가 산같이 쌓임과 같다」고 하였으므로 능히 태식(胎息)을 한 뒤에라야 이 숨기운이 부드럽고 화해지고 화한 뒤에 정해서 호흡(呼吸)이 없는 가운데 숨쉬는 지경에 이르니 『황정경』에 말한 숨기운이 자리잡으면 호흡이 없다고 함이 곧 이것이다. 옛날에 갈선옹(葛仙翁)이란 선인(仙人)은 매양 더운 여름철을 당하면 깊은 연못에 들어가 열흘을 그 속에 머물러 있다가 나왔으니 그것은 태식(胎息)과 폐기(閉氣)를 할 수가 있었기 때문이니 이것이 곧 조식연단(調息煉丹)하는 데 있어 둘째 단계의 공부가 되니 더욱 정성을 다하여 닦아 나갈 것이다.

4. 주천화후(周天火候)

불[火]에는 안팎과 빠름이 있어 처음에는 기혈이 허(虛)함으로 폐기(閉氣)한 지 오래지 아니하면 화기(火氣)가 흩어지기 쉬우므로 배꼽 언저리에서 오래도록 흩어지지 아니하면 되는데 주천화후(周天火候)란 곧 열기(熱氣)를 온몸에 퍼지게 함을 말한다. 정신과 숨기운이 배꼽 언저리에 항상 머물러 있으면 그 가운데 따뜻한 기운이 나오고 이 때에 혈기(血氣)도 점차로 차[實]게 되고 화기(火氣)도 또한 더디게 되고 또 불에는 문화(文火)와 무화(武火)가 있는데 문화는 자시(子時) 이후요, 무화는 오시(午時) 후인바 나가고 물러가는 이치를 살피지 아니할 수 없다.

심신(心身)이 고요히 자리잡은 후에 화기를 이치에 따라 들이면 방광(膀胱)이 불처럼 뜨겁고 두 쪽 불알은 뜨겁게 화끈거리되 허리로부터 윗몸은 예사 때와 마찬가지로 시원하다. 만약 고요히 자리잡지 못한 화기를 빠르게 들이면 뜨거운 기운이 온몸으로 퍼져서 도리어 몸에 큰 해로움을 일으키게 될 것이니 조심할 것이다. 이 때에 힘주어 불어 쉬면 따뜻한 기운이 가는 데로부터 차차 드러나 아래로부터 위로 이르는데 이는 더운 기운이 이르는 바에 점점 널리 열려서 위로 이름이라 마치 꽃이 조금씩 피는 것과 같으므로 화지(華池)에서 연꽃이 피는 것이라고 한다. 보수(保守)하기를 차차 오래하면 열리고 점점 왕성하여져서 신수(神水)는 거슬러 오르고 감진(甘津: 예천 또는 옥장·금액이라고도 함)이 입안에 생기고 뱃속은 크게 열리어 아무 것도 없는 것과 같게 되고 이내 열기가 온몸에 퍼지니 이것이 이른바 주천화후(周天火候)라 진실로 이치대로 화기(火氣＝熱氣)를 들인다고 하면 결코 참고 견디지 못할 지경에는 이르지 아니한다.

뇌(腦)는 수해(髓海)가 되니 곧 상단전(上丹田)으로 기운을 저장하는 곳이오, 마음은 강궁(絳宮)이 되니 곧 중단전(中丹田)으로 정신을 모으는 곳이오, 배꼽밑 한치 세푼 되는 곳은 하단전(下丹田)이 되니 정신과 기운이 항상 이곳에 머물도록 하는 곳으로 정기를 저장하는 곳이 된다. 상단전은 니환궁(泥丸宮)이라고도 하는데 하단전과 상단전이 부르면 대답할 듯 서로 대하니 이른바 옥로(玉爐＝丹田)의 불은 따뜻하고 정수리[頂上＝泥丸所存]에는 자하(紫霞)가 나른다는 것이다. 위와 아래에서 물대듯 불어넣으면 마치 고리에 끝이 없음과 같아서 진실로 이 화기 곧 화후(火候)로 하여금 따뜻하게 기름을 잃지 아니하면 공부는 절로 성공하여 맑고 밝은 기운이 위의 니환궁(泥丸宮)에 맺힌다. 이를 선도(仙道)에서는 현주(玄珠)라 하고, 불교에서는 사리(舍利)라고 하는데 반드시 그리되는 것이나 성도(成道)하느냐 못하느냐는 오직 공부하는 사람의 정성이 지극한가 아닌가에 달려 있을 뿐이고 무엇보다 조달(早達)하는 것이 가장 귀중한 것이다.

그런데 한 가지 꼭 지킬 것은 하루 중에 자시(子時＝밤 12시)와 묘시(卯時＝오전 6시)와 오시(午時＝낮 12시), 유시(酉時＝오후 6시)의 네 번은 반드시 화기를 들게 하여 따뜻한 기운으로 하여금 잠시도 쉬지 아니하도록 화기를 들이되 항상 밤낮으로 한결같이 하면 열 달이 지난 뒤에 도태(道胎)가 끊어지지 아니하고 성공하게 되는 것이다.

그리고 불로 약(藥)을 단련(鍛鍊)하여 단도(丹道)를 이룬다고 하는 것이 다름이 아니오, 정신으로 기운을 막음으로서 기운을 허울에 머무르게 함이다. 수도하는 방술(方術)을 안다고 절로 오래 사는 것이 아니오, 방술은 알기 쉬우나 도(道)는 만나기 어렵고 비록 도를 만났다고 하더라도 전일(專一)하게 실행하지 아니하므로 수많은 사람들이 수행은 하였어도 마침내는 성공하는 사람이 극히 적은 바, 수도에 있어 가장 귀중한 것은 정성이니 도와 방술을 굳게 믿고 한결같이 정성껏 닦아 천궁(天宮)에 올라 비길 데 없는 쾌락(快樂)을 누리지 아니할 것인가?

『황정경(黃庭經)』에 말하되, 「사람들은 모두 오곡(五穀)의 정기를 배불리 먹고 살아가나 나는 홀로 음양(陰陽)의 기운을 먹고 산다」고 하였으니 벽곡(辟穀)도 오직 태식(胎息)에서 말미암아 나고 벽곡은 음양의 기운에서 이르니 땅의 문은 닫히고 하늘의 문이 열리는데 어찌 신선으로 오르지 못할 것인가?

이제 폐기(閉氣)와 태식(胎息)과 주천화후(周天火候)의 세 가지로 나누어 말하였으나 이것은 오늘에 한 가지를 행하고 내일에 또 한 가지를 행하

는 것이 아니오, 그 수행은 오로지 폐기하는 가운데 있고 다만 수도의
깊고 얕음에 따라 높고 낮은 등급과 공효(功效)의 크고 작음은 있을 것이
나 지성만 다하면 변화(變化)하고 날아오르는[飛升] 술법도 이 조식(調息)의
세 가지 방법에 지나지 않음을 깊이 생각할 것이며 이보다 더 자세한
수행법은 먼저 깨달은 사람에게 지도를 받아야만 소기의 공효(功效)를 거
둘 수 있을 것이다.

Ⅳ. 금촉법(禁觸法)

1. 금정욕(禁情慾)

정(情)은 마음에서 갈려짐이고, 욕심(慾)은 정에서 갈림이다. 아무리 성철
(聖哲)이라도 정욕(情慾)이 없을 수 없고 아무리 어리석은 사람이라 하더라
도 성품[性心]이 없을 수 없음은 마치 본말(本末)과 모자(母子)와의 관계와
같다. 바꾸어 말하면 근본이 없는 끝이 없으며 어미가 없는 자식이 없는
것이니 근본은 하나이나 그 끝은 천 갈래 만 갈래에 이르고 어미는 하나
이나 열 곱이나 되는 아들딸을 낳음과 같이 성품은 참된 한 원[일원(一圓)]
이오, 마음은 선악의 두 갈래요, 정은 공과 사곡과 사특[公·私·邪]의 세
뿔[三角]이오, 욕심은 소리와 빛과 냄새와 맛과 음탕함과 닿음[聲色臭味淫抵]
의 여섯 길의 무수한 각도로 퍼져 나감을 감추지 못할 사실이다. 그러므
로 유학에서도 사사로운 마음을 억제하고 예의를 다시 세우는 조목으로
서 듣고 보고 말하고 행동하는 곧 귀와 눈과 입과 몸의 접촉에 있어 예
가 아니고 바르지 아니함을 상대하지 말도록 규정하여 놓았다.

금(禁)함은 이목구비(耳目口鼻)의 공능(功能)을 완전히 폐함이 아니라 음
탕한 소리와 사특한 빛을 귀와 눈에 접하지 말고 나쁜 냄새와 후한 맛

을 입과 코에 들이지 말고 간음과 일함에 있어 난잡하게 하지 말 것이니 이것이 약(藥)을 쓰지 아니하고 스스로 몸의 건강을 얻는 근본방법(根本方法)이며 생명을 위하여 기혈(氣血)을 기르고 정수(精髓)를 보전(保全)하여 하늘이 부여(賦與)한 명한(命限)을 온전하게 하는 법칙임에도 불구하고 모든 사람들은 여섯 가지 욕심에 끌리어서 호화롭게 사치를 다함으로서 귀와 눈으로 보고 듣는 욕심을 채우고, 맛좋은 음식으로 위장을 쇠약하게 하고, 음란한 행위로서 기혈(氣血)을 쇠약하게 하니 이것은 살기를 위하여 살아가는 것이 아니라 죽기를 재촉하기 위해 사는 것이니 어찌 가련하지 아니한가.

　삶을 사랑하는 바른 생각을 가진 사람이라면 죽은 뒤에 저승의 극락(極樂)과 천당(天堂)을 동경(憧憬)해 바라지 말고 현세(現世)의 몸을 편안하게 하고 입명(立命) 곧 하늘이 명하여 부여한 본 성품을 온전히 하여 이를 해치지 않기 위해서는 이 수진(修眞)의 비법(秘法)을 정성껏 수행할 것이다. 마음을 바로 하고 몸을 닦고 집안을 다스리고 나라를 다스리며 천하를 편안하게 하는 차례로 나감이 이치에 당연한 길이니 한배검께서 마련하신 윤리(倫理)를 밝히고 제천보본(祭天報本)하신 교화(敎化)를 지키어 착하면 복을 주고 악하면 재앙을 내리는 하늘의 법칙을 잘 지킴으로서 사람으로서 사람다운 생활을 해 나가려면 먼저 정욕의 불길[情慾火]을 끄기에 힘쓸지어다. 집에 붙은 불은 끄기에 힘쓰면서 마음에 붙은 정욕의 불길은 그대로 내버려 둘 뿐 아니라 시시각각으로 이를 더해 나가니 참으로 우매(愚昧)함을 탄식하며 가엾음을 견디기 어려운 바이다. 무엇보다도 사람이 살아감에 있어 가장 맹렬하고 무서운 욕심불은 재물을 탐내는 것[財利火]과 명예를 탐내는 것[名利火]과 주색을 탐내는 것[酒色火]과 분노하는 것[忿怒火]의 네 가지가 시간을 다투어 마음을 불태우며 목숨을 재촉하니 깊이 반성하고 깨달아 사대욕화(四大慾火)를 끄고 막기에 힘을 다할 것이다.

2. 독신고(讀神誥)

　정욕(情慾)을 금하면 몸이 건강해지고 몸이 건강해지면 맑고 깨끗하고 고요한 방을 가리어 지감하는 방법과 같이 자리잡아 앉되 북쪽 벽에는 천진(天眞)을 모신 뒤 남쪽 벽에는 창호지 한 장 크기의 진리도(眞理圖)를 써 붙이고 향불을 피우고 촛불을 밝힌 다음 정성을 다하여 한마음으로 서원(誓願)하되 모든 사념(邪念)을 끊어 없애고 서사를 읽고 「각사」를 염송한 후에 목소리를 가다듬어 『삼일신고(三一神誥)』를 낭송(朗誦)하되 하루의 공부하는 과정은 자신의 역량과 능력에 따라서 미리 정하되 총횟수(總回數)를 3만독(三萬讀)이나 5만독(五萬讀)이나 백만독(百萬讀)이나 자기의 뜻에 따라 먼저 정하고 일정(日程)은 쉬임없이 한결같이 계속하여 실천하라.

　먼저 몸에는 366알의 대단주(大檀珠)를 걸고 손에는 36알의 소단주(小檀珠)를 쥐고 한 말씀에 한 알을 헤아리며 봉독하되 어김이 없도록 하라. 적어도 한번 공부하는 독고수(讀誥數)는 3만회를 내리지 않음이 좋고 오직 경건(敬虔)한 마음과 정성과 믿음을 다하여 소원하는 목표를 다하도록 주의하라. 지성(至誠)이면 하늘이 감응(感應)한다고 함은 수도하는 사람의 격언(格言)이니 성공(成功)에 이르지 못함은 오직 신념이 빈약함과 정성이 미치지 못한 것임을 스스로 깨달을 것이다. 이에 「서사(誓辭)」와 「각사(覺辭)」와 『삼일신고[神誥]』의 원문(原文)과 「진리도(眞理圖)」를 적어 둔다.

　　1) 서사(誓辭)
　　開天立道四千幾百幾年干支幾月幾日 (不肖子孫某) 謹告于
　　三神一體上帝 伏惟
　　聖靈在上 善福惡禍 徵示天解 終身服膺 罔敢改易 有渝此心 甘心罪罰

　　2) 각사(覺辭)
　　聖靈在上 天視天聽 生我活我 萬萬世降衷[5]

3) 삼일신고(三一神誥)

天訓(천훈)

"帝曰(제왈), 元輔彭虞(원보팽우), 蒼蒼非天(창창비천), 玄玄非天(현현비천), 天無形質(천무형질), 無端倪(무단예), 無上下四方(무상하사방), 虛虛空空(허허공공), 無不在(무부재), 無不容(무불용)."

神訓(신훈)

"神在無上一位(신재무상일위), 有大德大慧大力(유대덕대혜대력), 生天(생천), 主無數世界(주무수세계), 造牲牲物(조신신물), 纖塵無漏(섬진무루), 昭昭靈靈(소소영영), 不敢名量(불감명량), 聲氣願禱(성기원도), 絶親見(절친견), 自性求子(자성구자), 降在爾腦[항재이노]."

天宮訓(천궁훈)

"天神國(천신국), 有天宮(유천궁), 階萬善(계만선), 門萬德(문만덕), 一神攸居(일신유거), 羣靈諸哲護侍(군령저철호시), 大吉祥(대길상), 大光明處(대광명처), 惟性通功完者(유성통공완자), 朝永得快樂(조영득쾌락)."

世界訓(세계훈)

"爾觀森列星辰(이관삼렬성신) 數無盡(수무진), 大小明暗苦樂不同(대소명암고락부동), 一神造羣世界(일신조군세계), 神勅日世界使者[신칙일세계시자], 轄七百世界(할칠백세계), 爾地自大(이지자대), 一丸世界(일환세계). 中火震盪(중화진탕), 海幻陸遷(해환육천), 乃成見象(내성현상), 神呵氣包低(신가기포저), 煦日色熱(후일색열), 行翥化遊栽(행저화유재), 物繁殖(물번식)."

眞理訓(진리훈)

"人物(인물) 同受三眞(동수삼진), 曰(왈) 性命精(성·명·정), 人(인) 全之(전지), 物(물) 偏之(편지). 眞性(진성) 無善惡(무선악), 上哲(상철) 通(통), 眞命(진명) 無淸濁(무청탁), 中哲(중철) 知(지), 眞精(진정) 無厚薄(무후박), 下哲(하철) 保(보), 返眞(반진) 一神(일신).

惟衆(유중) 迷地(미지), 三妄着根(삼망착근), 曰(왈) 心氣身(심·기·신). 心(심) 依性(의성) 有善惡(유선악), 善福惡禍(선복악화), 氣(기) 依命(의명), 有淸濁(유청탁), 淸壽濁殀(청수탁요), 身(신) 依精有厚薄(의정유후박), 厚貴

---

5) 한배검께 원도(願禱)하는 송주(誦奏)로 뜻은 다음과 같다.
  "세 검 한 몸이신 우리 한배검이시어. 가마히 위에 계시사 한으로 듣고 보시며 낳아 살리시고 늘 나려주소서"―편집자 註.

薄賤(후귀박천).

　眞妄(진망)　對(대)　作三途(자삼도)　日(왈)　感息觸(감·식·촉)　轉成十八境(전성십팔경)　感(감)　喜懼哀怒貪厭(희구애노탐염)　息(식)　芬彌寒熱震濕(분란한열진습),　觸(촉)　聲色臭味淫抵(성색추미음저).

　衆善惡(중선악)　淸濁厚薄相雜(청탁·후박·상잡)　從境途任走(종경도임주)　墮生長肖病歿(타생장소병몰)　苦(고)　哲(철)　止感(지감)·調息(조식)·禁觸(금촉)　一意化行(일의화행)　返妄卽眞(반망즉진)　發大神機(발대신기)　性通功完(성통공완)　是(시)."

4) 진리도(眞理圖)

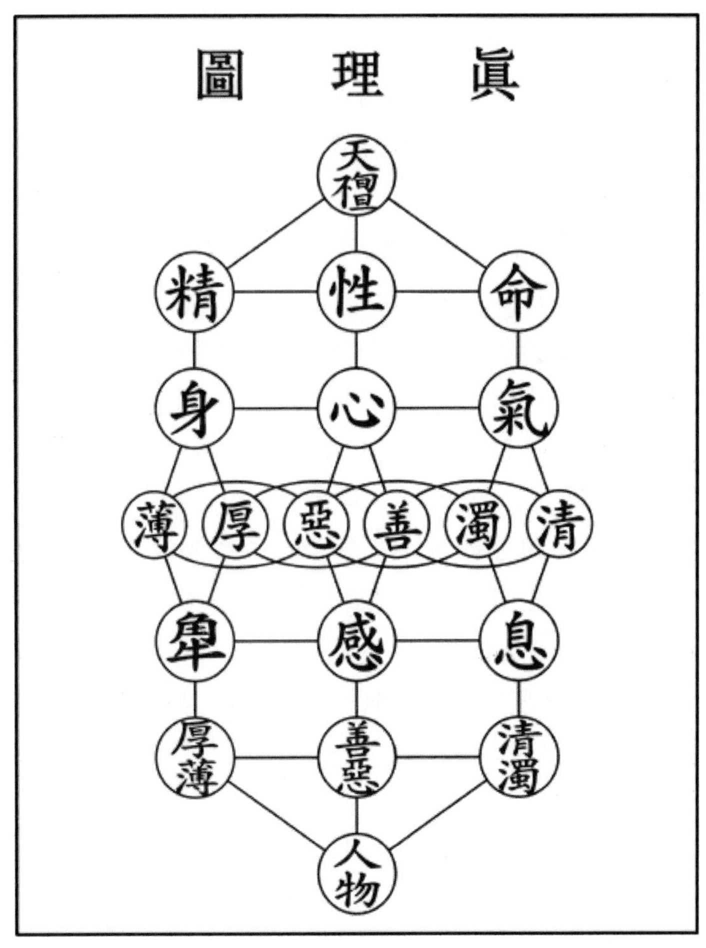

3. 성변화(成變化)

변화(變化)라 함은 물체(物體)와 사태(事態)의 변천상태(變遷狀態)로 알 것이나 여기에서 말하는 변화라 함은 사람으로서는 상상할 수 없는 신비(神秘)로운 변화이니 참[眞]을 닦는 사람은 먼저 이 점에 마음 두어 이해하고 공부할 것이다.

예로부터 전해 오는 말에 지성감천(至誠感天)이라고 하는 것은 성력(誠力)을 다하면 하늘의 현묘(玄妙)한 이치가 감응(感應)하여 때아닌 물질도 얻고 뜻밖의 사업도 성취하고 피하지 못할 재액(災厄)도 모면하고 도저히 알 수 없는 사세(事勢)에도 봉착하게 되니, 예를 들면 부모의 병환을 구원하려는 지극한 정성에서 맹종(孟宗)은 눈 속에서 죽순(竹筍)을 얻고, 왕상(王祥)은 얼음 속에 잉어를 얻었고, 솔거(率居)는 한배검[天神]께 원도(願禱)하여 비법(秘法)을 받아 절세(絶世)의 명화가(名畵家)가 되었으며, 흘나사한(訖那沙翰)이 출유(出遊)할 때에 삼척동자(三尺童子)가 아비의 명을 실행하고자 엿새 동안 전력한 결과로 폭우(暴雨)가 몰아쳐서 바위를 운전함이나 천지신령께 기도하여 자손을 낳고 병을 고쳤다는 등 사람의 생각으로서는 도저히 이해할 수 없는 기적들이 예로부터 수없이 현실에 나타났음을 옛 문헌이나 전해 오는 고담에서 익히 보고 들어온 바이다.

역경(逆境)에서도 선(善)을 행하면 순경(順境)으로 변화하고, 편안한 곳에서도 악(惡)을 행하면 위험한 데로 떨어지게 되는 것이 하늘의 이치인데 이와 같이 변화하는 근본(根本)은 진선(眞善)이고. 그 작용(作用)은 성신(誠信)인 바 평소에 착한 마음으로 아름다운 행동을 쌓으면서 오직 하나요, 둘이 없는 정성을 다하고 믿음을 다하면 그 어떤 일을 기원하여 이루지 못할 이치가 있으랴.

부딪힘을 금하는 수행을 정성을 다하여 쉬지 말고 어김없이 실행하므로써 하늘로부터 받은 바 양심(良心)을 지키고 귀와 눈과 입과 코와 정혈

(精血)의 남용을 막고 스스로 몸에 지닌 정신과 기운을 건강하게 한 후에 일심(一心)으로 『삼일신고』를 정성껏 읽음으로써 큰 고동을 발동할 것을 목적하면 혹은 그 성력(誠力)에 따라서 혹은 『삼일신고』를 읽은 횟수에 따라서 차차 좋고 맑은 조짐을 징험하게 된다.

징험(徵驗)과 성공(成功)의 순서와 공효(功效)를 들어 보면 재앙(災殃)과 액운(厄運)이 차츰 사라져 없어지고, 질병(疾病)이 침입하지 못하고, 병장기(兵仗器)를 피하게 되고, 금수(禽獸)를 순복(馴伏)케 하고, 사람과 귀신이 공경하고 두려워하며, 선관(仙官)과 신장(神將)들이 지도하고 환골탈태(換骨脫胎)하여 도수를 모아서[會度] 한 몸이 천변만화(千變萬化)하기에 이르게 된다. 이와 같은 현상을 과학자(科學者)는 의심도 하고 불신(不信)도 하고 부인(否認)도 할 것이나 다시 한번 인식과 사고(思考)를 바꾸어 깊이 생각해야 할 것이다.

물질은 형체(形體)가 있음으로 자연적인 변화도 있고 인위적(人爲的)인 변화도 있음을 눈으로 볼 수 있으나 마음은 본래 형체가 없이 허령(虛靈)한 것임으로 고요하면 보이지 아니하고 움직이면 나타나는 작용(作用)의 변화가 지극히 큰 것을 눈으로 볼 수는 없으나 자각(自覺)으로서 인식(認識)하게 되는 것이다. 빈 것 곧 허(虛)는 본래 부피[量]가 없고, 영(靈)은 일정한 한정(限定)이 없음으로 형체가 있는 물체는 변화의 도수가 더디고 형체가 없는 물체의 변화는 그 도수가 빠르다는 것은 현대의 과학상에서도 잘 알고 있는 바이다. 어찌하여 물질은 변화가 있으되 정신과 마음은 변화가 없음을 누가 보증하며 그 누가 단정할 것이랴. 이것은 어리석고 몽매(蒙昧)한 사람의 추상(推想)이며 억설(抑說)인 것이다.

큰 고동[大神機 곧 見聞知行]의 발현과정(發現課程)은 수진(修眞) 공부를 하는 사람의 체험하는 현비(玄秘)에 맡기고 이에서 자세하게 설명함은 피하나 물방울이 떨어져서 바위를 뚫으며 성심(誠心)을 모아 금석(金石)을 꿰뚫어 봄과 같으니 빨리 성공하고자 탐내고 재촉함은 절대로 금할 일이다. 열매가 다 익으면 손을 대지 아니 하더라도 절로 나무에서 떨어지게 마련이니 서둘지 말고 쉬지 말고 한결같은 마음으로 닦아 나갈 것이다.

정성이 부족하고 게으른 사람과 신념이 서지 아니한 사람 곧 호기심(好奇心)에서 시작하는 사람 그리고 죄과(罪過)가 많은 사람들은 처음부터 수행을 시작하지 말 것이다. 어찌하여 그런가 하면 비록 수행을 한다고 하더라도 신기(神機)가 발동되지 아니함은 더 말할 것도 없거니와 도리어 재앙과 책벌(責罰)을 입어 수명(壽命)이 줄어지거나 질병을 얻는 등 해침을 받게 되기 때문이다. 설혹 눈앞에 화해(禍害)는 나타나지 아니한다고 하더라도 수행에 발전이 없고 더구나 성공이란 절대로 기약할 수 없으니 앞에 말한 바, 정성이 부족하고 게으른 사람과 신념이 서지 아니한 사람 곧 호기심에 끌린 사람과 죄과가 많은 사람은 시간과 심력을 허비하지 말고 처음부터 시작하지 말 것을 다시금 주의시켜 두는 바이다.

Ⅴ. 맺는 말

이상에서 해설한 것으로 우선 수진삼법(修眞三法)의 서술(敍述)을 마치는 바, 그 어느 것이나를 막론하고 평소에 겪은 바 체험을 바탕으로 하고 선사(先師)의 가르치심과 각 종문의 설법에 벗어남이 없이 수행하는 사람에게 스스로 현비(玄秘)를 찾도록 하였다.

사람마다 제각기 가진 정신이 곧 천신(天神)의 한 분자(分子)임을 알지 못하고 사람의 주재(主宰)가 육체인 것으로 그릇 알고 육체는 두텁게 양생(養生)코자 힘쓰나 정신은 이를 정양코자 하는 사람이 적고 또 자기의 정신은 중하게 여기면서 만물을 주재하시는 천신은 소홀히 하는 사람이 많음은 실로 탄식할 노릇이다.

사람이 삼재(三才)에 참여함도 이 신심(神心)이오, 만물을 지배하는 것도 이 신심이오, 만사를 조성(造成)함도 이 신심이오, 자유자재로 변화함도 이 신심이오, 하나에서 비롯하고 하나에서 마침과 셋에 나아가고 셋을 모음도 모두 이 신심 작용인 것이다. 그러나 이 신심의 작용을 완전하게 하는 것은 오직 정성[誠]과 믿음[信]과 부지런함[勤]의 여하에 달려 있으니 믿음을 세우고 정성을 다하는 힘으로 심령(心靈)의 신비(神秘)함을 통하여 영원토록 쾌락(快樂)을 누리는 만덕문(萬德門)으로 오르기를 거듭거듭 바라며 추호라도 거짓으로 공부하는 사람이 없기를 바랄 뿐이다.

경자(庚子 : 개천 4417[1960]년) 단오날에 지은이 삼가 씀

구금고황(拘禁苦況)

—『愛國志士 檀菴 李容兌 先生 文稿』 중에서

때는 마침 開天四千三百九十九年 壬午十一月十九日(西紀 一九四二年 十二月二十六日)이라. 白雪(백설)이 紛紛(분분)하고 朔風(삭풍)이 烈烈(열렬)하여 寒威(한위)가 天地(천지)를 掩襲(엄습)하고 冷氣(냉기)가 宇宙(우주)를 凍結(동결)하고자 하던 時期(시기)인데 大教(대교) 撲滅(박멸)의 惡夢(악몽)을 꿈꾸던 倭敵(왜적)의 斷末魔的(단말마적)인 檢擧旋風(검거선풍)이 일어나서 前記(전기)한 같은 날에 檀崖道兄(단애도형)은 新京(신경) 歸路(귀로)에 寧安縣(영안현) 新安鎭驛頭(신안진역두)에서, 其他(기타) 幹部(간부)는 鮮滿(선만) 各地(각지)의 自家(자가)에서 二十九人의 總檢束(총검속)을 敢行(감행)당했다.

本人(본인)도 亦是(역시) 自家(자가)인 忠淸北道(충청북도) 堤川郡(제천군) 白雲面(백운면) 放學里(방학리)에서 檢擧(검거)를 當(당)하여 風雨(풍우)같이 몰아다가 堤川警察署(제천경찰서) 拘置所(구치소)에서 一夜(일야)를 經過(경과)하고 翌日(익일)에 京城(경성)을 거쳐 滿洲(만주)로 押送(압송)되어 寧安縣 公署(영안현공서) 特務股(특무고) 土獄(토옥)에 囚監(수감)되니 當時(당시)의 感懷(감회)는 일일이 그 眞狀(진상)을 枚擧(매거)하기 極難(극난)하나 그 槪要(개요)만을 記述(기술)하고자 한다.

첫째는 本人(본인)이 所謂(소위) 面長(면장)이라는 公職(공직)을 辭任(사임)하고 大倧教總本司(대종교총본사)에 들어가서 獻身的(헌신적)으로 活動(활동)

奉仕(봉사)하려고 한 根本目的(근본목적)은 半萬年(반만년) 悠久(유구)한 歷史(역사)가 永久(영구)히 滅絶(멸절)될 理(리)가 萬無(만무)함은 自然(자연)의 公法(공법)이요, 이 歷史(역사)를 更生(갱생)케 함은 民族(민족)의 精神(정신)이요, 民族(민족)의 精神(정신)을 發揮(발휘)케 함은 오직 國家(국가)를 自主(자주)하고 民族(민족)을 團結(단결)하고 文化(문화)를 繼承(계승) 傳授(전수)하는 大倧敎(대종교)의 精神(정신)이 아니면 時間(시간)의 遲速(지속)은 且置(차치)하고라도 前途(전도)의 生生(생생)한 命脈(명맥)을 維持(유지) 培養(배양)할 길이 없음을 自覺(자각)하였던 바 一朝(일조)에 이와 같이 毒蛇(독사)같은 魔賊(마적)에게 咀嚼(저작)됨에 自身(자신)의 犧牲(희생)은 姑捨(고사)하고 國民(국민)의 全體的(전체적) 運命(운명)이 不幸(불행)하게도 水泡(수포)에 歸(귀)함이 徹天(철천)의 怨恨(원한)이오.

둘째는 弘巖大宗師(홍암대종사)께서 繼往開來(계왕개래)하신 그 거룩한 大業(대업)이 七百餘年의 暗黑(암흑)한 外來思潮(외래사조)를 突破(돌파)하고 千載間(천재간) 錯綜(착종)된 迷沈(미침)의 弊風(폐풍)을 淸掃(청소)하여 固有信仰(고유신앙)의 大道(대도)를 重光(중광)하고 唯一無二(유일무이)한 神理(신리)를 闡明(천명)하시와 全世界(전세계) 人類(인류)를 苦海(고해)에서 樂園(낙원)으로 救濟(구제)하고자 樹立(수립)된 敎門(교문)이 餘地(여지)없이 閉鎖(폐쇄)됨이 骨髓(골수)에 사무치는 憤恨(분한)이며.

셋째는 檀崖道兄(단애도형)께서는 第三世(제삼세)의 道統(도통)을 傳受(전수)하신 後(후) 時運(시운)의 不幸(불행)과 末世(말세)의 凶變(흉변)으로 因(인)하여 西北(서북)으로 漂泊(표박)하시며 兵匪(병비)와 土賊(토적)의 蹂躪(유린)으로 萬難(만난)과 百劫(백겁)을 겪으시면서 百折不屈(백절불굴)의 그 强勇(강용)과 一毫無邪(일호무사)의 그 正直(정직)으로 一貫(일관)하시와 望七(망칠)의 高齡(고령)까지 辛苦(신고)의 試鍊(시련)을 當(당)하시다가 이 最後(최후)의 惡境(악경)을 밟게 되시는 慘狀(참상)은 생각할수록 至冤至痛(지원지통)을 難勝(난승)이며 또 七十을 넘은 高齡(고령)이신 亞峴(아현) 權寧濬先

生(권녕준선생)과 望七老齡(망칠노령)의 白嵐(백람) 李在圍先生(이재유선생), 白香(백향) 李昌彦先生(이창언선생),　海山(해산) 姜鐵求先生(강철구선생)과 老齡(노령)의 白舟(백주) 金永肅大兄(김영숙대형), 回甲(회갑) 當年(당년)의 大宗師(대종사) 長胤(장윤)인 念齋(염재) 羅正練先生(나정련선생)과 次胤(차윤)인 一島(일도) 羅正紋先生(나정문선생)이며 一野(일야) 尹珽鉉先生(윤정현선생)과 槿齋(근재) 李顯翼先生(이현익선생) 等(등) 諸位(제위)께서도 三十餘年間(간) 亡國(망국)의 冤恨(원한)과 鬱憤(울분)을 품고 異域(이역) 滿洲(만주)에서 光復運動線上(광복운동선상)에서 猛烈(맹렬)히 分傳(분전) 故鬪(고투)하였고 大敎(대교)의 發展(발전)을 爲(위)하여 至誠(지성)으로 努力(노력)하여 滅私奉公的(멸사봉공적) 苦楚生活(고초생활)을 繼續甘受(계속감수)하시다가 今日(금일)의 拘禁(구금)을 當(당)하게 됨은 實(실)로 自身(자신)의 煩悶(번민)보다 幾百倍(기백배)의 抑鬱(억울)함을 느낄지로다.

　拘禁中(구금중) 苦況(고황)을 들자면 細細零零(세세영령)한 事件(사건)을 이루 다 記憶(기억)하기 至難(지난)하나 처음에 被檢收監(피검수감)된 곳이 寧安縣公署(영안현공서) 特務股(특무고)에 所屬(소속)된 留置土獄(유치토옥)인데 後面(후면)에는 한 짝의 鐵窓(철창)씩을 붙였고 前面(전면)에는 한줄의 木柵(목책)과 二重(이중)의 土墻(토장)으로 構造(구조)한 監房(감방) 五個所(오개소)에 分囚(분수)하되 言語(언어)를 一切(일체) 嚴禁(엄금)하고 坐臥(좌와)도 서로 등지게 하여 意思連絡(의사연락)을 斷絶(단절)하고 手足擧動(수족거동)도 自由(자유)가 없게 監視奴(감시노) 여덟명[全部(전부) 悖毒凶惡(패독흉악)한 倭奴(왜노)임을 配置(배치)하여 晝夜(주야)로 嚴格(엄격)히 監視(감시)하는 바 人間(인간)으로서 取扱(취급)하는 것이 아니라 猛獸(맹수) 牧畜(목축)의 取扱(취급)보다 尤甚(우심)한 虐待(학대)이다.

　本人(본인)과 白山先生(백산선생)은 入獄(입옥) 第二日(제이일)에 所謂(소위) 高等檢事局(고등검사국)을 거쳐서 牧丹江警察署(목단강경찰서)로 移監(이감)되어 約十五日間을 經過(경과)한 後(후) 다시 寧安(영안)으로 移監(이감)된 바 移送(이송) 途中(도중)에는 外紅內黑(외홍내흑)의 자루를 머리에 씌워 天日(천일)을 不見(불견)케 하며 轉獄(전옥) 後(후) 食事(식사)는 一日二回(일일이회) 粟粥(속죽) 一椀(일완)씩으로 延命(연명)을 시키니 病軀老腸(병구노장)이며 靑年壯丁(청년장정)이 一齊(일제)히 飢渴(기갈)에 逼迫(핍박)되어 身體(신체)는 皮骨(피골)이 相接(상접)하여 極度(극도)로 瘦瘠(수척)하고 疾病(질병)은 時刻(시각)을 다투어 浸身添發(침신첨발)하여 苟且(구차)히 辱(욕)되게 사는 것보다 깨끗이 죽는 것이 낫다는 觀念(관념)이 漸次(점차) 생겨진다.

하루는 亞峴先生(아현선생)이 取調(취조)를 마치고 돌아오는데 取調(취조)하던 者(자)가 監視奴(감시노)에게 단단히 苦痛(고통)을 주라고 命令(명령)을 한다. 그리하여 監視奴(감시노)가 白墨(백묵)으로서 監房內(감방내) 下層土間(하층토간)에다 亞峴先生(아현선생)을 세우고 兩足(양족)이 立着(입착)한 部分(부분)을 금을 그어 그려놓고 하는 말이 一週間(일주간)을 此處(차처)에 서서 지내되 萬一(만일) 搖動(요동)하던지 坐臥(좌와)의 變更(변경)이 있을 때에는 容恕(용서)없이 打殺(타살)한다고 威脅(위협)하므로 約二晝夜(약이주야)는 立着(입착)하였으나 小毫(소호)라도 動搖(동요)가 있으면 棍棒(곤봉)으로 無數(무수)히 亂打(난타)하여 流血(유혈)이 淋漓(임리)하고 精神(정신)이 昏倒(혼도)된다. 五晝夜(오주야)를 當(당)하여서는 氣盡脈盡(기진맥진)하여 自然(자연) 昏倒(혼도)로서 쓰러지니 監視奴(감시노) 二人이 遞番(체번)하여 밤새도록 亂打(난타)하여 거의 死境(사경)에 이른지라. 先生(선생)이 自盡(자진)함이 可(가)하다고 생각하고 流血(유혈)하는 頭骨(두골)을 木杭(목항)에 부딪혀서 破碎(파쇄) 自殺(자살)코저 하였더니 交代(교대)한 他奴(타노) 一人(일인)이 驚訝(경아)의 同情(동정)이 생겼던지 所謂(소위) 제 上官(상관)에게 急報(급보)하여 醫師(의사)를 招致(초치)하여 診療(진료)하고 坐臥睡眠(좌와수면)을 自由(자유)롭게 許諾(허락)하여 可謂(가위) 死中救生(사중구생)을 得(득)하였다. 當時(당시)를 目睹(목도)하던 吾輩(오배)의 말 못하던 心裡苦痛(심리고통)과 腦髓(뇌수)를 찌르는 惡感鬱憤(악감울분)이 어떻다 形言(형언)하리오. 지금에도 이 事實(사실)을 생각하면 全身(전신)에 소름이 끼치고 두 눈에 눈물이 흐르는 줄 모르게 내림을 막을 수 없다. 이것은 亞峴先生(아현선생) 一人(일인) 뿐 아니라 우리 二十九人이 다 같이 겪은 苦痛(고통)이요, 우리 二十九人 뿐만 아니라 三千萬 同胞(동포) 中 國家(국가)의 獨立(독립)을 希望(희망)하고 民族(민족)의 生存(생존)을 사랑하던 同胞(동포)는 이 설움과 이 苦痛(고통)을 다 같이 겪은 것으로 안다.

其他(기타)의 苦楚(고초)는 取調(취조) 中에 或(혹)은 斷食(단식)하고 或(혹)은 禁睡(금수)하고 或(혹)은 諸般(제반) 惡刑(악형)을 總動員(총동원)한 拷問(고문)으로 烙刑(낙형), 擧物刑(거물형), 注水刑(주수형), 棍棒毆打(곤봉구타), 荊棘跪坐刑(형극궤좌형), 間指(간지), 電氣刑(전기형) 等(등) 이루 말할 수도 없는 바 仔細(자세)한 것은 他人(타인)의 明辯(명변)에 委讓(위양)해 둔다.

이와 같이 四個月을 同一(동일)한 場所(장소)에서 取調(취조)를 받다가 陽曆(양력) 四月六日에 牧丹江警務處(목단강경무처)에 移監(이감)되어 五月一日에 九人은 掖河監獄(액하감옥)으로 收監(수감)되고 十二人은 警務處(경무처)에서 一年間이나 取調(취조)를 거듭하는 동안에 十賢이 殉教(순교)한 悲慘(비참)한 일이 생겼다.

슬프다! 이 資格(자격) 없고 能力(능력) 없는 愚昧(우매)한 이 人間(인간)은 殘命(잔명)을 保全(보전)하여 萬般(만반)의 새 曙光(서광)을 보게 되며 知識(지식)이 贍富(첨부)하고 誠力(성력)이 熱烈(열렬)하고 功績(공적)이 多大(다대)하신 名哲諸賢(명철제현)은 많은 怨恨(원한)을 품고 歸天(귀천)하되 눈을 감지 못하고 敎門(교문)의 復興(부흥)과 國家(국가)의 再建(재건)을 直接(직접) 經營(경영)치 못함은 實(실)로 於國於敎(어국어교)에 遺憾千萬(유감천만)이다. 그러나 사람의 生死(생사)는 肉身(육신)에만 있지 아니하고 精神(정신)에 있음이 더 重大(중대)한 즉 本人(본인)의 生(생)은 단지 衣食(의식)을 消費(소비)하는 徒生(도생)이라. 倧門(종문)과 社會(사회)에 對(대)하여 一毫(일호)의 價値(가치)가 없는 一個(일개)의 未冷屍(미냉시)에 不過(불과)한 바이며 十賢(십현)의 死(사)는 殉敎殉國(순교순국)의 榮譽(영예)로운 死(사)라. 千秋萬歲(천추만세)까지 그 英靈(영령)이 不替(불체)하여 宗門(종문)의 保護(보호)와 國民(국민)의 幸福(행복)을 길이 도와주실 터이니 肉體(육체)는 死(사)라 하여도 精神(정신)은 永生(영생)이며 또 嗣後(사후)할 모든 敎友(교우)들이 諸賢(제현)의 殉敎(순교)하신 精神(정신)을 追慕(추모)하여서 斯敎(사교) 發展(발전)에 奮鬪努力(분투노력)하여 弘益人間(홍익인간)의 大目的(대목적)을 達成(달성)할 줄로 믿는다.

　다음은 監獄生活上(감옥생활상) 견디기 힘든 苦楚(고초)는 飢寒(기한)의 難堪(난감)과 勞役(노역)과 虐甚(학심)과 禽獸取扱(금수취급)은 例事(예사)라. 細錄(세록)은 避(피)하나 死生(사생)은 有命(유명)이라. 唯義所在(유의소재)인즉 爲敎爲國(위교위국)에 死猶無恨(사유무한)이라는 主觀(주관)으로써 死生(사생)을 超越(초월)한 境地(경지)에서 安心立命(안심입명)코저 自慰(자위)하면서 經過(경과)하다가 天祖(천조)의 默佑(묵우)하심과 先哲先賢(선철선현)의 保護(보호)하심으로 蒙放(몽방)을 得(득)하여 다시 이 苦況(고황)을 記述(기술)하게 됨은 實(실)로 大德(대덕)에 感激(감격)하나 아무 實績(실적)과 宿功(숙공)이 없이 榮幸稱譽(영행칭예)를 들음은 慚愧(참괴)를 不勝(불승)하며 附記三項(부기삼항)하고 그친다.

　　　附記(부기) 異蹟(이적)
　一. 拘禁(구금)한 지 三日內에 寧安懸長(영안현장)[滿洲人(만주인)이 急死(급사)하다.
　二. 拘禁(구금)한 지 一週日(일주일) 內(내)에 寧安縣公署(영안현공서) 特務股(특무고) 庶務主任(서무주임)[倭人(왜인)]이 爆死(폭사)하다.
　三. 牧丹江警察署(목단강경찰서)에서 寧安(영안)으로 移監(이감)한 지 三日(삼일)만에 留置監(유치감) 看守長(간수장)이 病死(병사)하다[安白山(안백산)과 本人(본인)을 留置(유치)시킨 倭奴(왜노)이다].

開天四四０三年九月上浣
西紀 一九四六年

단암 이용태 선생에 대한 구술자료 : 對談

問 : 세명대학교 지역문화연구소 소장 이창식(한국어문학과 교수)
答 : 단암 이용태 선생의 차자 이영재(박달재수련원 원장)

들머리 : 2004년 12월(박달재수련원)과 2005년 6월(세명대학교 연구실) 두
차례 대담하였다. 이 자료는 앞으로 단암 이용태 선생의 연
구에 도움이 될 것이다. 제천학 연구 차원에서 지역인물 탐
방이라는 입장으로 질문항목을 준비하였다.

問 먼저 단암 이용태 선생의 행적을 보면 다양한 역정이 나타납니다.
사회개혁적인 모습이 보이는가 하면 교육계몽적인 측면을 볼 수 있습니
다. 또한 독립운동가로서의 모습과 더불어 종교사상가적인 일면도 무시
할 수가 없는데요, 이러한 점과 관련하여 먼저 이용태 선생의 삶을 개괄
해서 말씀해 주실 수 있겠습니까?

答 아마도 선친의 다양한 삶의 행적은, 당신이 사셨던 중층적인 삶의
양태와 무관치 않다고 생각해 봅니다.
우선 패망한 조국의 백성으로서, 또한 자수성가한 후 어려운 소작인들

과 접하며 살아야 했던 소지주로서 그리고 지역을 위해 녹봉을 먹던 면장이라는 위치 때문에 사회의 요구, 혹은 지역의 변화를 위해 고민하며 살았던 한학적 지식인으로서의 모습들이 그것이죠. 거기에다가 종교적 수양에 흠뻑 빠진 구도자적 삶의 여정들이나, 가정의 질서를 무너뜨리지 않으면서 멸사봉공의 길을 걸을 수 있었던 슬기 등이 복합적으로 투영된 결과가 아닌가 하는 느낌을 갖고 있습니다.

까닭에 지주이면서 소작인의 목소리를 내는가 하면, 식민지구조 속에 편입된 면장의 모습과 함께 나라사랑의 행동적 삶을 볼 수도 있고, 세속의 수렁에 허우적거리는 듯 하면서도 탈속적인 꼿꼿함을 소홀히 하지 않았던 분이죠.

이런 점에서 본다면, 저도 아직까지 선친의 삶의 모습을 한 마디로 정리하기가 쉽지 않다는 생각을 해 봅니다.

問 이용태 선생의 삶의 행적 중에 제천 지역사회 변화를 위한 노력이 두드러지게 나타나는데, 그러한 특별한 이유라도 있는 것인지요? 선구자적인 일면에 대한 나름대로 생각을 말씀해 주시기 바랍니다.

答 어떤 특별한 이유라기보다는 옛사람들이 흔히 갖고 있었던 출신지역에 대한 소박한 애착이 아닐까 하는 생각입니다.

선친은 1939년 중국으로 망명하기 전까지 근 50년 세월을 제천, 고향에 발붙이고 우여곡절을 함께 하셨죠. 봉양면 청년회장으로 활동한 것을 위시해서 봉양면 소작인회 발기, 봉양 농민조합 및 산업조합 조직, 그리고 대동회와 대동흥업사 발기를 통하여 지역 경제의 균형적 발전을 위해 많은 노력을 기울이셨습니다. 그 중에서도 소작인회를 조직하여 소작인들의 권익옹호를 주창한 일은, 지주의 입장으로 쉽지 않은 행동이 아니었을까 하는 생각을 지금도 해 볼 때가 많습니다.

問 제가 알기로는 지역의 교육활동과 봉사에도 이용태 선생이 남다른 애착을 갖고 있었던 것으로 알고 있는데요. 그 부분에 대해서 아시는 대로 이야기 좀 해 주셨으면 합니다.

答 저의 선친께서는 평소에도 근면궁구(勤勉窮究)의 가치를 상당히 강조하셨습니다. 즉 부지런히 공부해야 한다는 의미겠죠. 당신의 생활에서도 그러한 가치에 부합되는 삶을 몸소 보여 주셨습니다. 늘 손에서 책을 놓지 않고 매일매일 기록하는 것도 거르지 않았습니다. 심지어는 돌아가시기 얼마 전까지도 손자들에게 물으면서 영어단어를 익히려고 했던 분입니다.

지역적으로 보면, 선친 나이 22세 때인 1911년에 집에다가 서당을 설치하고 인근지역의 청소년들에게 가르침을 시작한 이래, 후일 봉양모범서당으로 확대시킨 일도 있습니다. 특히 백운면장에 취임한 이후 덕동간이학교를 설립하고 본격적인 지역교육사업에 심혈을 기울였지만 정식 보통학교로 발전시키지는 못했죠. 선친께서 늘 안타까워했던 일 중의 하나가 그것입니다. 후일 봉양보통학교 후원회 집행위원장을 맡았던 것도 이러한 아쉬움의 연장이 아니었나 하는 생각을 하게 되죠.

아무튼 선친의 지역 교육에 대한 애착 역시, 당신의 근면궁구, 삶의 가치와 무관하지는 않을 것이라는 판단을 해 봅니다.

問 이용태 선생을 수식하는 말 중에서 빼놓을 수 없는 용어가 애국지사라는 말입니다. 더욱이 아우되시는 이용준 선생과 더불어 형제분들이 독립운동전선에 나선 것도 흔치 않은 일입니다. 우리 제천지역으로서도 상당히 자랑스러운 일이라 할 수 있겠는데요, 선친되시는 이용태 선생과 숙부되시는 이용준 선생에 대해, 경험하신 바를 토대로 견주어서 말씀해 주실 수 있겠습니까?

答 형제라고 해서 타고난 성품이 같은 것은 아니겠죠. 저의 선친은 온화하고 내향적인 분입니다. 말씀 하나도 가려서 하시고 격한 감정을 쉽게 드러내지 않았던 분이죠. 그러나 제가 경험한 숙부님(이용준)은 정반대의 성정을 소유하셨던 분이에요. 아주 괄괄하면서 외향적인 분위기가 강했다는 말씀입니다. 이런 성격 차이가 독립운동방략에서도 그대로 드러난 것이 아닌가 하는 생각을 해 봅니다. 선친이 대종교를 배경으로 한 문화투쟁적 성향을 보여주었다면 숙부는 테러리즘이나 아나키즘을 통한 행동적이고 적극적인 모습을 드러낸 점이 그렇습니다. 때늦은 감은 있지만 문집간행 이후 이 쪽 학자들의 관심이 있어 앞으로 이러한 면모가 알차게 연구되기를 기대합니다.

問 모든 행동에는 인간의 의식이나 생각이 전제가 된다고들 말합니다. 이용태 선생께서도 일제강점기에 독립운동에 뛰어들게 된 의식적 동기가 분명히 있었으리라고 짐작됩니다. 아들로서 입장보다 지역후손의 입장에서 말씀해 주시지요.

答 누구든 나라를 사랑하는 마음을 갖지 않은 사람들은 없겠죠. 이런 점에서 볼 때 위난의 시기에는 너나 없이 애국자가 될 수 있다는 말도 우스갯소리가 아닌 것 같습니다. 다만 개인의 영달이나 안전, 나아가 목숨까지도 버리고 행동할 수 있느냐가 문제일 것입니다.

선친께서는 의병장 유인석 선생과 더불어 만주로 이주해 간 이직신 선생으로부터 수학한 경험을 갖고 있습니다. 저는 선친이 이 시기에 독립운동의 심지를 마음 속에 만들어 놓은 것이 아닌가 하는 추측을 해 봅니다. 이것은 의병투쟁이 일제하 독립투쟁으로 이어진다는 논리에서 추리해 보더라도 쉽게 공감이 가는 부분이죠.

선친의 독립운동 동기 중에서, 숙부님(이용준)의 영향 또한 무시할 수 없었을 겁니다. 숙부께서는 1927년 신간회에 가입하면서 독립운동에 발을 디뎠고 1930년 중국으로 망명하면서 본격적인 활동을 전개했습니다. 그 시기에 기억이 나는 것은, 숙부께서 일경에 체포되었다는 소식을 접하고 말없이 눈물만 흘리시던 선친의 모습입니다. 또 어느 해인가는 중국에서 활동하던 숙부께서 몰래 고향집을 찾은 적이 있습니다. 두 분이 주고받은 말은 무엇인지는 모르겠지만, 그 해에 지은 한 해 농사 전부를 돈으로 만들어 숙부에게 주었던 일을 기억합니다.

그러나 무엇보다도 대종교와의 관계야말로, 선친의 독립운동에 결정적인 계기가 되었던 것이라고 해도 과언이 아닙니다. 당시 대종교는 독립운동의 근거로써 많은 항일지식인들의 정신적 구심체 역할을 했습니다. 더욱이 만주무장항일운동에 있어서는, 대종교를 떼어놓고 생각할 수 없을 정도로 그 비중이 컸습니다. 선친께서 대종교에 참여한 시기가 1928년 무렵인데, 이미 이 때부터 마음 속의 독립운동은 시작되었다고 보아야죠. 그리고 1930년대 말에 만주로 망명하여 대종교 활동에 참여하면서, 행동화된 독립운동이 본격화되었다고 할 수 있겠습니다.

問 이용태 선생께서 독립운동에 참여하셨던 시절, 특별히 기억에 남는 일이나 사건 같은 것도 있었을 법한데요?

答 아픈 기억입니다만, 선친께서 일경(日警)에 의해 잡혀가던 당시와 만주 목단강 감옥에서 영어(囹圄)의 생활을 하시던 모습이 떠오릅니다. 당시 선친께서는 몸이 안 좋아서 만주로부터 귀국하여 요양하고 계셨는데, 어느 날 일본 순사 두 명이 급습해서 강제 연행을 했죠. 제가 직접 목도한 사건으로, 그 때가 정확히 1942년 11월 19일 점심 무렵이었습니다. 당황함이 없이 태연히 옷을 갈아입고 순사들에게 앞장서라고 하시면서 따르던 선친의 모습이 지금도 눈에 선하지요.

　나중에 안 것이지만, 그 사건이 바로 일제 최대의 종교박해 사건인 대종교지도자 일제구속 사건입니다. 대종교단에서는 이 사건을 임오교변(壬午敎變)이라고 기록하고 있는데, 임오년인 1942년에 일어난 대종교단의 일대 변고라는 의미죠. 당시의 상황은 일제의 민족말살정책이 극에 달해 있을 때 아닙니까? 그런데 그들이 조선 민족 말살을 위한 근본 요소가 무엇인가를 생각해 보니, 조선 민족의 얼과 말과 글로 연결되었던 것입니다. 공교롭게도 그 얼과 말과 글의 중심에 대종교라는 집단이 버티고 있었죠. 단군이라는 정신적 일체감 속에서 항일의 구심체 역할을 대종교가 하고 있었고, 대종교의 국내비밀결사라 할 수 있는 조선어학회가 말과 글의 중심에 있었던 것이죠. 임오교변과 조선어학회사건이 같은 시기에 동시에 일어난 것도 이러한 연유에서 기인한 것입니다. 대종교단에서 이 두 사건을 달리보지 않고 대종교사건이라고 부르는 이유 또한 마찬가지죠.

　아무튼 이 사건으로 구속된 선친의 고통 또한 이만 저만이 아니었습니다. 선친께서 직접 기록하신「구금고황(拘禁苦況)」이라는 글에 자세히 적혀 있습니다만, 일제의 혹독한 고문과 박해는 형언할 수 없었습니다. 저도 당시의 그 정황을 직·간접적으로 목격한 사람으로서, 떠올리기조차 싫은 아픈 기억으로 아직까지 생생하게 남아있습니다. 더욱 안타까운 것은 백산 안희제 선생을 비롯한 열 분이 당시 고문에 의해 죽음을 맞게 되었다는 것이죠. 그 후 대종교단에서는 이 분들을 임오십현(壬午十賢)이라 하여 추모하고 있는데, 종교를 떠나 민족의 입장에서 가슴 아픈 일이 아닐 수 없습니다.

　問　말씀 중에 대종교와 관련된 이야기가 많이 나오는데요, 세간 사람들은 대종교라는 종교에 대해서 이해가 많지 않으리라는 생각입니다. 그러한 사람들을 위해 대종교란 어떠한 종교인지 간략히 설명해 주셨으면 합니다.

答 저도 깊은 이해를 갖고 있는 것은 아니지만, 선친의 문고(文庫)를 발간하면서 익힌 지식으로 간단하게 말씀드리겠습니다.

얼핏 대종교를 구한말에 일어난 신흥종교로 이해하시는 분들이 많습니다. 그러나 대종교는 본디 우리 민족 고래로 전래되는 삼신일체 하느님신앙을 부활시킨 것이죠. 그러한 신앙 양태가 부여에서는 대천교(代天敎), 고구려에서는 경천교(敬天敎), 발해에서는 진종교(眞宗敎), 고려에서는 왕검교(王儉敎), 그리고 조선조에 와서는 종교(倧敎)라는 이름으로 연면히 흘러왔습니다.

그 가르침 또한 홍익인간을 교의(敎義)로 삼고 삼일사상(三一思想)을 교리적 근거로 하고 있으며, 삼법수행(三法修行)이라는 우리 고유의 수행법을 실천하고 있는 종교입니다. 특히 삼일사상은, 유교·불교·선교를 조화·통섭하는 철학으로, 신라의 최치원이 말한 현묘지도(玄妙之道) 혹은 접화군생지도(接化群生之道)를 가장 잘 드러내 주는 가치라고 말합니다.

이러한 배경과 사상 때문에 백암 박은식 선생이나 단재 신채호 선생, 위당 정인보 선생, 민세 안재홍 선생, 가람 이병기 선생 등과 같은 선열들도, 대종교를 우리 민족의 국교(國敎)로 이해했던 것이죠. 이러한 정서는, 대종교가 일제하 독립운동의 과정에서 항일운동의 총본산으로 자리잡게 된 이유이기도 합니다. 즉 이념이나 종교 혹은 파벌을 넘어, 민족이 하나로 뭉칠 수 있는 동력을 제공해 주었다는 것입니다.

정치·외교 분야에서의 신규식·조성환·이동녕·박찬익 선생, 무장항일투쟁 분야에서 서일·김좌진·김동삼·이범석·홍범도 장군, 문화투쟁 분야에서 김교헌·박은식·유근·신채호·주시경·지석영·김두봉·이극로·최현배·이병기 선생 등등의 무수한 인물들이, 대종교 정신으로 총체적 투쟁을 감행했던 것이죠.

대종교를 한 마디로 말한다면, 우리 고유의 종교요 구국의 종교이며 우리의 문화 그 자체라고 해도 과언이 아닐 것입니다.

問 또 궁금해지는 부분은, 당시 중앙(경성)과는 동떨어진 제천 지역에서, 이용태 선생이 어떻게 대종교와 관련을 맺게 되었는가 하는 의문인데요. 혹시 이 제천 지역에 대종교의 거점이 있었는지 하는 것과, 입교 이후 대종교에서의 이용태 선생의 위상이랄까 활동은 어떠했는지요?

答 제가 알기로는 그 당시 제천 지역에 대종교 관련 거점은 없었습니다. 선친께서 1928년에 대종교에 입교한 후, 제천 지역에 건축삼신전(建築三神殿)을 발기한 것이 대종교 관련 모임으론 처음이죠. 이런 점에서 보면 선친이 대종교와 연관된 지역 단체와 연결되어 대종교에 입문한 것은 아닌 것 같습니다.

오히려 지역 관련 인물과 연결되어 대종교를 알게 된 것 같은데, 당시 봉양보통학교 교장을 지낸 박승익이라는 분이 계셨어요. 이 분은 1924년에 작고하셨습니다만, 선친은 1923년에 박승익 선생이 교장으로 있던 봉양보통학교 후원회 집행위원장을 맡아 함께 활동했던 적이 있습니다. 이때에 박승익 선생으로부터 대종교와 대종교인들의 독립운동을 접했을 가능성이 크죠. 왜냐하면 박승익이라는 분은 1910년대 초반 대종교에 입문한 사람으로, 대종교의 시교사(성직) 자격으로 일찍부터 만주 지방에서 오랜 활동을 했던 분입니다. 당연히 이 분으로부터 그러한 이야기를 경험했겠죠.

또한 선친의 대종교 입교에 큰 영향을 준 것으로 육당 최남선 선생의 영향을 빼놓을 수 없을 것입니다. 선친의 기록에서도 나타나 있습니다만, 당시 최남선 선생이 발표한 단군 관련 글들을 읽고, 편지를 주고받은 끝에 서울(당시 경성)에 있는 대종교를 직접 방문하여 입교했다고 고백하고 있습니다. 공교롭게도 1923년부터 1928년까지, 최남선 선생이 『동아일보』 신문지상에 단군 관련 글들을 많이 발표하고 있음이 확인됩니다.

이렇게 본다면 저의 선친이 대종교를 접하게 된 배경은, 1920년대 초

반 지역 인물인 박승익 선생으로부터 알게 된 후에, 1920년대 후반 최
남선 선생의 글들을 접하고, 1928년 정식으로 대종교에 입교한 것으로
추정할 수 있겠습니다.

그리고 선친의 대종교 입교 이후 행적을 살펴보면, 1930년대 후반까
지는 서울과 제천을 이따금씩 오가면서 관계를 유지하셨죠. 1939년 대
종교총본사가 있는 만주로 망명하면서 깊이 관여하게 됩니다. 당시 대
종교 교주였던 단애 윤세복 선생을 도와 교무 일을 맡아보기도 했고,
백산 안희제 선생과 더불어는 대종교 교적간행사업을 펼치기도 했습니
다. 해방 후에는 대종교 경의원(經議院) 참의(參議) 등의 중요 직책을 역임
하셨는데, 아마도 선친 자신이 가장 의미를 두었던 곳은 대종교 종사편
집부주간(倧史編輯部主幹) 자리가 아니었을까 추측해 봅니다. 당시 종사편
집부주간이라는 자리는 대종교의 교리·교사 연구의 중심이었습니다.
선친의 근면궁구하는 생활신조야말로, 연구하는 자리 이상 없을 것으로
생각하기 때문이죠.

問 답변해 주서서 고맙습니다. 이 대담을 통해 단암 이용태 선생의
인간적 면모에 한걸음 다가간 느낌입니다.

答 관심을 가져주셔서 감사합니다.

마무리 : 단암 이용태 선생은 제천 애국지사로 기려져야 한다. 박달
　　　재 명소와 더불어 이영재 원장 등의 증언과 문집자료를 통
　　　해 볼 때 단암 선생의 지역적 선양화는 새롭게 구상되어야
　　　하고 그의 사상에 대한 조명과 아울러 계승 방안도 제시되
　　　어야 한다. 대담자로서 평소 궁금한 몇 가지를 부각시켜 정
　　　리하였는데 이후에 추가작업이 있어야 할 것이다.

단암 이용태 선생 연보

1890년	충청북도 충주시 산척면 광동리 출생
1900년	본적지 한문사숙 10년 간 수학
1910년	서울 상경(이종두와 함께 양약국 경영)
1913년	근좌면 면서기로 임명(4월 20일)
1920년	봉양면 청년회장 선출(7월 12일)
	봉양모범서당 설립
1922년	봉양면 소작인회 발기(1월 1일)
	일본 동경평화박람회 시찰(3월)
	봉양농민조합 조직(8월)
1924년	봉양면장 임명(1월 9일)
	산업조합 발기(6월 3일)
1926년	봉양면장 사임(10월 6일)
1928년	대종교 입교
	건축삼신전 발기(1월 15일)
	대동회 발기(3월 3일)
1929년	대동흥업사 발기(12월)
1934년	백운면장 임명(1월 30일), 덕동간이학교 설립
1939년	백운면장 사임(7월)
	대종교 靈戒 및 參敎 袛受, 대종교총본사 贊範에 被任
	중국으로 망명(10월)

1941년　　　　知敎 陞秩(1월 16일)

1942년　　　　11월 19일 소위 치안유지법위반 被檢, 牧丹江省 掖河監
　　　　　　　獄에서 8년형 宣告, 3년 간 拘禁

1945년　　　　광복, 출옥 환국
　　　　　　　尙敎 陞秩(7월 7일) 이후 經議院長 被任.

1946년　　　　經議院參議 轉任(3월 6일)
　　　　　　　南道本司 宣理 被命(4월 1일)
　　　　　　　經議院參議 再任(5월 11일)
　　　　　　　總本司 贊理 被任(12월 1일)

1948년　　　　總本司 贊理 再任(8월 17일)

1949년　　　　南二道本司 宣理 被任(2월 15일)

1950년　　　　6·25 전쟁 停職

1956년　　　　正敎加大兄號 陞秩(10월 8일)

1958년　　　　倧史編輯部 主幹 被任(6월 23일)

1959년　　　　三一園 大德에 被選(6월 26일)

1960년　　　　總本司 △部典務에 被任(2월 29일)
　　　　　　　經理監正 兼任(4월 17일)
　　　　　　　총본사 ○部典務(典理)에 被任(12월 26일, 2년 간 勤務)

1961년　　　　三一園主에 被命(11월 17일)

1963년　　　　總本司 敎務部長(典理)에 再任(5월 27일, 3개월 간 視務)

1964년　　　　老患歸天 享壽 75歲(8월 15일, 遺族 恒載·榮載) 克家.
　　　　　　　司敎加道兄號 追崇(9월 27일)

[金一洙 撰]

단암 이용태의 삶과 구국정신

이창식[*]

　제천은 청풍명월의 본향이다. 선비의 강개가 살아있는 곳이다. 그래서 한말 제천의병의 진원지다. 곳곳에 국가유공자 묘소와 민족항쟁의 흔적이 있다. 관련 인물의 선양작업과 지역문화 연계방안도 제천학(堤川學)의 시각에서 논하자고 한 바 있다.[1] 그렇다. 그 지역이 낳은 인물에 대한 정당한 평가는 그 지역의 문화환경 선상에서 일차적으로 이루어져야 한다. 여기 격동기를 의롭게 살다 간 큰 제천인을 소개한다.

　제천의 단암 이용태(李容兌, 1890-1964), 그는 제천의 근현대 애국지사의 한 분이다. 향토애 정신으로 사회운동과 민족운동을 전개한 인물이다. 그는 민족의 암흑기에 살면서 충북의 산간도시, 제천에서 민족갱생을 위해 자신의 삶과 사상을 실천하는 데에 매진하였다. 그럼에도 불구하고 한 때 제천 사람들에게 잊혀져 있다가 최근에 다시 알려지게 되었다. 그는 일제강점기에 지역주민들을 위해 지역의 일에 나서서 면서기, 면장 등의 일을 하였다. 지역발전에 남다른 애정을 쏟았고 이를 계기로 구국의 일념으로 살았던 인물이다. 농민들 편에서 그들의 고충

---

* 세명대학교 교수, 지역문화연구소장, 문화재전문위원.

1) 이창식, 「지역문화 연구방향과 제천학」, 『제천학과 청풍명월』, 지역문화연구소 편, 2004, pp.17-44.

과 바람을 해결하고자 노력하였다. 여기에 보이는, 봉양면 소작인회 발기취지서의 내용 중 일부에서 보이듯이 농민애호정신으로 지역민을 선도하고 있다.

> (전략)
> 슬프다! 말과 생각이 이에 미침에 모골이 송연하고 온 몸이 아프도다. 역사가 있는 민족이요, 성인 기자의 뒤를 이은 백성으로서 어찌하여 이 지경에 이르렀는가? 애닯다! 밤낮으로 부지런히 고생하여 일년 동안 힘써 농사지은 것을 모두 도조로 바치고 남는 것이 없으니 풍년에도 마침내는 몸만 고생하고 흉년에는 굶어 죽음을 면하지 못함이 오늘날 세상의 소작인들의 처참한 정상이다. 그러하니 우리들이 살아남아 있을 날이 어찌 오랠 것인가? 지난 대정 6년(1917년 정사) 이후로부터 토지에 부과하는 공과금이 해마다 높게 오르고 늘어감은 피하지 못할 시국 형세라 다만 백성들이 마땅히 바쳐야할 것이다. 그 공과금을 부담할 의무는 국가법률에 소유자로 지정되어 있으나 제천고을에 이르러서는 몇 사람의 자선가를 제하고는 법령의 어떠함에 구애됨이 없이 다만 옛날의 습관에 의지하여 거의 모든 것을 소작인에게 부담하게 하니 이것이 어찌 소작인을 애호한다는 본 뜻일까 보냐. 해마다 이와 같이 과거처럼 되풀이 한다면 구렁창과 언덕으로 굴러 떨어짐이 십 중에 팔구나 되리니 어찌 한심치 아니한가. 본 회의 취지는 한갓 제 몸만을 위한 계책이 아니요, 실로 우리나라의 전체 국민을 위함이다. 그러므로 이에 감히 발기하노니 뜻 있는 여러분께서는 모름지기 서로 돕고 붙들어 동포들의 생활을 온전하게 한다면 천만다행한 일이 되오리다.[2]

이용태는 지역사랑이 남달랐다. 박달재 지역을 중심으로 제천 산하 곳곳을 누비며 이해하고자 하였다. 지역 연구에 일찍 관심을 가졌다. 또 산자수명한 제천지역의 이야기를 누구보다 잘 아는 이용태는 지역의 문화와 역사를 새롭게 정리하고 보존하여 후대로 물려주는 것에도 정성을 다하여 실천하려 하였다. 향토애는 그의 여러 글에서 드러난다. 「백령암음」에서는 인걸지령이라는 말에 어울리듯 백령암의 기개가 보인다.

---

2) 박달재수련원, 『愛國志士檀菴李容兌先生文稿』, 1997, pp.450-451.

<table>
<tr><td>박달재 백령암이 우뚝 솟았네</td><td>檀山特立白靈巖</td></tr>
<tr><td>입 열고 말 없으니 봉함만 같다.</td><td>開口無言還似緘.</td></tr>
<tr><td>밖으로 솔 울타리 깊이 쌓였고</td><td>外列松籬深隱跡</td></tr>
<tr><td>아래는 칡넝쿨이 바지에 휘감겼구나.</td><td>下繆葛藁可爲衫.</td></tr>
<tr><td>속인은 신선세계 알지 못하고</td><td>俗至仙源非別界</td></tr>
<tr><td>어지러운 세상이라 신선도 평범하다.</td><td>世衰神典盡平凡.</td></tr>
<tr><td>백두산을 바라보니 아득만 하고</td><td>回頭遙憶天山事</td></tr>
<tr><td>한하노니 이곳에 천지가 없네.</td><td>但恨無斯池不緘.</td></tr>
</table>

―「백령암음(白靈巖吟)」[3]

봉양면은 제천군의 일부라 면적의 크기가 십여 방리에 이르고 인구의 많기도 1만 2천을 넘으며 위치는 충주와 제천 간의 2등 도로가에 있어 산골에 있는 면으로서는 큰 면이라고 일컫는다. 제천에 오는 사람이라면 이 면이 있는 것을 모르는 사람이 없다……

나도 또한 어리석고 용렬하여 아는 것이 얕아 앞의 사람들이 일찍 경영하지 못한 일을 수행하지 못하고 밥을 먹을 때마다 항상 한탄하며 지냈을러니 지난 신유연간으로부터 면지를 편저할 생각을 가지고 동분서주하면서 한 때 골몰하게 지냈으나 편술할 겨를을 미처 얻지 못하다가 다행이 금년에 여름휴가를 얻어 비로소 자료를 수집한 바 지나간 옛 일들을 별로 전하는 바가 없고 또 옛일을 상고할 학식도 없으므로 기재하지 못하고 다만 몇 해 전부터 지금까지에 듣고 본 일에 대하여 십 편으로 나누어 저술하고 책의 이름을 면지라 하여 앞으로 뒷사람들로 하여금 일에 따라서 수정함으로써 몇 천년 뒤에라도 능히 몇 천년 앞의 일을 알게 함이라……

서기 1924년 6월에 스스로 서함.

―「봉양면지서(鳳陽面誌序)」[4]

단암 이용태는 임오교변[5] 당시 일경에 체포된 대종교 지도자로 많이 알려져 있다. 그러나 그 외에도 단암 이용태는 독립운동가, 사회개혁가, 계몽사상가, 대종교선구자 등의 면모를 보인다. 그의 독립운동가 면모는 동생

---

3) 박달재수련원, 『愛國志士檀菴李容兌先生文稿』, 1997, p.75.
4) 박달재수련원, 『愛國志士檀菴李容兌先生文稿』, 1997, p.530.

이용준에게 영향을 미쳐 구국의 일선에 형제가 함께 참여하게 되었다.

　이용태의 활동은 의병의 고장, 제천의 선비정신과 밀접한 관련을 맺는다. 근래에 '단암이용태선생 기념사업추진회'에서 세미나를 두 차례 개최하여[6] 이용태 관련 연구 논문이 발표되었다.[7] 박달재수련원(원장 이영재)에서도 『애국지사단암이용태선생문고』[8]를 낸 것을 통해 이용태의 삶과 사상에 관한 학문적 고증이 좀더 수월해졌다. 그에 대한 학술적 조명이나 문집간행이 이루어졌지만 정작 그의 고향 제천에는 덜 홍보되었다. 이 단행본은 이용태의 품위와 정신을 이 곳에서 다시 기리기 위해 출간하게 된 것이다.

　여러 글에서 이용태의 모습을 밝혀서 독립운동가, 사회개혁가, 계몽사상

---

5) 만주에서 일본경찰이 대종교 간부를 박해한 사건으로 1942년 11월 19일 만주 영안현 동경성에서 일본경찰이 대종교를 탄압하기 위해 사건을 날조하여 교주·간부들을 검거한 사건이다. 대종교는 1934년 총본사를 동경성으로 옮기고, 특히 1937년부터는 발해고궁유지(渤海古宮遺址)에 천진전(天眞殿)의 건립을 추진하는 한편 대종학원을 설립하는 등 교세확장에 큰 진전을 보였다. 조선어학회의 이극로(李克魯)가 천진전 건립관계로 교주인 단애종사(檀崖宗師)에게 보낸 편지 속에 '널리 펴는 말'이라는 원고가 있었다. 일본경찰은 이를 압수하여 제목을 '조선독립선언서'라고 바꾸고, 그 내용 중에 '일어나라, 움직이라'를 '봉기하자, 폭동하자'로 일역했다. 일본경찰은 "대종교는 조선 고유의 신도(神道)를 중심으로 단군문화를 다시 발전시킨다는 기치 아래, 조선민중에게 조선정신을 배양하고 민족자결의식을 선전하는 교화단체이니만큼 조선독립이 그 최후목적이다"라는 죄목으로 조선어학회 간부 검거와 때를 같이하여 교주·단애종사 이하 25명을 검거하였다. 이때 투옥된 간부 중 권상익(權相益)·이 정(李楨)·안희제(安熙濟)·나정련(羅正練)·김서종(金書鍾)·강철구(姜鐵求)·오근태(吳根泰)·나정문(羅正紋)·이창언(李昌彦)·이재유(李在圉) 등 10명이 고문으로 옥사하였다. 그 밖의 간부는 15년에서 7년까지의 형을 선고받았다.

6) 지난 2003년과 2004년 각각 9월에 단암 이용태 선생 추모학술세미나가 열렸다. 그와 관련하여 추모학술세미나 논문요약집을 발간하였다.

7) 학술세미나에서 발표된 논문은 다음과 같다. 2003년 9월 6일, 1회 추모학술대회 논문집 : 「단암 이용태의 사회개혁적 삶과 사상」(정영훈) ; 「단암 이용태의 독립운동」(이동언) : 「단암 이용태의 종교사상」(김동환) : 2004년 9월 11일, 2회 추모학술대회논문집 : 「단암 이용태의 생애와 한시 연구」(김헌선), 「해방 전후 단암 이용태의 정치사상」(오영섭), 「단암 이용태의 대종교 윤리사상」(조준희), 「이용준의 생애와 항일독립투쟁」(이동언). 이들 논문은 『국학연구』 8집과 9집(국학연구소)에 게재되었다. 단행본 출간을 허락해준 국학연구소에 감사드린다.

8) 박달재수련원, 『愛國志士檀菴李容兌先生文稿』, 1997. 10. 3.

가, 대종교선구자 등의 모습을 드러내고 있으나 이용태가 제천지역을 사랑하고 지역민들과 함께 삶을 이루면서 살려고 했던 고향성, 지역성에 대한 면모를 다룬 글이 없는 것이 아쉽다. 이용태는 제천지역, 특히 봉양읍 면장 등을 하면서 지역민들의 생활의 개선에 애쓰면서 제천의 아름다움을 시로 엮어내기도 했다. 필자는 다음의 작품을 통해, 제천의 선비시인이라고 이름 붙이고 싶은 이용태의 한시를 풀어서 소개한다.

첫째, 의림지의 낚시하는 늙은이(一, 林湖釣叟)

의림지 호수가 제천 땅에 펼쳐지니	林湖一鑑闢堤州
낚시꾼이 취미 따라 먼저와 논다.	釣叟先知取適遊.
낚시터 비바람에 도롱이가 헐어지고	磯前風雨烟簑老
세월은 번개같이 흘러만 가네.	竿下光陰石火流.
붕어는 꼬리치며 미끼를 찾고	搖尾相爭貪餌鮒
갈매기는 한가로이 졸고만 있다.	擧頭閑夢慣人鷗.
어찌하여 해지도록 갈 줄 모를까	抵昏忘返綠何事
눈앞에 깔린 고운 노을 흥에 겹네.	滿目烟霞興不收.

둘째, 백련사로 돌아가는 중(二, 蓮寺歸僧)

지팡이 흔들 때마다 나가고 또 올라서	錫杖徐飛出又登
바쁘게 돌아가는 중이 언덕으로 오른다.	奔忙歸納向高陵.
서산에 지는 해를 등에다 지고	背負諸天將落日
눈앞에는 불당에 켠 등불을 본다.	眼窮佛卓始燃燈.
꽃비를 재촉하는 구름이 일고	俄從雲外花雨急
산속에는 저녁연기 깔리어 핀다.	更入山頭夕烟凝.
삼한의 옛터임을 그 누가 알랴	斯間誰識三韓跡
천년이라 옛 절이 견디어 왔네.	古寺千年耐久能.

셋째, 대암에 노는 고기(三, 俗岩遊魚)

유벽한 산속에 승지가 있어	名區幽在碧山中
자루대고 고기 잡는 고풍을 전한다.	垂俗岩間傳古風.
소리개가 날아도 백로가 의심하고	鳶飛散走疑窺鷺

사람이 얼씬해도 낚시꾼이 겁낸다.　　　客至驚潛怯釣翁.
때로는 더위를 쫓기 위해 물을 건너고　　　有時追逐庚炎涉
떼를 지어 이리저리 굴집 찾는다.　　　作隊縱橫內穴空.
탁사정 밖의 기우는 햇볕을 받으며　　　濯斯亭外斜陽裡
펄펄 뛰는 은비늘이 많기도 하네.　　　於躍銀鱗自不窮.

넷째, 관란정의 우는 여울(四, 瀾亭鳴灘)

동쪽으로 흐르는 계곡이 갈수록 더딘데　　　東流溪曲去遲遲
옛날을 생각하니 표주박 일을 견디기 어렵도다.　　　懷古難堪瓢上時.
흐느끼는 울음은 지금껏 여한을 호소하고　　　嗚咽至今餘恨訴
조종을 못 다한 작은 마음을 알리라.　　　朝宗不盡片心知.
조대의 이끼는 낚시터에 끼었고　　　磯面苔侵當月釣
강가의 반석은 바둑판을 지웠더라.　　　江干石沒早年碁.
물가에서 물결 봄을 말하지 말라　　　臨水觀瀾君莫說
뒷사람이 옛사람을 어찌 따르랴.　　　後人不及故人思.

다섯째, 한벽루의 가을달(五, 碧樓秋月)

이슬내린 맑은 가을 서늘도 한데　　　露白秋清冷氣微
누에 올라 달 맞을 제 구름은 오락가락　　　登樓邀月暮雲歸.
여울소리 들으니 잠자리 차고　　　灘聲立耳寒生枕
산 경치 발에 얽혀 옷조차 푸르다.　　　山色籠簾碧滿衣.
호수에 바람 없어 위 아래에 하늘이요　　　波鏡無風天上下
단풍그림자 물에 비치고 낙엽은 나는데　　　江楓倒影葉潛飛.
밤중에 남으로 가는 기러기는　　　憑問中宵南去雁
계절이 바뀌어 감을 먼저 알겠네.　　　炎凉隧節是知機.

여섯째, 능강동의 봄돛배(六, 綾江春帆)

봄날의 꽃다움이 가을보다 더 좋아　　　三春佳景勝秋凉
비단같은 강물위에 돛대가 떠 논다.　　　江色如綾帆一場.
순풍을 따르면 천리도 가깝고　　　飜去順風千里近
얕은 물도 거슬릴 젠 급한 여울도 길어.　　　溯過淺水急灘長.
복숭아꽃은 마을 가득 떨어지고　　　穿來洞口桃花落
산속에 찾아드니 푸르른 골짝이라.　　　逈入山頭錦繡蒼.

유람객의 흥취를 사공이 먼저 알고 丹子己知遊客興
쏘가리 들고 술 갖추어 저쪽에서 기다리네. 得魚載酒待伊方.

일곱째, 옥순봉의 기이한 바위(七, 玉笋奇岩)

구름을 깎아내니 돌마저 가벼운 듯 削出雲霄石氣輕
아래엔 푸른 물에 모래 또한 곱구나 下臨水碧又沙明.
우뚝 솟은 봉우리는 천년의 장관이요 峙屼千年呈勝觀
험준한 일곱 봉은 이름을 떨칠레라. 崎嶇七片薦高名.
뫼뿌리 안개에 잠기니 하늘은 비밀을 감추고 峰沈濃霧天藏秘
그림자 강에 비치니 산은 맑고자 한다. 影倒長江出欲清.
돌 다듬는 사람을 못 오게 하라 莫敎琢磨工人至
다른 날엔 옥순봉 생기 보지 못하네. 他日難看玉笋生.

여덟째, 월악산의 늦은 단풍(八, 月岳晚楓)

덕산면 월악산에 수레 멈추니 德山月岳我車停
눈에 비친 단풍은 때가 늦었다. 滿眼楓林已幻影.
서리 맞은 성긴 단풍 가련도 하고 霜落堪憐疎葉醉
찬바람에 단풍질까 마음 두렵다. 風寒惟恐愛心酷.
나뭇잎 붉어지니 봄이 듯하고 樹生萬紫疑春色
산봉우리 삼산 같아 신령도 하다. 峰出三山覺地靈.
가을경치 고움에 취한 저 나그네는 盡日乘秋觀覽客
돌아갈 차비를 할 제 날 먼저 저무네. 歸裝如意路冥冥.

― 「차제천팔경원운(次堤川八景原韻)」[9]

　이 작품은 마치 오늘날 제천십경을 연상할 정도로 제천의 풍광과 미학을 형상화하고 있다. 그의 풍류적 면모와 지역의 향토미가 물씬 드러난다. 제천팔경 산수화풍을 감상하듯 청풍명월의 격조가 흐른다. <제천팔경> 외에도 제천 주변 지역의 아름다움을 풍류적으로 형상화한 노래한 시가 많다. 「한벽루」, 「탁사정」, 「백령암」 등 수 많은 시가가 그렇다.

---

9) 박달재수련원, 『愛國志士檀菴李容兌先生文稿』, 1997, p.47-50.

이처럼 그의 한 생애가 올곧고 온정이 흐르는 선비풍으로 일관할 수 있었던 것은 무엇이었을까. 이용태는 1890년 지금의 충청북도 충주 산척에서 태어났다. 다섯 살에 충청북도 제천으로 이사하였고 몇 번의 이사를 더 했으나 제천을 떠나지는 않았다. 이용태의 성장기는 일본이 조선을 차츰 압박하고 있던 우국의 시대였다. 특히 1907년 정미의병 때는 이용태가 일제의 만행을 보고 다음과 같이 기술하고 있다.

> 5월에 들면서부터 각지에서 의병이 떼를 지어 일어나고 인심은 몹시 어지러워지니 이는 곧 나라가 다른 나라의 침략을 받아서 모든 일이 날로 그릇되어 백성의 생활은 도탄에 빠지고 임금의 위급함이 조석에 달려 있는 까닭이라. 7월 14일 밤에 의병의 부대가 마을 앞길을 지나서 충주 방면으로 갔는데 밤이 깊어서 일본 군대들이 노략질을 하면서 쳐오는데 길가의 집들이 모두 불 지르고 마을사람 네 사람이 총살을 당하였다. 그 처참한 형상이 이에 이르러 심신이 아울러 놀라서 어찌할 바를 알지 못하였다.10)

이용태의 이러한 경험은 훗날 광복운동을 하는 데에 있어 일제에 저항하는 근간으로 작용하였으리라 짐작된다. 아마 이 시기에 대의명분 위주의 사회관이 형성되었을 것이라고 짐작된다. 1910년에는 조선이 일제에 의해 합병되는 경술국치의 비극을 겪는다. 이에 대해서는 다음과 같은 진술을 하고 있다.

> 슬프다! 7월 20일에 이르러 한일합병의 유고가 선포되니 온 나라 안은 피눈물이 더하여짐을 깨닫지 못하겠고 정성스러운 마음에 통분을 아로새김을 누르기 어렵도다. 슬프고 원통하다! 어찌하여 하늘은 이 백성을 근심하여 건지지 아니하고 장차 나라의 운명을 오랑캐의 손에 떨어뜨리려 하는고? 이천만 백성이 통곡하는 소리는 중천에 사무치는데 삼천리의 넓은 국토는 문득 임자를 잃었도다. 이 날을 당하여 우리 조선민족이 된 사람이라면 그 누가 불공대천의 원수임을 가슴 깊이 새겨 두지 아니하랴.11)

---

10) 박달재수련원, 「歷史」, 『愛國志士檀菴李容兌先生文稿』, 1997, p.989.

이렇게 어지럽고 기울어가는 국가의 위기 상황에서 이용태는 한학을 수학하였지만 청년기에는 신문물과 신사상을 접하게 되고 국제정세에도 눈을 뜨게 되면서 계몽운동가의 면모를 보이기 시작한다. 계몽적 사상을 통해 당대에 '자신'의 사명과 할 일을 모색한다.

> 애달프다. 우리 반도국가의 쇠망함은 정치를 혁신하지 아니함에 있고, 민족이 고통을 당하고 압박을 받는 것은 교육을 받지 못한데 있다. 이제 국권의 회복을 바라고 시급히 민족의 자유를 구할진대 무릇 우리 2천만 동포가 반드시 분발하여 용감한 마음을 떨쳐 일으키고 교육과 실업 등을 먼저 급속히 개혁함으로써 열혈과 적성을 마음속에 쌓아 두고 몸을 복수하기 위한 적과의 싸움터에 희생물로 바치며 세계의 앞선 문화를 수입하여야 한다. 장래에 나라를 위하고 집안을 위한 정치를 행한다면 가히 망국의 치욕을 씻을 것이요. 가히 불공대천의 원수를 갚을 것이요, 가히 생활의 행복을 얻을 수 있을 것이니 어찌 시급한 일이 아니며 어찌 각성하지 아니하랴.[12]

1919년 3·1 운동에 자신이 직접 참가하지는 않았으나 동생 이용준이 독립만세운동을 전개하다 일경에 체포되는 현장을 목격하고 이때부터 본격적으로 계몽주의에 투신하게 된다.[13] 제천은 단암 이용태의 고향이자 정신적 근거지였다. 그는 일제강점기하에서 우리가 광복하기 위해서 필요한 것은 계몽에 있다고 생각했다. 그 방법으로 제천 봉양을 중심으로 활발한 활동을 하였다. 그 중요한 것들을 정리하여 보면 다음과 같다.

1920년(31세) 봉양면 청년회장 피선, 봉양 모범서당 설립
1922년(33세) 소작인회 설립, 봉양농민조합조직. 동경평화박람회 시찰
1923년(34세) 봉양보통학교후원회 조직

---

11) 박달재수련원, 「歷史」, 『愛國志士檀菴李容兌先生文稿』, 1997, p.991.
12) 박달재수련원, 「歷史」, 『愛國志士檀菴李容兌先生文稿』, 1997, p.994.
13) 이동언, 「이용준의 생애와 항일독립투쟁」, 『2회 단암 이용태 추모학술대회논문집』, 2004.

　　1924년(35세) 봉양면장 임명, 산업조합장 피임.
　　1925년(36세) 기업강습회 개최, 황색연초경작허가교섭
　　1934년(45세) 백운면장 임명, 덕동간이학교 설립

　1920년 봉양면 청년회장에 선출되어 활동하였고, 봉양모범서당을 설립하여 교육에도 정열을 쏟았다. 1922년에는 봉양면 소작인회를 결성하여 소작인들의 권익보호에 앞장섰는데 앞서 언급한 대로 농업인에 대한 계몽적 사명감을 가졌다. 1924년에는 산업조합을 설립하여 산업조합장에 선출되었다. 1928년에는 대동회를 발기하고, 1929년에는 대동흥업사를 발기했다. 이용태는 이런 활동들을 통해 농촌개량, 산업진흥, 풍속개량, 문화향상, 신교육과 신기술 보급 등의 농촌계몽운동을 활발하게 전개하였다.

　이용태는 1928년 대종교에 입교한 후―입교의 결심을 밝히는 것은 1927년이다―1939년에는 중국으로 망명하여 대종교를 통한 항일투쟁을 전개하였다. 향토사랑, 농민사랑에서 민족애와 종교포교로 확대된다. 그러나 그가 본격적으로 대종교단에 참여하기 시작한 것은 면장직을 사임하고 중국으로 망명한 1939년부터다.

　이용태는 1919년 3·1 운동 이후 대종교가 만주로 이전하여 독립운동을 전개하고 있다는 소식을 듣고 1939년 4월 중국으로 망명하여 영안현 동경성 대종교총본사로 가서 3세 교주 윤세복(尹世復)을 만나 여러 차례에 걸쳐 대종교에 대한 해설을 듣고 감화를 받아 결국 대종교 활동을 본격적으로 하게 된다. 1939년 1월 이용태는 동생 이용준의 체포 소식을 듣고 같은 해 3월 귀국하여 4월 20일 서대문형무소에서 면회한 후 돌아오는 길에 봉천·신경·하얼빈·목단강·동경성 등지를 시찰하였다. 이용태는 1939년 7월 3일 백운면장을 사직하고 같은 해 10월에는 전조선 유림대회에 군대표로 참가하였다. 대종교총본사에서 본격적인 활동을 시작하여 1940년 1월 참교(參敎)가 되어 찬범(贊範)에 취임하였다.[14]

　만주에서 이용태가 벌인 여러 활동 가운데 주목할 만한 것은 대종교

서적의 간행에 임원으로 참여한 것이었다. 대종교단은 1934년 여름 만주 밀산의 총본사가 마적의 습격을 받아 '교적(敎籍)'이 모두 소실되는 참화를 당하였다. 1939년 10월 조직된 '대종교교적 간행회'가 교적 간행에 본격 착수했을 때에 안희제(安熙濟)가 회장을 이용태가 총무를 맡았고, 이어 1940년 3월에 조직개편으로 이용태가 간사를 맡았다. 이용태의 교적간행에의 참여는 그가 대종교 교리에 대해 해박한 실력과 추진력을 지녔기 때문에 가능했을 것이다. 동시에 그는 대종교 서적의 간행을 통하여 자신의 종교이론을 체계화 또는 종합화하는 귀중한 기회를 가졌을 것이다.[15]

이용태는 1942년 일제가 대대적으로 대종교를 탄압한 임오교변에서 치안유지법 위반으로 체포되어 8년형을 선고받아 옥고를 치르다 1945년에 광복으로 출옥하였다. 이용태는 「구금고황(拘禁苦況)」[16]이라는 옥중일기를 남겼는데 당시의 상황을 상세하게 기록해 놓았다. 삶의 고초와 동포애, 민족의 살 길 등 당시 그의 생각을 읽을 수 있다.

이용태는 해방 후부터 서거할 때까지 극심한 사회혼란기에 대종교단의 중추 인사로서 한민족의 건국과 번영과 안정을 위해 일편단심으로 대종교에 입각한 건국운동과 종교운동에 매진하였다.[17] 종교운동은 사회운동인 동시에 궁극적으로 구국운동으로 이어졌다. 구국 차원의 종교운동 전개는 그에 대한 또 다른 의미를 부여하게 한다.

이용태는 한말의 격동기에서 일제강점기를 치열하게 살다가 조국광복과 조국의 분단의 비극을 경험하면서 대종교의 선구자로, 계몽운동가의 자세로, 독립운동가의 활동으로 우리 민족의 앞에 서서 우리민족을 대변

---

14) 이동언, 「단암 이용태의 독립운동」, 『1회 단암 이용태 추모학술대회논문집』, 2003.
15) 오영섭, 「해방 전후 단암 이용태의 정치사상」, 『2회 단암 이용태 추모학술대회논문집』, 2004.
16) 박달재수련원, 『愛國志士檀菴李容兌先生文稿』, 1997, pp.357-362 부록 참조.
17) 오영섭, 「해방 전후 단암 이용태의 정치사상」, 『2회 단암 이용태 추모학술대회논문집』, 2004.

하고 지켰던 지사다.[18] 그의 정신은 길이 계승되어야 한다. ① 농촌애민정신, ② 민족부흥정신, ③ 대의선비정신, ④ 정통조선정신, ⑤ 종교계몽정신 등은 오늘날 깊이 새겨야 한다.

이용태는 충청북도의 작은 산골 도시, 제천에서 지역민들의 안위와 자유를 위해 투철히 노력하고 고향의 아름다움에 묻혀 신선세계를 이루고자 하는 꿈에 일생을 몸 바쳐 살았던 큰 인물이다. 일제강점기 아래서 탈취당한 민족의 자존과 국권을 위해, 애국정신으로 나서서 몸으로 실천하였다. 때 늦은 감이 있지만 이용태에 대한 선양작업은 의의가 크다. 앞으로 ① 박달재와 연계한 선양화 사업, ② 박달재수련원 역사체험 프로그램 개발모델화, ③ 두 형제애국지사의 지역학교 교육 및 홍보, ④ 학술조명 작업 등이 전개되어야 한다.

제천에서 이용태와 같은 지사들을 발굴, 선양하는 작업은 지역문화연구를 위해서 더 없이 필요한 일이다. 최병헌, 이도철, 정운경 등 제천의 애국지사에 대한 선양화가 지속적으로 이루어져야 한다. 세명대학교 지역문화연구소 지역문화학술총서 제5권으로 간행되는 『제천 애국지사, 이용태의 삶과 사상』이 앞으로의 제천 주변 문화인물 선양화 작업에 대한 모범적 역할이 되기를 기대한다. 두 형제 애국지사의 명복을 빌며 단암 이용태의 「옥중잡가」 일부를 옮기며 끝을 맺는다.

> 놀라서 깻치니 허사가 되었네
> 울격한 심회를 이길수 읍서서
> 손장단 쳐가며 이노래 부른네.

---

18) 이용태의 차자(次子) 이영재의 증언(면담)과 앞의 문고 간행사를 참조하였다.

▍지은이 소개

김동환 : 사단법인 국학연구소 연구원
김헌선 : 경기대학교 교수, 국어국문학
오영섭 : 연세대학교 연구교수
이동언 : 한국독립운동사 연구소 책임연구원
정영훈 : 한국학중앙연구원 교수, 정치학
조준희 : 사단법인 국학연구소 연구원

지역문화연구총서 5

제천(堤川) 애국지사 이용태의 삶과 사상

인쇄	2005년 11월 7일
발행	2005년 11월 17일
지은이	김동환 · 김헌선 · 오영섭 · 이동언 · 정영훈 · 조준희
펴낸이	이대현
편집	김보라
펴낸 곳	도서출판 역락 / 서울 성동구 성수2가 3동 301-80
	전화 : 02-3409-2058, 2060 / 팩시밀리 : 02-3409-2059
	전자우편 : youkrack@hanmail.net / yk3888@kornet.net
	홈페이지 : http://www.youkrack.com
	등록 : 1999년 4월 19일 제303-2002-000014호
기획한 곳	세명대학교 지역문화연구소
	충북 제천시 신월동 21 세명대학교 지역문화연구소
	전화 : 043-649-1720 / 팩시밀리 : 043-649-1742

정가	15,000원
ISBN	89-5556-432-5-93900

파본은 교환해 드립니다.